bikeline

Was ist bikeline?

Wir sind ein Team von Redakteuren, Kartografen, Geografen und anderen Mitarbeitern, die allesamt begeisterte Radfahrerinnen und Radfahrer sind. Ins „Rollen“ gebracht hat das Projekt 1987 eine Wiener Radinitiative, die begonnen hat, Radkarten zu produzieren. Heute tun wir dies als Verlag mit großem Erfolg. Mittlerweile gibt’s bikeline® Bücher in fünf Sprachen und in vielen Ländern Europas.

Um unsere Bücher immer auf dem letzten Stand zu halten, brauchen wir auch Ihre Hilfe. Schreiben Sie uns, wenn Sie Unstimmigkeiten oder Änderungen in einem unserer Bücher entdeckt haben.

Wir freuen uns auf Ihre Rückmeldung (redaktion@esterbauer.com),

Ihre bikeline-Redaktion

Vorwort

Der Donau-Radweg zwischen Passau und Wien ist wohl eine der bekanntesten, beliebtesten und meist befahrenen Radrouten Europas, und das mit gutem Grund: In kaum einem anderen Abschnitt der Donau begegnen Sie einer solchen Vielfalt an Landschaften und Kulturen, einer solchen Dichte an historischen Zeugnissen. Stille Täler, fruchtbare Ebenen und steile Weinterrassen wechseln einander ab, schmucke Bauernhöfe behaupten sich neben prachtvollen Stiften. Die Schlögener Donauschlinge, Stift Melk, die Wachau und natürlich das wunderschöne Wien – das sind die Aushängeschilder der rund 330 Kilometer langen Radroute.

Präzise Karten, genaue Streckenbeschreibungen, zahlreiche Stadt- und Ortspläne, Hinweise auf das kulturelle und touristische Angebot der Region und ein umfangreiches Übernachtungsverzeichnis – in diesem Buch finden Sie alles, was Sie zu einer Radtour entlang der Donau benötigen – außer gutem Radlwetter, das können wir Ihnen nur wünschen.

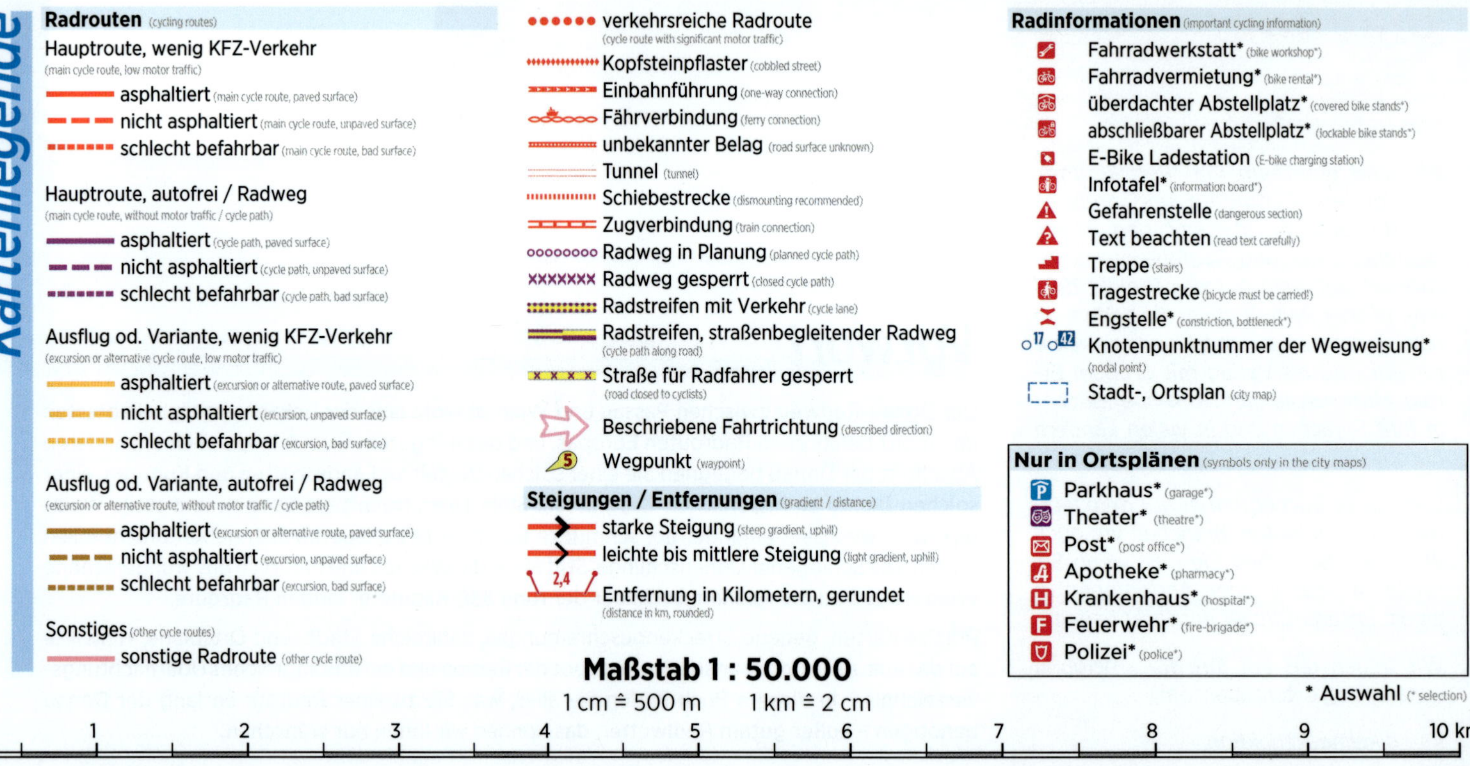
Kartenlegende
Radrouten (cycling routes)
Hauptroute, wenig KFZ-Verkehr
(main cycle route, low motor traffic)
asphaltiert (main cycle route, paved surface)
nicht asphaltiert (main cycle route, unpaved surface)
schlecht befahrbar (main cycle route, bad surface)
Hauptroute, autofrei / Radweg
(main cycle route, without motor traffic / cycle path)
asphaltiert (cycle path, paved surface)
nicht asphaltiert (cycle path, unpaved surface)
schlecht befahrbar (cycle path, bad surface)
Ausflug od. Variante, wenig KFZ-Verkehr
(excursion or alternative cycle route, low motor traffic)
asphaltiert (excursion or alternative route, paved surface)
nicht asphaltiert (excursion, unpaved surface)
schlecht befahrbar (excursion, bad surface)
Ausflug od. Variante, autofrei / Radweg
(excursion or alternative route, without motor traffic / cycle path)
asphaltiert (excursion or alternative route, paved surface)
nicht asphaltiert (excursion, unpaved surface)
schlecht befahrbar (excursion, bad surface)
Sonstiges (other cycle routes)
sonstige Radroute (other cycle route)
verkehrsreiche Radroute
(cycle route with significant motor traffic)
Kopfsteinpflaster (cobbled street)
Einbahnführung (one-way connection)
Fährverbindung (ferry connection)
unbekannter Belag (road surface unknown)
Tunnel (tunnel)
Schiebestrecke (dismounting recommended)
Zugverbindung (train connection)
Radweg in Planung (planned cycle path)
Radweg gesperrt (closed cycle path)
Radstreifen mit Verkehr (cycle lane)
Radstreifen, straßenbegleitender Radweg
(cycle path along road)
Straße für Radfahrer gesperrt
(road closed to cyclists)
Beschriebene Fahrtrichtung (described direction)
5
Wegpunkt (waypoint)
Steigungen / Entfernungen (gradient / distance)
starke Steigung (steep gradient, uphill)
leichte bis mittlere Steigung (light gradient, uphill)
2,4
Entfernung in Kilometern, gerundet
(distance in km, rounded)
Radinformationen (important cycling information)
Fahrradwerkstatt* (bike workshop*)
Fahrradvermietung* (bike rental*)
überdachter Abstellplatz* (covered bike stands*)
abschließbarer Abstellplatz* (lockable bike stands*)
E-Bike Ladestation (E-bike charging station)
Infotafel* (information board*)
Gefahrenstelle (dangerous section)
Text beachten (read text carefully)
Treppe (stairs)
Tragestrecke (bicycle must be carried!)
Engstelle* (constriction, bottleneck*)
17 42
Knotenpunktnummer der Wegweisung*
(nodal point)
Stadt-, Ortsplan (city map)
Nur in Ortsplänen (symbols only in the city maps)
Parkhaus* (garage*)
Theater* (theatre*)
Post* (post office*)
Apotheke* (pharmacy*)
Krankenhaus* (hospital*)
Feuerwehr* (fire-brigade*)
Polizei* (police*)
* Auswahl (* selection)
Maßstab 1 : 50.000
1 cm ≙ 500 m
1 km ≙ 2 cm
0
1
2
3
4
5
6
7
8
9
10 km

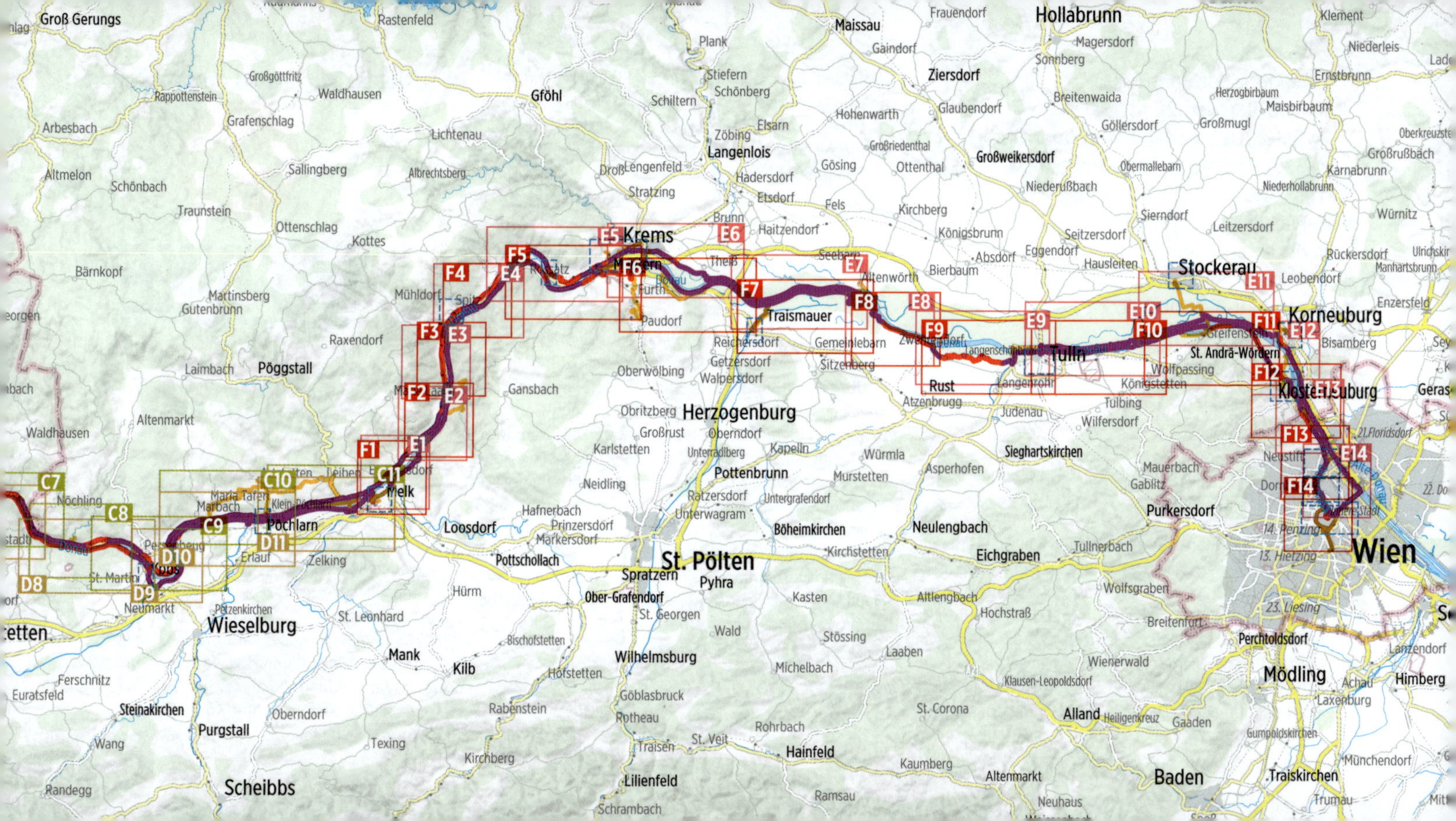
Groß Gerungs
Rastenfeld
Maissau
Frauendorf
Hollabrunn
Klement
Plank
Gaindorf
Magersdorf
Niederleis
Sonnberg
Großgöttfritz
Stiefern
Ziersdorf
Ernstbrunn
Rappottenstein
Waldhausen
Gföhl
Schönberg
Schiltern
Breitenwaida
Herzogbirbaum
Maisbirbaum
Grafenschlag
Hohenwarth
Glaubendorf
Arbesbach
Elsarn
Göllersdorf
Großmugl
Oberkreuzstetten
Lichtenau
Zöbing
Langenlois
Großriedenthal
Großweikersdorf
Großrußbach
Sallingberg
Gösing
Ottenthal
Obermallebarn
Karnabrunn
Altmelon
Albrechtsberg
Droß
Lengenfeld
Hadersdorf
Niederrußbach
Niederhollabrunn
Schönbach
Stratzing
Etsdorf
Traunstein
Fels
Kirchberg
Sierndorf
Würnitz
Ottenschlag
Brunn
Haitzendorf
Königsbrunn
Seitzersdorf
Leitzersdorf
Kottes
Krems
Seebarn
Absdorf
Eggendorf
Rückersdorf
Ulrichskirchen
Bärnkopf
Theiß
Hausleiten
Stockerau
Manhartsbrunn
Mautern
Altenwörth
Bierbaum
Leobendorf
Donau
Mühldorf
Furth
Martinsberg
Gutenbrunn
Spitz
Traismauer
Korneuburg
Enzersfeld
Paudorf
Greifenstein
Bisamberg
Raxendorf
Reichersdorf
Gemeinlebarn
Zwentendorf
Langenschönbichl
Tulln
St. Andrä-Wördern
Laimbach
Pöggstall
Getzersdorf
Sitzenberg
Oberwölbing
Wolfpassing
Walpersdorf
Langenrohr
Königstetten
Klosterneuburg
Geras
Rust
Gansbach
Atzenbrugg
Tulbing
Judenau
Obritzberg
Herzogenburg
Wilfersdorf
Altenmarkt
21. Floridsdorf
Waldhausen
Großrust
Oberndorf
Karlstetten
Unterradlberg
Kapelln
Würmla
Sieghartskirchen
Neustift
Mauerbach
Asperhofen
Pottenbrunn
Murstetten
Gablitz
Nöchling
Leiben
Melk
Neidling
Alte Donau
Marbach
Maria Taferl
Klein-Pöchlarn
Ratzersdorf
Untergrafendorf
Dorn
Hafnerbach
22. Do
Persenbeug
Pöchlarn
Prinzersdorf
Unterwagram
Purkersdorf
Loosdorf
Böheimkirchen
Neulengbach
Markersdorf
Innere Stadt
14. Penzing
Erlauf
Zelking
Tullnerbach
Ybbs
St. Martin
Kirchstetten
Eichgraben
Pottschollach
St. Pölten
13. Hietzing
Wien
Spratzern
Pyhra
Hürm
Neumarkt
Petzenkirchen
Ober-Grafendorf
Wolfsgraben
Altlengbach
Kasten
Hochstraß
Wieselburg
St. Leonhard
St. Georgen
23. Liesing
Breitenfurt
Wald
Stössing
Perchtoldsdorf
Bischofstetten
Laaben
Lanzendorf
Mank
Kilb
Wilhelmsburg
Wienerwald
Michelbach
Hofstetten
Mödling
Himberg
Ferschnitz
Klausen-Leopoldsdorf
Achau
Euratsfeld
Göblasbruck
Laxenburg
Steinakirchen
Rabenstein
St. Corona
Alland
Heiligenkreuz
Gaaden
Oberndorf
Rotheau
Gumpoldskirchen
Purgstall
Rohrbach
Wang
Texing
Traisen
St. Veit
Hainfeld
Kaumberg
Münchendorf
Kirchberg
Altenmarkt
Baden
Traiskirchen
Randegg
Lilienfeld
Ramsau
Scheibbs
Neuhaus
Trumau
Schrambach
C7
C8
C9
C10
C11
D8
D9
D10
D11
E1
E2
E3
E4
E5
E6
E7
E8
E9
E10
E11
E12
E13
E14
F1
F2
F3
F4
F5
F6
F7
F8
F9
F10
F11
F12
F13
F14

bikeline®-Radtourenbuch
Donau-Radweg 2

A-3751 Rodingersdorf, Hauptstr. 31
Tel.: +43/2983/28982-0, Fax: -500
E-Mail: bikeline@esterbauer.com
www.esterbauer.com
35. überarbeitete Auflage, Sommer 2021
ISBN: 978-3-85000-977-5

Bitte geben Sie bei jeder Korrespondenz die Auflage und die ISBN an!

Dank an alle, die uns bei der Erstellung dieses Buches tatkräftig unterstützt haben.

Das *bikeline*-Team: Birgit Albrecht-Walzer, Katharina Amon-Schneider, Beatrix Bauer, Michael Binder, Veronika Bock, Petra Bruckmüller, Roland Esterbauer, Dagmar Güldenpfennig, Martina Kreindl, Ingrid Leidinger, Daniela Lehnerova, Gregor Münch, Mario Nakić, Karin Neichsner, Carmen Paradeiser, Amélie Pommier, Manuel Randa, Petra Schartner, Sonja Schleifer, Christian Thoren, Isabella Tillich, Martin Trippmacher, Daniel Welser, Carina Winkelhofer, Martin Wischin, Wolfgang Zangerl

Umschlagbilder: Dürnstein: Archiv; Stift Melk: Heidi Authried; Radler auf dem Donauradweg: © WGD Donau Oberösterreich Tourismus GmbH-Hochhauser

Bildnachweis: © Anja Ergler - fotolia: 170; Archiv: 116; © arnoldo96 - fotolia: 86; © Blickfang - fotolia: 174; © Christa Eder - fotolia: 78; © Creativemarc - fotolia: 166; © EXTREMFOTOS - fotolia: 144; © fotofrank - fotolia: 81, 104; © Freesurf - fotolia: 89; Gemeinde Haibach: 52; Gemeinde Wilhering, Antonio Bayer: 60; © Gina Sanders - fotolia: 97; Heidi Authried: 7, 31, 32, 38, 56, 78, 112; Helipix.at: 73; © JFL Photography - fotolia: 147; © kameraauge - fotolia: 162; Krems Tourismus, Fotograf Gregor Semrad: 123, 126; © LianeM - fotolia: 120, 156; Markus Belz: 48; © Majus-COOL - fotolia: 28; © Mapics - fotolia: 173; Marktgemeinde Engelhartszell: 50; Marktgemeinde Persenbeug-Gottsdorf: 82, 82; Marktgemeinde Wallsee-Sindelburg: 100; © mdworschak - fotolia: 136; Martin Wischin: 115; Passau Tourismus e. V.: 22; © Pecold - fotolia: 141; © photo 5000 - fotolia: 168; Pixabay: 122; Pöchlarn: 110; © salparadis - fotolia: 118; © serawood - fotolia: 148; Stadtgemeinde Tulln: 134; Stadtgemeinde Ybbs/Donau, Alfred Pohl: 106; Stift Göttweig: 150; Tourismusverband Aschach: 54; Tourismusverband Mauthausen: 71; Tourismusverband St. Florian: 93; Touristinfo Linz und Oberösterreich: 45, 62, 65

Kartographie erstellt mit axpand (www.axes-systems.com)

Sehenswertes / Einrichtungen (sights of interest / facilities)

- Kirche; Kapelle (church; chapel)
- Kloster (monastery/convent)
- Synagoge; Moschee (synagogue; mosque)
- Schloss, Burg; Ruine (palace, castle; ruin)
- Turm; Leuchtturm (tower; lighthouse)
- Wassermühle; Windmühle (watermill; windmill)
- Kraftwerk (power station)
- Bergwerk; Höhle (mine; cave)
- Flughafen; Denkmal (airport; monument)
- sonstige Sehenswürdigkeit (other sight of interest)
- Museum (museum)
- Ausgrabungen; röm. Objekte (excavations; roman site)
- Tierpark; Natur-Information (zoo; nature info)
- Naturschutzgebiet, -denkmal (nature reserve, monument)
- sonstige Natursehenswürdigkeit (natural sight of interest)
- Aussichtspunkt* (panoramic view*)
- Tourist-Information; Gasthaus (tourist information; restaurant)
- Hotel, Pension; Jugendherberge (hotel, guesthouse; youth hostel)
- Camping-; Naturlagerplatz* (camping site; simple tent site*)
- Einkaufsmöglichkeit*; Kiosk* (shopping facility*; kiosk*)
- Rastplatz*; Unterstand* (picnic tables*; covered stand*)
- Freibad; Hallenbad (outdoor pool; indoor pool)
- Naturbad; Thermal-/Erlebnisbad (natural pool; thermal baths/waterpark)
- Brunnen*; Parkplatz* (drinking fountain*; parking lot*)
- Schönern sehenswertes Ortsbild (picturesque town)
- Einrichtung im Ort vorhanden (facilities available)

Topographische Informationen (topographic information)

- Kirche; Kapelle (church; chapel)
- Kloster (monastery)
- Synagoge; Moschee (synagogue; mosque)
- Schloss, Burg; Ruine (palace, castle; ruins)
- Turm; Leuchtturm (tower; lighthouse)
- Wassermühle; Windmühle (windmill; water mill)
- Kraftwerk; Solaranlage (power station; solar power station)
- Bergwerk; Höhle (mine; cave)
- Denkmal; Hügelgrab (monument; burial mound)
- Flughafen; Flugplatz (airport; airfield)
- Windkraftanlage (windturbine)
- Funk- und Fernsehanlage (TV/radio tower)
- Umspannwerk, Trafostation (transformer station)
- Wegkreuz; hist. Grenzstein (wayside cross; boundary stone)
- Sportplatz, Stadion (playing field, stadium)
- Golfplatz; Tennisplatz (golf course; tennis courts)
- Schiffsanleger; Schleuse (boat landing; sluice/lock)
- Quelle; Kläranlage (natural spring; wastewater treatment plant)
- Staatsgrenze mit Übergang (international border crossing)
- Landesgrenze (country border)
- Kreis-, Bezirksgrenze (district border)
- Naturschutzgebiet, Naturpark, Nationalpark (nature reserve, national park)
- Truppenübungsplatz, Sperrgebiet (prohibited zone)
- Höhenlinie 100m/50m (contour line)
- UTM-Gitter (in km; 2 km-Gitter) (UTM-grid)

- Autobahn; Schnellstraße (motorway/freeway; expressway)
- Fernverkehrsstraße (highway)
- Hauptstraße (main roads)
- untergeordnete Hauptstraße (secondary main road)
- Nebenstraße; Fahrweg (secondary road; side street/access road)
- Weg; Fähre (track; ferry)
- Straße geplant/in Bau (road planned/under construction)
- Eisenbahn/Bahnhof; S-Bahnhof (railway/station; suburban station)
- Eisenbahn stillgelegt; geplant (railway disused; planned)
- Schmalspurbahn (narrow gauge railway)
- Bergbahn; Seilbahn (mountain railway; cable car)
- Wald; Parkanlage (forest; park)
- Sumpf; Heide (marsh/bog; heath)
- Weinbau; Gartensiedlung* (vineyards; allotment gardens*)
- Steinbruch, Tagebau* (quarry, open cast mine*)
- Friedhof; Düne, Strand (cemetery; dunes, beach)
- Watt; Gletscher (tidal flats; glacier)
- Felsen; Geröll (rock, cliff; scree)
- Gewächshäuser*, Plantage* (greenhouses*, plantation*)
- Gewerbe-, Industriegebiet (commercial/industrial area)
- Siedlungsfläche; öffentl. Gebäude (built-up area)
- Stadtmauer, Mauer (defensive wall, wall)
- Damm, Deich (embankment, dike)
- Kanal (canal)
- Fluss/Staumauer/See (river/dam/lake)

Inhalt

Stadtpläne

Wetterfest und robust!

Für die Innenseiten dieses Buches haben wir uns etwas Besonderes einfallen lassen. Die Seiten bestehen aus hochwertigem Landkartenpapier, welches mit einer robusten und wasserabweisenden Beschichtung versehen wurde. Somit übersteht es unbeschadet auch mal ein Regenwetter.

Bitte beachten Sie: wetterfest und wasserabweisend bedeutet nicht wasserfest! Die Seiten sind gut gegen Spritzwasser geschützt und kleben, wenn sie feucht werden, nicht aneinander. Dennoch darf das Buch nicht komplett durchnässt werden.

Bitte verwenden Sie bei Dauerregen zusätzlich einen Regenschutz.

Der Donau-Radweg

Der **Donau-Radweg** gehört sicherlich zu den wichtigsten Radfernwegen Europas. Grund dafür sind in erster Linie die landschaftliche Schönheit des Donautals sowie der kulturelle und historische Reichtum, der hier anzutreffen ist. Solche Besucherströme erfordern gute Infrastruktur und dazugehörige Serviceangebote. Dies bedeutet, im Fall des Donau-Radweges, gut ausgebaute, beschilderte Radwege und mannigfaltige Dienstleistungen, die sich an den Bedürfnissen von Radreisenden orientieren. Im Folgenden sind einige praktische Hinweise zur Handhabung des Buches und zur Erleichterung der Vorbereitungen für die Tour angeführt.

Streckencharakteristik

Länge

Die Länge des Donau-Radweges mit Start in Passau und Ziel in Wien beträgt rund 330 Kilometer (Nordufer 325 km, Südufer 330 km). Die Ausflüge und Varianten haben eine Länge von etwa 240 Kilometern.

Wegequalität und Verkehr

Die Radroute entlang der Donau ist sehr gut ausgebaut, praktisch überall gibt es asphaltierte Radwege oder verkehrsarme Straßen, meist sogar beiderseits der Donau.

Beschilderung

Die Orientierung am Donau-Radweg wird durchgehend durch spezielle Wegweiser erleichtert, was jedoch nicht ausschließt, dass manchmal ein Radschild fehlt oder verdreht wurde. Die Radwege sind in Ober- und Niederösterreich mit grünen, rechteckigen Schildern versehen. Der Donau-Radweg ist in den meisten Fällen als solcher namentlich gekenn-

LIVE-UPDATES

Als Online-Angebot finden Sie auf unserer Webseite eine Sammlung aktueller Änderungen und Korrekturen zu diesem Radtourenbuch. Diese Informationen sind immer auf dem neuesten Stand und ermöglichen Ihnen in Kombination mit der bestehenden Auflage dieses Buches die beste Reiseplanung. Das LiveUpdate zu diesem Titel ist frei verfügbar und auf unserer Webseite beim jeweiligen Buch oder unter folgendem Link zu finden:

www.esterbauer.com/db_detail.php?buecher_code=DRW2

Sind Ihnen auf Ihrer Radreise Fehler und Änderungen zur Route, zum Übernachtungsverzeichnis oder den touristischen Daten aufgefallen? Über die Updateseite können Sie diese brandneuen Infos direkt an das bikeline-LiveUpdate-Team übermitteln. Wir freuen uns auf Ihr Update und bedanken uns im Namen aller Radler!

Den aktuellen bikeline-Track zu diesem Titel finden Sie, wenn Sie folgende Adresse in die Adresszeile Ihres Browsers eingeben:

www.tracks.world/?dir=at/trk12rm930

zeichnet. Ergänzt sind die Schilder durch das Logo der Eurovelo-Route Nr. 6. An die Route des Donauradweges schließen regionale Radwanderwege an. Ausflüge und Varianten folgen zum Teil solchen Beschilderungen, im Text wird darauf ausdrücklich hingewiesen.

Tourenplanung

Die Beschreibung des insgesamt 330 Kilometer langen Donau-Radweges erfolgt in diesem Buch in der Flussrichtung, das heißt, von West nach Ost. So nutzen Sie auf diese Weise die Hauptwindrichtung und das – wenn auch geringe – Gefälle der Donau.

Der Donau-Radweg verläuft zum größten Teil auf beiden Ufern und ist ohne Unterscheidung als solcher ausgeschildert. Wir möchten Sie an dieser Stelle darauf hinweisen, dass es – bedingt durch den Sonnenstand im Frühjahr und im Herbst – entlang des Südufers schattiger ist als nördlich der Donau. In diesem Buch werden die Routen an beiden Ufern beschrieben. Zuerst immer die Strecke am Nordufer, also am linken Ufer und danach die Strecke am Südufer, also am rechten Ufer. Die Abschnitte sind eingeteilt in Passau-Linz, Linz-Melk und Melk-Wien.

Die Bezeichnung linkes und rechtes Ufer ist stets in Flussrichtung gemeint. Zur Orientierung finden Sie die Stromkilometer in den Karten (|1925).

Die Einteilung in sechs Abschnitte dient mehr der großräumigen Orientierung und bezieht sich nicht unbedingt auf Tagesetappen. Wenn Sie auch Museumsbesuche und Badestopps in die Reise einplanen, sollten Sie für die Tour mit mindestens einer Woche rechnen. Im Buch stehen kurze Ausflüge ins Umland zur Auswahl, mit denen sich der Donau-Radweg je nach Lust und Interesse optimal ergänzen lässt.

Streckenstatistik

Länge der Hauptstrecke: 325 km

HM/km: ↗ 1,4 m (465 m) ↘ 1,8 m (590 m)

Radweg: 61 % **Unbefestigt:** 0 % **Verkehr:** 4 %

Summe aller Strecken: 894 km

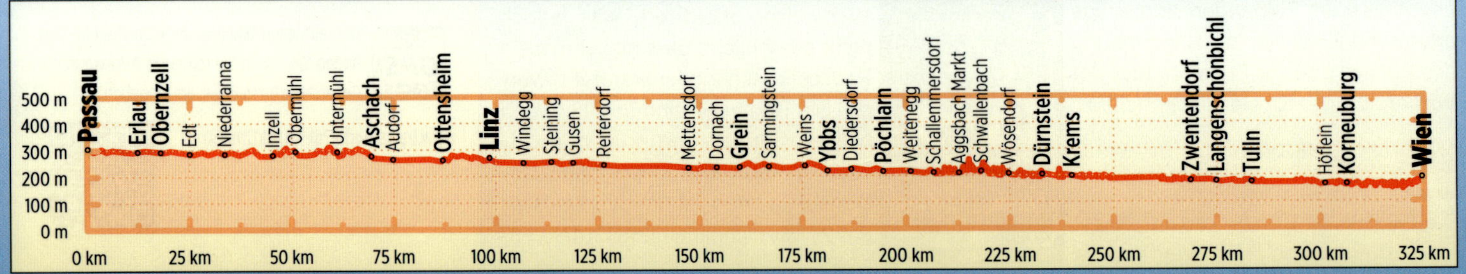

Sollten Sie sich einmal bezüglich Routenlänge verplant haben, so stehen Ihnen für den Notfall regionale **Fahrradtaxi-Unternehmen** zur Verfügung. Die Telefonnummern finden Sie in der Rubrik Fahrradtransport. Über weite Strecken begleiten Eisenbahnlinien die Donau, sodass Sie auch mal für ein Stück auf die Bahn umsteigen können.

Zentrale Infostellen

Wenn Sie weitere Informationen benötigen, wenden Sie sich an die regionalen Tourismusverbände:

Tourismusverband Donau Oberösterreich, Lindeng. 9, 4040 Linz, ✆ 0732/7277-800, info@donauregion.at, www.donauregion.at

LAG Perg-Strudengau, Schlossberg 1/12, 4391 Waldhausen im Strudengau, ✆ 07260/45255, info@pergstrudengau.at, www.region-strudengau.at

Oberösterreich Tourismus GmbH, Freistädterstr. 119, 4041 Linz, ✆ 0732/7277-100, tourismus@oberoesterreich.at, www.oberoesterreich-tourismus.at

Donau Niederösterreich Tourismus GmbH, Schlossg. 3, 3260 Spitz/Donau, ✆ 02713/30060-60, urlaub@donau.com, www.donau.com

Regionalbüro Tullner Donauraum-Wagram, Minoritenpl. 2, A-3430 Tulln, ✆ 02272/67566-0, tullner-donauraum@donau.com, www.tullnerdonauraum.com

Niederösterreich Information, ✆ 02742/9000-9000, info@noe.co.at, www.niederoesterreich.at

Tourist Information Wien, Albertinaplatz/Maysedergasse, 1010 Wien, ✆ 01/24555, info@wien.info, www.wien.info

Internationale Vorwahlen:

Deutschland 0049
Österreich 0043

An- und Abreise mit der Bahn

Passau und Wien sind beides Städte, die gut mit der Bahn erreichbar sind. Aufgrund der sich ständig ändernden Preise und Bedingungen für Fahrradtransport bzw. -mitnahme empfehlen wir Ihnen, sich bei nachfolgenden Infostellen über Ihre ganz persönliche Anreise mit der Bahn zu informieren.

Informationsstellen

Deutsche Bahn AG, Service-Hotline: ✆ 030/2970, Mo-So 0-24 Uhr, Auskünfte über Fahrpreise und Fahrpläne, Informationen über die Serviceleistungen der Deutschen Bahn, www.bahn.de, www.bahn.de/bahnundbike

Österreichische Bundesbahnen:

ÖBB Kundenservice ✆ 05/1717 (österreichweit zum Ortstarif), Mo-So 6-21 Uhr, www.oebb.at, www.oebb.at/de/reiseplanung-services/im-zug/fahrradmitnahme

Schweizer Bundesbahnen:

Rail-Service ✆ 0041/848446688 (CHF 0,08/Min.), Mo-So 0-24 Uhr, www.sbb.ch, www.sbb.ch/de/fahrplan/reisehinweise/velos/so-reist-ihr-velo-mit-ihnen.html

Fahrradtransport & Fahrradversand

Deutsche Bahn AG (innerhalb Deutschlands sowie zwischen Deutschland und Österreich) Wenn Sie mit der Deutschen Bahn an- und abreisen, können Sie den Gepäckservice der DB nutzen. Ihr Rad oder E-Bike wird im Haus-zu-Haus-Versand oder ab Hermes PaketShop an den vereinbarten Zielort gebracht, wenn Sie im Besitz einer entsprechenden Bahnfahrkarte sind. Fahrrad oder E-Bike müssen verpackt werden und dabei roll- und lenkbar bleiben, Gewicht max. 31,5 Kilogramm. Kostenlos kann eine Fahrradverpackung zugebucht werden, bei E-Bikes muss der Akku ausgebaut sein. Informationen und aktuelle Preise finden Sie unter www.gepaeckservice-bahn.de.

(Rück-) Transporte inkl. Räder:

Taxi Ecker Sabine, Edholz 49, 4115 Kleinzell im Mühlkreis, ✆0676/840073400, taxi@sabine-ecker.at, www.sabine-ecker.at/taxi/

An- und Abreise mit dem Auto

Wenn Sie mit dem Auto nach Passau anreisen, haben Sie dort die Möglichkeit, dieses auf verschiedenen Langzeitparkplätzen abzustellen. Nähere Informationen dazu erhalten Sie auf folgenden Webseiten:

https://globus-group.de/de/leistungen-passau, ✆ 0049/(0)851 989000168

www.parkplatz-passau.de, ✆ 0049/(0)851/50017.

https://stoegbauer-garage.jimdo.com/parken/, ✆ 0049/(0)851/ 5609880

Anreisevariante Inn

Als Alternative zum Startort Passau können Sie Ihre Radtour auch am Inn-Radweg beginnen. Dazu müssen Sie nicht die ganzen 380 Kilometer von Landeck herunterradeln, das 15 Kilometer vor der Mündung gelegene barocke Städtchen **Schärding** eignet sich auch als Anfang. Zur Streckenführung auf dem Inn-Radweg gibt es natürlich auch ein **bikeline**-Radtourenbuch Inn-Radweg.

Sie können bei Anreise mit dem PKW Ihr Auto in Schärding stehen lassen. Für die Rückreise von Wien nach Schärding bietet sich die Bahn an.

Bike and Ride

An allen wichtigen Verkehrsknotenpunkten in Wien – vor allem bei U-Bahnstationen – geben öffentliche Radabstellanlagen für etwa 8200 Räder Gelegenheit zum Umsteigen auf öffentliche Verkehrsmittel. Das Abstellen des Rades ist gratis, eine Sicherung zum Schutz gegen Diebstahl ist trotzdem zu empfehlen.

Rad und Bahn

Entlang des Donau-Radweges können Sie immer wieder auf die Bahn ausweichen. Besonders interessant ist die **Wachaubahn**, die während des Sommers am Wochenende von Krems nach Emmersdorf und zurück fährt. Informationen unter ✆ 02742/360990-1000, info@niederoesterreichbahnen.at, www.wachaubahn.at.

Die ÖBB bietet für Kleingruppen von 2 - 5 Personen in Nahverkehrszügen das "Einfach-Raus-Radticket". Nähere Informationen erhalten Sie bei der ÖBB unter ✆ 05/1717 oder bei **Donau Niederösterreich** unter www.donau.com/de/donau-niederoesterreich/infos-service/anreise/fahrradmitnahme-in-oebb-zuegen/ oder direkt am Schalter von größeren Bahnhöfen.

Rad und Schiff entlang der Strecke

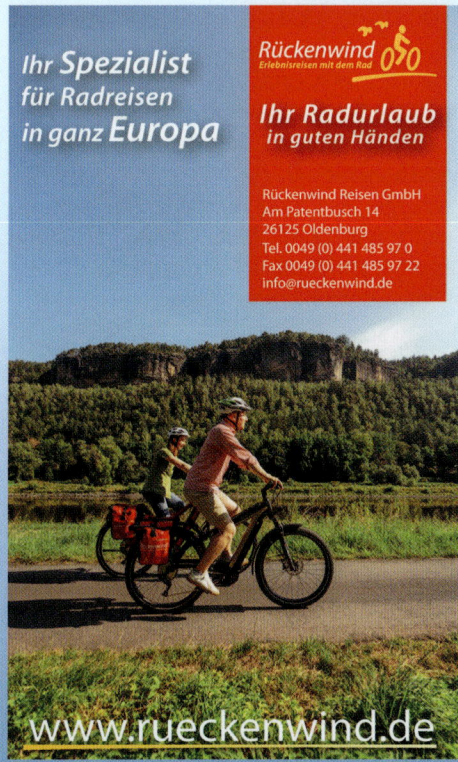

Das Reisen mit dem Schiff stellt eine reizvolle Ergänzung zur Radtour dar. Die Strecke Passau-Engelhartszell-Brandstatt-Linz und zurück, sowie Passau-Wien wird von den Linienschiffen der Schifffahrtsgesellschaft Wurm & Noé bedient: **Wurm & Noé** Höllg. 26, D-94032 Passau, ✆ 0049/851/929292 oder Untere Donaulände 1, A-4020 Linz,

✆ 0043/732/783607, info@donauschiffahrt.eu, www.donauschiffahrt.eu

Innerhalb der Wachau verkehren die Schiffe der **Brandner Schiffahrt GmbH**, Ufer 50, 3313 Wallsee, ✆ 07433/2590-21, schiffahrt@brandner.at, www.brandner.at.

Zwischen Melk und Krems fahren auch die Schiffe der **DDSG Blue Danube Schiffahrt GmbH**, ✆ 01/58880, info@ddsg-blue-danube.at, www.ddsg-blue-danube.at.

Donau-Card

Mit der Donau-Card erhalten Sie min. 20 Prozent Ermäßigung bei über 70 Sehenswürdigkeiten und Freizeitangeboten in der bayrisch-oberösterreichischen Donauregion von Passau über Linz bis Grein/Waldhausen. Erhältlich ist die Karte bei der Werbegemeinschaft Donau Oberösterreich und in vielen Hotels, Pensionen und Partnerbetrieben in der Donauregion. Sie gilt von 1. April bis 31. Dezember und kostet 4,90 Euro pro Person. Nähere Informationen erhalten Sie auch beim Tourismusverband Donau Oberösterreich.

Niederösterreich-Card

Mit der Niederösterreich-Card, die 2021 um 63 Euro online, bei CARD-Ausflugszielen mit Verkaufsstelle sowie Trafiken in Wien in NÖ erworben werden kann, haben Sie freien Eintritt zu zahlreichen Ausflugszielen in der Donauregion. Außerdem können Sie einen ganzen Tag lang gratis mit dem nextbike radeln. Alle Informationen unter ✆ 01/5350505, www.niederoesterreich-card.at

Rad und Info

Entlang des Donau-Radweges sind speziell für Radtouristen Informationsstellen eingerichtet worden. Sie geben Auskunft über das touristische Angebot und die Sehenswürdigkeiten der Region und vermitteln auch Unterkünfte. Außerdem stehen neben „herkömmlichen" Tourist-Informationen auch immer mehr elektronische Informationsstellen mit der Möglichkeit zur Zimmerreservierung zu Verfügung.

E-Bike-Ladestationen

Ladestationen für Ihr E-Bike gibt es regelmäßig entlang des Donauradweges. Detaillierte Informationen dazu finden Sie auf dieser Webseite: www.donauregion.at/radfahren-am-donauradweg.html.

Übernachtung

Infolge des teilweise lebhaften (Rad-)Tourismus in der Donauregion können in der Hochsaison die Gasthöfe und Hotels in manchen Abschnitten ausgebucht sein. Das gilt vor allem für das relativ dünn besiedelte Donautal zwischen Passau und Aschach. Deshalb haben sich manche Beherbergungsbetriebe abseits der Donau hier und im Nibelungengau zwischen Ybbs und Melk darauf eingestellt, Radtouristen vom Radweg abzuholen. Probleme kann es manchmal auch zwischen Tulln und Wien geben, hier sollten Sie auf jeden Fall vorreservieren.

Insgesamt empfiehlt es sich, die Unterkunft der nächsten Etappe in den Sommermonaten 1-2 Tage im Voraus telefonisch zu sichern.

Bei unseren Recherchen haben wir eine größtmögliche Auswahl für Sie zusammengestellt. Für alle, die Alternativen oder einfach noch mehr Anbieter suchen, gibt es nachfolgende Internet-Adressen, die auch Beherbergungen der etwas anderen Art anbieten:

Der ADFC-Dachgeber funktioniert nach dem Gegenseitigkeitsprinzip: Hier bieten Radfreunde anderen Tourenradlern private Schlafplätze an. Mehr darüber unter www.dachgeber.de

Für das Übernachten in **Jugendherbergen** informieren Sie sich weltweit am besten beim internationalen Hostelling-Dachverband unter www.hihostels.com/de.

Die Plattform Airbnb bietet die Möglichkeit, weltweit private Unterkünfte zu suchen und zu buchen. Infos dazu und Anbieter finden Sie auf: www.airbnb.com

Unter www.camping.info finden Sie flächendeckend den **Campingplatz** nach Ihrem Geschmack.

Weiterhin bietet **Bett+Bike** unter www.bettundbike.de zusätzliche Informationen zu den beim ADFC gelisteten Beherbergungsbetrieben in ganz Deutschland und auch Österreich an.

Reisezeit

Die beste Reisezeit entlang der Donau liegt zwischen Mai und September. Reizvoll ist jedoch auch die Zeit Ende März bis Mitte April, da zu dieser Zeit die Marillenblüte in der Wachau ansteht sowie der Oktober, also die Zeit der Weinlese.

Wind & Wetter

Das Donautal unterliegt zumeist dem Einfluss von atlantischen Großwetterlagen, das Windaufkommen kann sich durch die West-Ost-Tallage der Donau noch verstärken. Das verheißt für Sie auf der Fahrtrichtung nach Osten angenehmen Rückenwind, schließt aber gelegentlich Tage anhaltender Ostwinde nicht aus. Weiter östlich nimmt teilweise schon kontinental-pannonisches Klima Einfluss auf das Wetter, was auch stabilere Schönwetterperioden ermöglicht.

Mit Kindern unterwegs

Der Donau-Radweg zeichnet sich unter anderem dadurch aus, dass er fast zur Gänze auf asphaltierten Wegen verläuft und so gut wie keine Steigungen aufweist. Außerdem fahren Sie auf jener Strecke, die in diesem Buch für die Hauptroute ausgewählt wurde, auf Radwegen oder auf verkehrsarmen Landstraßen. Die Hauptroute ist daher für Kinder ab 8 Jahren ohne weiteres zu empfehlen, nur selten kommen Sie direkt mit Autoverkehr in Berührung und meist kann hier auf eine Alternativroute oder eventuell auch den Zug umgestiegen werden.

Grundsätzlich gilt: Überschätzen Sie die Ausdauer der Kinder nicht, planen Sie auch die Möglichkeit ein, eine Strecke einmal per Zug oder Schiff zurückzulegen. Kinder bewältigen je nach Sportlichkeit durchaus Etappen zwischen 30 und 50 Kilometern. Bedenken Sie aber, dass Kinder sich nicht stundenlang

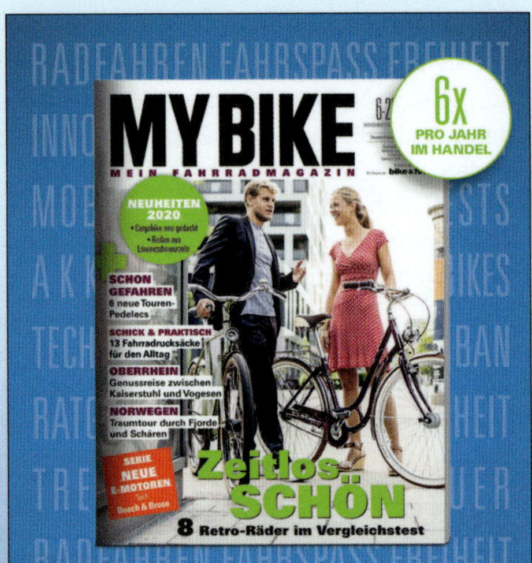

auf verkehrsgerechtes Fahren konzentrieren können. Wählen Sie vorrangig Radwege und schwach befahrene Straßen. Das Kinderfahrrad sollte, um unnötige Mühsal zu ersparen, in der Qualität zumindest dem Standard Ihres eigenen Rades entsprechen.

Helmpflicht

In Österreich gilt seit 2011 die Fahrradhelmpflicht für Kinder unter 12 Jahren. Das bedeutet, dass Kinder bis zur Vollendung des 12. Lebensjahres sowohl selbstfahrend als auch in einem Fahrradsitz oder einem Fahrradanhänger verpflichtend einen Radhelm tragen müssen.

Radfahren in Wien

Wiener Radwege haben, wie Sie sehen werden, so ihre Eigenart, daher seien hier die wichtigsten Regeln erwähnt:

Bei Radwegende oder beim Verlassen einer sogenannten Radfahranlage (Radweg, Radstreifen, Mehrzweckstreifen, Radfahrerüberfahrt) haben Radfahrer in Österreich **Nachrang**! Auf Radfahrerüberfahrten (Blockmarkierung auf dem Boden) haben Pedalritter Vorfahrt, dürfen aber nicht schneller als 10 km/h fahren! Radfahren gegen die Einbahnstraße ist nur dann erlaubt, wenn dies ausdrücklich angegeben ist. In der Wiener Fußgängerzone herrscht für Radfahrer derzeit Fahrverbot. Weitere Infos auch unter www.fahrradwien.at.

Fahrradtransport in öffentlichen Verkehrsmitteln:

U-Bahn: Mo-Fr 9-15 Uhr und ab 18.30 Uhr, Sa/So/Fei ganztägig. Das blaue Schild mit dem Fahrradsymbol kennzeichnet jene U-Bahn-Wagen, in die Sie Ihr Fahrrad mitnehmen dürfen. Die Mitnahme ist mit allen Tickets kostenlos. Infos auch unter blog.wienerlinien.at/fahrrad_ubahn/

Schnellbahn: In Zügen, die in den Fahrplänen mit einem Fahrradsymbol gekennzeichnet sind, ist die Mitnahme ohne Reservierung und entsprechender Platzverfügbarkeit möglich. Benötigt wird ein ÖBB-Radticket. Infos unter www.oebb.at/de/reiseplanung-services/im-zug/fahrradmitnahme

Radreiseveranstalter

Eurofun Touristik, Mühlstr. 20, A-5162 Obertrum am See, ✆ 0043/6219/7444, Infohot-

line Deutschland (gratis): ✆ 0800/5889718, office@eurobike.at, www.eurobike.at
Pedalo, Kickendorf 1a, A-4710 Grieskirchen, ✆ 0800/2400999 (gebührenfrei aus A+D+CH), ansonsten ✆ 0043/7248/635840, info@pedalo.com, www.pedalo.com
Austria Radreisen, J.-Haydn-Str. 8, A-4780 Schärding, ✆ 0043/7712/55110, office@austria-radreisen.at, www.austria-radreisen.at
Pedalo Radtours, Westerburgerstr. 6, D-94032 Passau, ✆ 0049/851/32124, info@pedaloradtours.de, www.pedaloradtours.de
Velociped Fahrradreisen, Alte Kasseler Str. 43, D-35039 Marburg, ✆ 0049/6421/886890, info@velociped.de, www.velociped.de
Oberösterreich Touristik GmbH, Freistädter Str. 119, A-4041 Linz, ✆ 0043/732/7277-200, info@touristik.at, www.touristik.at
Augustus Tours e. K., Turnerweg 6, D-01097 Dresden, ✆ 0049/351/56348-20, info@augustustours.de, www.augustustours.de
Rad & Reisen GmbH, Schickg. 9, A-1220 Wien, ✆ 0800/0700570 (gebührenfrei aus A+D+CH), ansonsten ✆ 0043/1/4053873, office@fahrradreisen.at, www.radreisen.at
Donau Touristik GmbH, Ledererg. 4-12, A-4010 Linz, ✆ 0043/732/2080, office@donautouristik.com, www.donaureisen.at

Gepäcktransport & Bikeshuttle

Taxi-Sitz, A-3380 Pöchlarn, ✆ 0043/(0)676 525 63 40, www.taxi-sitz.at, info@taxi-sitz.at

Zu diesem Buch

Dieser Radreiseführer enthält alle Informationen, die Sie für den Radurlaub entlang der Donau benötigen: Exakte Karten, eine detaillierte Streckenbeschreibung, ein ausführliches Übernachtungsverzeichnis, Stadt- und Ortspläne und die wichtigsten Informationen zu touristischen Attraktionen und Sehenswürdigkeiten. Und das alles mit der **bikeline-Garantie**: die Routen in unseren Büchern sind von unserem professionellen Redaktionsteam vor Ort auf ihre Fahrradtauglichkeit geprüft worden. Um höchste Aktualität zu gewährleisten, nehmen wir nach der Befahrung Korrekturen von Lesern bzw. offiziellen Stellen bis Redaktionsschluss entgegen, die dann jedoch teilweise nicht mehr an Ort und Stelle verifiziert werden können.

Die Radtour ist nicht in Tagesetappen sondern in logische Abschnitte aufgeteilt, weil die Tagesleistung zu sehr davon abhängt, wie sportlich oder genussvoll Sie die Strecke in Angriff nehmen möchten.

Die Karten

Die Detailkarten sind im Maßstab 1 : 50.000 erstellt. Dies bedeutet, dass 1 Zentimeter auf der Karte einer Strecke von 500 Metern in der Natur entspricht. Zusätzlich zum genauen Routenverlauf informieren die Karten auch über die Beschaffenheit des Bodenbelages (befestigt oder unbefestigt), Steigungen (leicht oder stark), Entfernungen sowie über kulturelle, touristische und gastronomische Einrichtungen entlang der Strecke. Allerdings können selbst die genauesten Karten den Blick auf die Wegbeschreibung nicht ersetzen. Komplizierte Stellen werden in der Karte mit diesem Symbol  gekennzeichnet, im Text finden Sie das gleiche Zeichen zur Markierung der betreffenden Stelle wieder. Beachten Sie, dass die empfohlene Hauptroute immer in Rot und Violett, Varianten und Ausflüge hingegen in Orange dargestellt sind. Die genaue Bedeutung der einzelnen Symbole wird in der Legende auf den Seiten 4 und 5 erläutert.

Höhen- und Streckenprofil

Das in der Einleitung dargestellte Höhen- und Streckenprofil gibt Ihnen einen grafischen Überblick über die Steigungsverhältnisse, die Länge und die wichtigsten Orte entlang der Radroute. Zusätzlich wird am Beginn jedes Streckenabschnitts ein detaillierteres Höhen- und Streckenprofil gezeigt, in dem über die Wegpunkte eine Zuordnung zu Karte und Text möglich ist. Es können in diesem Überblick nur die markantesten Höhenunterschiede dargestellt werden, jede einzelne kleinere Steigung wird in dieser grafischen Darstellung nicht berücksichtigt.

Die mit dem bett+bike-Gütesiegel ausgezeichneten Betriebe heißen Radurlauber auch für nur eine Nacht willkommen, bieten sichere Aufbewahrungsplätze für die Fahrräder und eine Trockenmöglichkeit für Kleidung und Ausrüstung. Zudem helfen die Gastgeber bei kleinen Pannen mit Werkzeug aus oder vermitteln den Kontakt zum nächsten Fahrradhändler.
Im Laufe des Jahres können Radurlauber unter www.bettundbike.at schon vor Reiseantritt nach dem passenden bett+bike-Betrieb an der Donau suchen. Zu jedem Betrieb gibt es einen Link zu dessen Homepage und Informationen wie auf Radfahrer zugeschnittene Serviceangebote, Preise, Zahl der Zimmer oder Entfernung zum nächsten Bahnhof.

VORTEILE BEI EINER ÜBERNACHTUNG IN EINEM BETT+BIKE - BETRIEB:

Ihre bett+bike Betriebe ...

...geben Auskunft zur weiteren Fahrtstrecke, über Donaufähren, alternative Radrouten, Entfernungen, etc...
...buchen Ihre nächste Übernachtung in einem bett+bike-Betrieb, Sie dürfen die Fahrt dorthin in Ruhe genießen.
...gewähren Kindern bis 6 Jahre Gratis-Übernachtung im Zimmer zweier Erwachsener, einzig das Frühstück ist zu bezahlen.
...bieten gesicherte, teilw. überdachte Radabstellplätze
...haben ein „Erste-Hilfe"-Werkzeug für Ihr Fahrrad
...bieten Ihnen einen Trockenraum für nasse Kleidung
...servieren Ihnen den ganzen Tag über leichte Radlfahrer-Imbisse und preisgünstige Getränke.
...im Internet: www.bettundbike.at
...bieten Lademöglichkeiten für die Donauradler, die mit Elektrorädern die Region bereisen.
...bieten mindestens 2 Leihräder im Betrieb zum Verleih an.

bett+bike
Tourismusverband Donau Oberösterreich
Lindengasse 9, 4040 Linz, Austria
Tel. +43 732 72 77-800, Fax +43 732 72 77-804
info@donauradweg.at, www.donauradweg.at

- Stadthotel Schärding
  Schärding
  Tel: +43(0)7712/36130
  www.stadthotel-schaerding.at

- Hotel Biedermeier Hof
  Schärding
  Tel: +43(0)7712/3064-0
  www.biedermeierhof.at

- Hotel Stiegenwirt – Schärding
  Tel: +43(0)7712/3070-0
  www.stiegenwirt-schaerding.at

- Raststätte-Restaurant-Hotel
  „Servus Europa“ – Suben
  Tel: +43(0)7711/31620
  www.servuseuropa.at

- Gästehaus „Donautal“
  Vichtenstein
  Tel.: +43 7714 63 10
  www.gaestehausdonautal.at

- „Zum goldenen Schiff“
  Steininger e.U. – Engelhartszell
  Tel.: +43 7717 80 09
  www.goldenesschiff.co.at

- Gasthof-Pension Luger
  Wesenufer (Neustift)
  Tel.: +43 7285 507
  www.gasthof-luger.co.at

- Gasthof „Draxler“ – Niederranna
  Tel.: +43 7285 511
  www.donau-urlaub.at

- Gasthof-Pension „Schütz“
  Wesenufer
  Tel.: +43 7718 72 08
  www.pension-schuetz.at

- Wesenufer Hotel & Seminarkultur
  an der Donau – Wesenufer
  Tel.: +43 7718 200 90
  www.hotel-wesenufer.at

- Pension Feiken – Wesenufer
  Tel.: +43 7718 75 06
  www.pension-donaublick.at

- Freizeitanlage Schlögen
  St. Agatha
  Tel.: +43 7279 82 41
  www.freizeitanlage-schloegen.at

- Hotel Donauschlinge
  Haibach ob der Donau
  Tel.: +43 7279 82 12
  www.donauschlinge.at

- Gasthof Gierlinger
  „Donauparadies“
  Obermühl an der Donau
  Tel.: +43 7286 72 13
  www.gasthof-gierlinger.at

- Rad-Hotel „Faustschlössl“
  Aschach/Feldkirchen
  Tel.: +43 7233 74 02
  www.faustschloessl.at

- Hotel Garni/Vinothek Schwarzer
  Adler – Ottensheim
  Tel.: +43 7234 822 24
  www.schwarzeradler.ottensheim.at

- Hotel Kolping – Linz
  Tel.: +43 732 66 16 90
  www.hotel-kolping.at

- Jugendgästehaus Linz
  Tel.: +43 732 66 44 34
  www.jugendherbergsverband.at

- Hotel Florianerhof / Gasthof
  Erzherzog
  Franz Ferdinand – St. Florian
  Tel.: +43 7224 42 54-0
  www.florianerhof.com

- Gasthof-Pension „Zur Traube“
  Mauthausen
  Tel.: +43 7238 20 23-0
  www.gasthofzurtraube.info

- Gasthof Jägerwirt – Au / Donau
  Tel.: +43 7262 585 14
  www.jaegerwirt-au.at

- Camping, Pension Au an der
  Donau – Au / Naarn
  Tel.: +43 7262 530 90
  www.camping-audonau.at

- Hotel-Restaurant
  „Goldenes Kreuz“ – Grein
  Tel.: +43 7268 316-0
  www.hotel-in-grein.at

Die Steigungs- und Gefälleverhältnisse entlang der Route finden Sie im Detail mit Hilfe der Steigungspfeile in den genauen Karten.

Der Text

Der Textteil besteht im Wesentlichen aus der genauen Streckenbeschreibung, welche die empfohlene Hauptroute enthält. Stichwortartige Streckeninformationen werden von dem Zeichen ~ begleitet. Manche besonders markante oder wichtige Punkte auf der Strecke sind als Wegpunkte **1**, **2**, **3**,... oder als Knotenpunkte KP 1, KP 2, KP 3,... durchnummeriert und – zur besseren Orientierung – mit dem selben Symbol in den Karten wieder zu finden.

Unterbrochen wird dieser Text gegebenenfalls durch orangefarbige Absätze, die Varianten und Ausflüge beschreiben.

TIPP Textabschnitte in Violett heben Stellen hervor, an denen Sie Entscheidungen über Ihre weitere Fahrstrecke treffen müssen, z. B. wenn die Streckenführung von der Wegweisung abweicht oder mehrere Varianten zur Auswahl stehen u. ä.

AUSFLUG Sie weisen auch auf Ausflugstipps, interessante Sehenswürdigkeiten oder Freizeitaktivitäten etwas abseits der Route hin.

Ferner sind alle wichtigen **Orte** zur besseren Orientierung aus dem Text hervorgehoben. Gibt es interessante Sehenswürdigkeiten in einem Ort, so finden Sie unter dem Ortsbalken die jeweiligen Adressen, Telefonnummern, Öffnungszeiten-Kategorien und Weblinks.

Die Beschreibung der einzelnen Orte sowie historisch, kulturell oder naturkundlich interessanter Gegebenheiten entlang der Route trägt zu einem abgerundeten Reiseerlebnis bei. Diese Textblöcke sind kursiv gesetzt und unterscheiden sich dadurch auch optisch von der Streckenbeschreibung.

Öffnungszeiten – Kategorien

- Öffnungszeiten
- frei zugänglich
- täglich
- häufig (5-6 Tage/Wo.)
- durchschnittlich (3-4 Tage/Wo.)
- selten (bis 2 Tage/Wo.)
- nach tel. Anfrage

Diese Angaben gelten während der Radsaison und dienen als Orientierungshilfe. Die tagesaktuellen Öffnungszeiten finden Sie über den Weblink.

Weblink

Im Ortsdatenblock bei dem jeweiligen touristischen Eintrag befindet sich nach dem @ Symbol eine sechsstellige Zahlen- und Buchstabenkombination ***(z. B. @ abc123)***. Die Eingabe dieser Weblink-ID auf unserer Internetseite www.esterbauer.com leitet Sie direkt auf die entsprechende Webseite weiter und ersetzt somit die mühsame Eingabe ellenlanger Webadressen.

Übernachtungs- und Serviceverzeichnis

Auf den letzten Seiten dieses Radtourenbuches sind zu fast allen Orten entlang der Strecke eine Vielzahl von Übernachtungsmöglichkeiten aufgelistet, vom einfachen Zeltplatz bis zum 5-Sterne-Hotel. Zusätzlich finden Sie umfangreiche Informationen zu Radwerkstätten und Radverleihstationen.

Von Passau nach Linz am Nordufer

98,4 km

HM/km: ↗ 2,8 (273m) ↘ 3,2 (310m) **Radweg:** 40 % **Unbefestigt:** 0 % **Verkehr:** 1 %

Ausgehend von der Dreiflüssestadt Passau fließt die Donau durch die dicht bewaldeten Hänge des engen Tals zwischen Bayerischem Wald und Sauwald bis zur Schlögener Donauschlinge. Hier erwartet Sie ein Naturschauspiel ganz besonderer Art: Die Donau fließt quasi wieder Richtung Passau retour, denn der harte Granit zwingt den Fluss zu einer extrem engen Schleife. Bei Aschach weitet sich das Tal und die Donau ergießt sich in das fruchtbare Land des Eferdinger Beckens. Ziel des Abschnitts ist die Stahlmetropole Linz, die entgegen ihrem Ruf viel Kulturelles zu bieten hat.

Zwischen Passau und Linz ist das linke Ufer fast durchgehend beschildert. Die Route verläuft zum Teil auf Radwegen, zum Teil auf Nebenstraßen. Steigungen kommen keine vor. Bei Schlögen führt die Route bis Inzell nur am rechten Ufer.

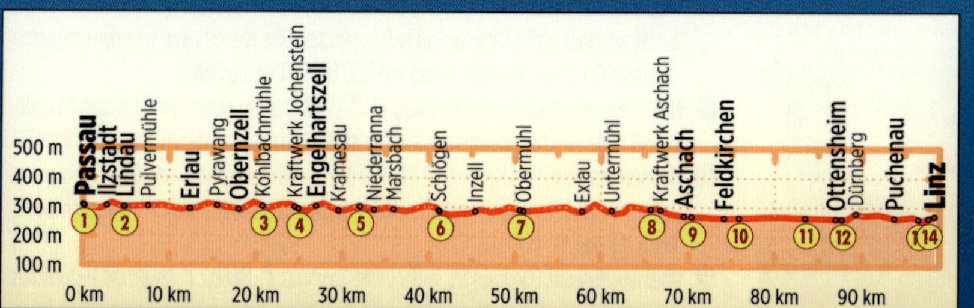

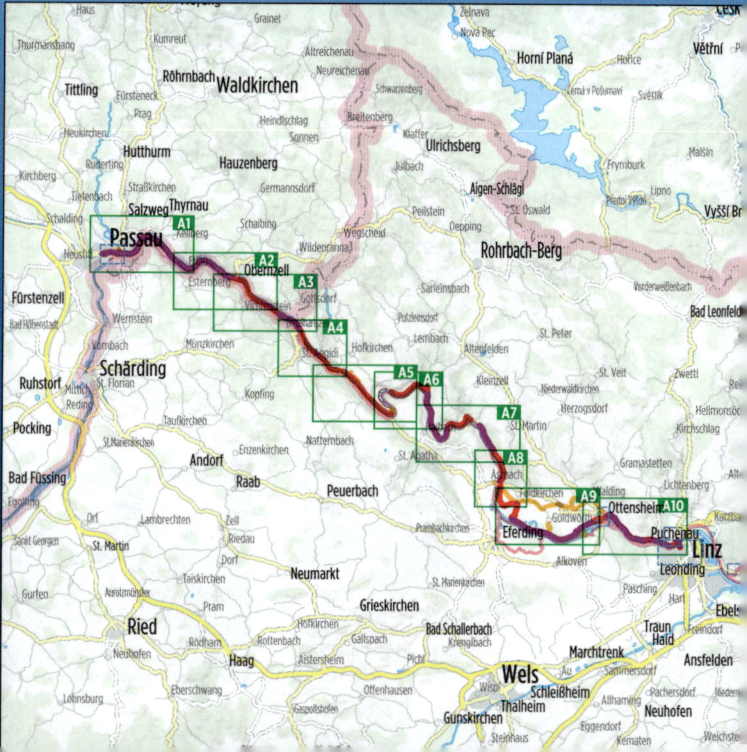

1 Die Radtour beginnt am **Hauptbahnhof** von Passau ~ dem Radschild „Zum Donau-Radweg" links in die **Magalettigasse** folgen ~ rechts in den Radweg ~ am Ende des Weges links unter der Regensburger Straße hindurch zur Donau ~ rechts und immer am Ufer entlang auf die Innenstadt von Passau zu ~ geradeaus bis zur nächsten Brücke, der **Luitpoldbrücke**. Die Nordufervariante überquert die Donau.

TIPP: Beim Römerplatz vor der Luitpoldbrücke zweigt die Route für die Südufer-Variante rechts in die Lukas-Kern-Straße durch die Altstadt ab.

Passau (D)

Vorwahl: 0851

Passau

- **Tourist-Information**, Rathauspl. 2, ☎ 396610, @ fap284
- **Tourist-Information**, Bahnhofstr. 28, ☎ 396610, @ enr843
- **Donauschifffahrt Wurm & Noé**, Höllg. 26, ☎ 929292 „Dreiflüsse"-Stadtrundfahrten, Erlebnisrundfahrten usw., Fahrradmitnahme möglich, @ duh285
- **Autohaus Ortner**, Haitzingerstr. 101, ☎ +49851/50015. Ihr günstiger Parkplatz in Passau. @ qax538
- **Glasmuseum Passau**, Schrottg. 2, direkt am Rathausplatz, ☎ 35071 Im Glasmuseum sehen Sie die weltweit größte Sammlung zum Europäischen Glas. Hier erhalten Sie einen umfassenden Überblick über europäisches Glas von 1650 bis 1950. @ ugd368
- **MMK - Museum Moderner Kunst**, Bräug. 17, ☎ 3838790 In einem der schönsten Altstadthäuser finden wechselnde internationale Ausstellungen mit Kunst des 20. Jhs. statt. @ dlq537
- **Museum am Dom**, Residenzpl. 8, ☎ 393-3331 In dem Domschatz- und Diözesanmuseum zeugen wertvolle Exponate von der Geschichte des einst größten Bistums im Heiligen Römischen Reich. @ goo213
- **OberhausMuseum**, Oberhaus 125, in der Veste Oberhaus, ☎ 396800, ☎ 396812 Historisches Stadtmuseum mit Exponaten zur Stadtgeschichte, Böhmerwaldmuseum, Feuerwehrmuseum

u. a. sowie Aussichtsturm. Anreise auch mit dem Pendelbus ab dem Rathaus möglich. @ gbu153

Dom St. Stephan, ✆ 3930. Seine Wurzeln gehen auf das Frühmittelalter zurück. Die heutige, barocke Gestalt erhielt der Dom, als er nach dem verheerenden Stadtbrand von 1662 unter Einbeziehung des gotischen Ostteils von italienischen Baumeistern wieder aufgebaut wurde. Das Basilika-Langhaus stellt den größten italienisch-barocken Kirchenraum nördlich der Alpen dar. Der Dom beherbergt die größte Domorgel der Welt mit 17.974 Pfeifen, 233 Registern und 4 Glockenspielen. @ vrx157

Universitätskirche St. Nikola, Innstr. Die ehemalige Stiftskirche des Klosters St. Nikola vereint im Inneren die Stilrichtungen Gotik und Barock mit einer Vielzahl an modernen Elementen. Zu den ältesten Bauten in Passau gehört die romanische Krypta der Kirche aus dem 11. Jh. @ asq156

Kloster Niedernburg, Klosterwinkel 1, ✆ 955980. In dem um 730 gegründeten und bis 2013 betriebenen Kloster befindet sich das Grab der Seligen Gisela, die 1045 als Ungarnkönigin der Benediktinerabtei beitrat und um 1065 verstarb. Außerdem wurden hier rund 800 Jahre alte romanische Fresken entdeckt, die zu den bedeutendsten im südostbayerischen Raum gehören. Heute beherbergt das ehemalige Kloster die Gisela-Schulen. @ ghl547

Veste Niederhaus, Ferdinand-Wagner-Str. 1, über der Ilzmündung, ✆ 396800. Dem Oberhaus vorgelagert wurde sie vermutlich im 14. Jh. errichtet. Im 17. Jh. diente sie als Gefängnis, später als Arbeitshaus. Heute befindet sie sich in Privatbesitz.

Veste Oberhaus, Oberhaus 125, auf dem Georgsberg 7d Neben dem Dom und der Wallfahrtskirche Mariahilf ist die Veste eine der drei städtebaulichen Dominanten der Stadt. Sie zählt zu den größten erhaltenen Burganlagen Europas und wurde 1219 gegründet. @ xje244

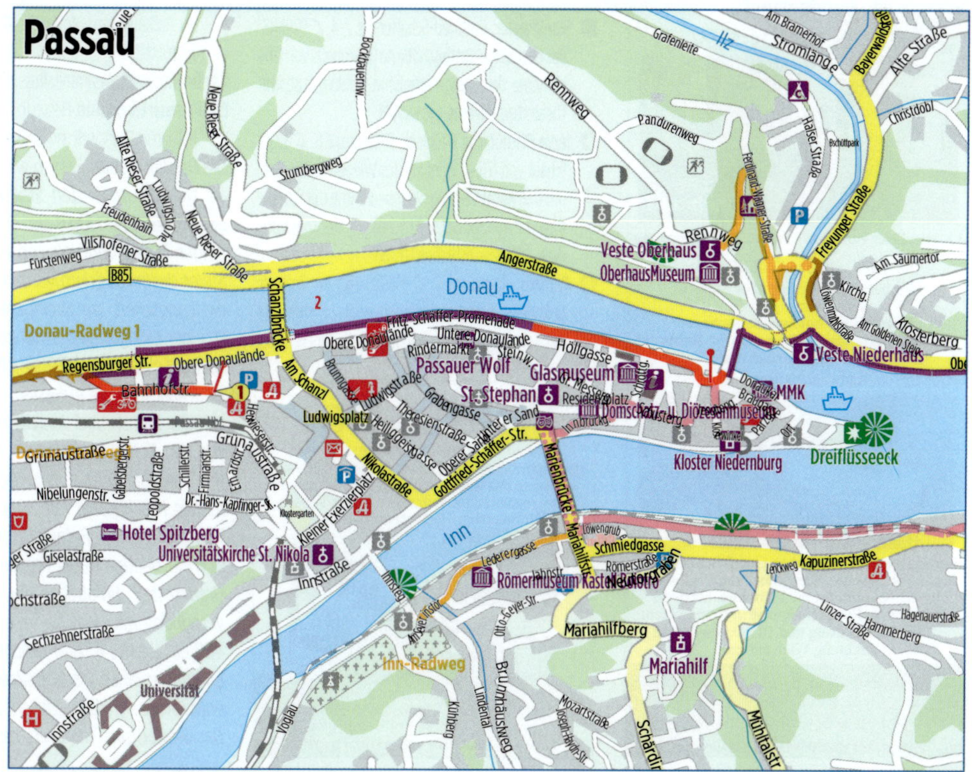

Stadttheater, Gottfried-Schäffer-Str. 2-4, ✆ 9291913. Das ehemalige fürstbischöfliche Opernhaus von 1783 ist heute der einzige erhaltene frühklassizistische Theaterbau Bayerns. @ wcl444

Neue Bischöfliche Residenz, Residenzpl. 8, ✆ 3930. Erbaut von 1712-1730 im Stil des Wiener Spätbarock, um 1768 Ausgestaltung der Innenräume mit Stuckaturen im Rokoko-Stil, 1770 Schaffung der spätbarocken, frühklassizistischen Fassade.

Rathaus, Rathauspl. 2, ✆ 955980 Im Rathaus befinden sich zwei repräsentative Säle im Barockstil mit Kolossalgemälden aus dem 19. Jh. Glockenspiel im Rathausturm: Mo-So 10.30, 14 u. 15.30 Uhr. @ mbt171

Dreiflüsseeck. Zusammenfluss von Inn, Donau und Ilz

Passauer Erlebnisbad, Messestr. 7, ✆ 560260. Mit Frei-, Hallenbad, Saunawelt und Wellnessbereich. @ efu285

Die Dreiflüssestadt Passau wird nicht umsonst als eine der schönsten Städte Deutschlands bezeichnet. Drei Flüsse aus drei Himmelsrichtungen – aus dem Westen die Donau, dem Süden der Inn und dem Norden die Ilz – machen die Landschaft am Dreiflüsseeck tatsächlich zu einer einzigartigen Schönheit. Passau kann auch auf eine mehr als 2000-jährige Geschichte zurückblicken. Die frühesten Funde stammen aus der Mittel- und Jungsteinzeit. 100 v. Chr. von den Kelten besiedelt, ist Passau ab Mitte des 1. Jahrhunderts n. Chr. über 400 Jahre römische Provinzstadt mit zwei Grenzkastellen. Vom spätantiken „Batavis“ in der Altstadt leitet sich der heutige Name Passau ab. Das zweite Grenzkastell „Boiotro“ in der Innstadt ist eng verbunden mit dem Hl. Severin, der hier um 460 ein kleines Kloster errichten ließ. Mit der Errichtung eines Bischofssitzes im Jahre 739 entwickelte sich das städtische Leben in Passau. Das Großbistum Passau erstreckte sich ab dem 10. Jahrhundert über Linz und Wien bis zur ungarischen Grenze. 999 wurde die weltliche Herrschaft über die Stadt vom Kaiser auf den Bischof übertragen und ab 1217 fungierten die Bischöfe als Regenten eines selbstständigen, kleinen Fürstentums Passau, das bis 1803 Bestand hatte, ehe es zurück an Bayern fiel.

Der Dom St. Stephan wurde immer wieder verändert, so etwa im 13. Jahrhundert, als ein Neubau des nach einem Stadtbrand 1181 immer weiter verfallenden Doms begonnen wurde. Ein weiterer Stadtbrand 1662, der nicht nur große Teile der Stadt, sondern erneut den Dom zerstörte, führte zu weiteren einschneidenden Veränderungen. Da aus Kostengründen ein Neubau nicht möglich war, verband der italienische Baumeister Carlo Lurago den Chor und das Querhaus der Spätgotik mit einem neuen barocken Langhaus. Der Dom beherbergt den größten barocken Innenraum nördlich der Alpen – und die größte Domorgel der Welt. Vom Hauptspieltisch können alle fünf Orgeln zum Klingen gebracht werden. Dem Dom gegenüber ist mit dem „Passauer Tölpel“ ein scherzhaftes Wahrzeichen der Stadt angebracht. Es wird vermutet, dass es sich dabei um den Kopf einer

A1
Passau
Ilzstadt
Donau
Inn
Ilz
St. Nikola
Anger
Hals
Grubweg
Lindau
Kellberg
Erlau
Freinberg
Haibach
Rosenau
Zieglreuth
Satzbach
Eggersdorf
Fattendorf
Zwecking
Raßbach
Kinsing
Limbach
Oberilzmühle
Oberöd im Ilztal
Reut
Ries
Sieglgut
Sieglberg
Sandberg
Stromlänge
Untersölden
Obersölden
Kuchlhof
Sturmsölden
Achleiten
Parz
Hinding
Neundling
Unterfreinberg
Lindenthal
Hamberg
Waging
Neusaming
Saming
Anzberg
Schwendt
Ingling
Rad
Buchsee
Wolfersdorf
Wingersdorf
König-Max-Höhe
Kapfham
Leithen
Schörgendorf
Edlhof
Unteresternberg
Aichet
Löwmühle
Pulvermühle
Kernmühle
Faberhof
Höllmühle
Grafmühle
Holzofenbäckerei
Schmiedemuseum
Eggersdorfer Teiche
Veste Oberhaus
St. Stephan
MMK
Dreiflüsseeck
Universitätskirche St. Nikola
Römermuseum Kastell Boiotro
Mariahilf
Fritz-Schäffer-Promenade
Bahnhofstr.
Passau Hbf.
Regensburger Str.
Donau-Radweg
Inn-Radweg
Kieslinger Bach
Erlau
B12
B85
B130
B388
St2319
St2132
2,8
2,6
5
25

Figur handelt, die beim Stadtbrand von 1662 vom Südturm des Domes stürzte.

Rechts vom Dreiflüsseeck liegt die Innstadt mit der Wallfahrtskirche Mariahilf, links zeigt sich die Ilzstadt mit der vorgelagerten Veste Niederhaus. Von der Veste Oberhaus bietet sich ein atemberaubender Ausblick auf die Stadt.

Von Passau nach Obernzell 17,6 km

Nach Überquerung der **Luitpoldbrücke** nach rechts wenden ~ durch den Tunnel und über das Flüsschen Ilz.

AUSFLUG **Zur Veste Oberhaus biegen Sie hier links ab und kehren bei der nächsten Brücke auf die andere Seite zurück, um dann halbrechts den Berg zu bezwingen.**

Weiter auf dem **Donauradweg** rechts halten und auf dem Rad- und Gehweg entlang der Bundesstraße Richtung Obernzell ~ **2** unter der **Eisenbahnbrücke** bei Lindau hindurch ~ an der **Löwmühle** und der **Kernmühle** vorbei weiter nach Erlau.

Erlau (Obernzell) D

Das Naturschutzgebiet Donauleiten erstreckt sich entlang der Donau linksufrig von Passau bis zur Landesgrenze bei Jochenstein. Die sechs Landschaftsteile wie Fuchsberg, Fürstberg oder Jochenstein umfassen zusammen 405 Hektar. Die steil aufragenden Leiten (Talhänge) bilden den Südrand des Bayerischen Waldes. Die Donau hat sich hier bis zu 300 Meter in das harte Gestein des Mittelgebirges eingetieft, welches sich auf österreichischer Seite im Sauwald fortsetzt. Zum größten Teil sind die Hänge von Laub- und Mischwäldern bedeckt, nur in den steilsten Partien türmt sich das nackte Gestein in bizarren Felsformationen an.

Begünstigt durch viele Sonnenstunden, bieten der südseitigen Leiten ideale Lebensbedingungen für eine Vielzahl seltener, wärmeliebender Pflanzen- und Tierarten. Bemerkenswert ist, dass an den Donauleiten Pflanzenarten verschiedenster Gebietsherkunft zusammentreffen. Vertreter der vor- und ostalpinen Flora wie z. B. Alpenveilchen wachsen hier neben Besen-Beifuß oder Ästiger Graslilie aus südlichen und östlichen Wärme- und Trockengebieten.

Auch die Tierwelt der Donauleiten zeichnet sich durch das Nebeneinander von charakteristischen Berglandbewohnern und wärmeliebenden „Südländern" aus. Landesweit einzigartig ist die Reptilienfauna des Gebietes: Sieben der neun einheimischen Eidechsen- und Schlangenarten kommen hier vor. Zudem sind zwei seltene, aus Südeuropa stammende Arten wie die Smaragdeidechse und die Äskulapnatter, die größte und vielleicht schönste der heimischen Schlangen, an den Donauleiten ansässig.

In der kleinen Siedlung **Erlau** über den gleichnamigen Bach ~ auf Flussniveau dicht unter dem Hang weiter nach Obernzell.

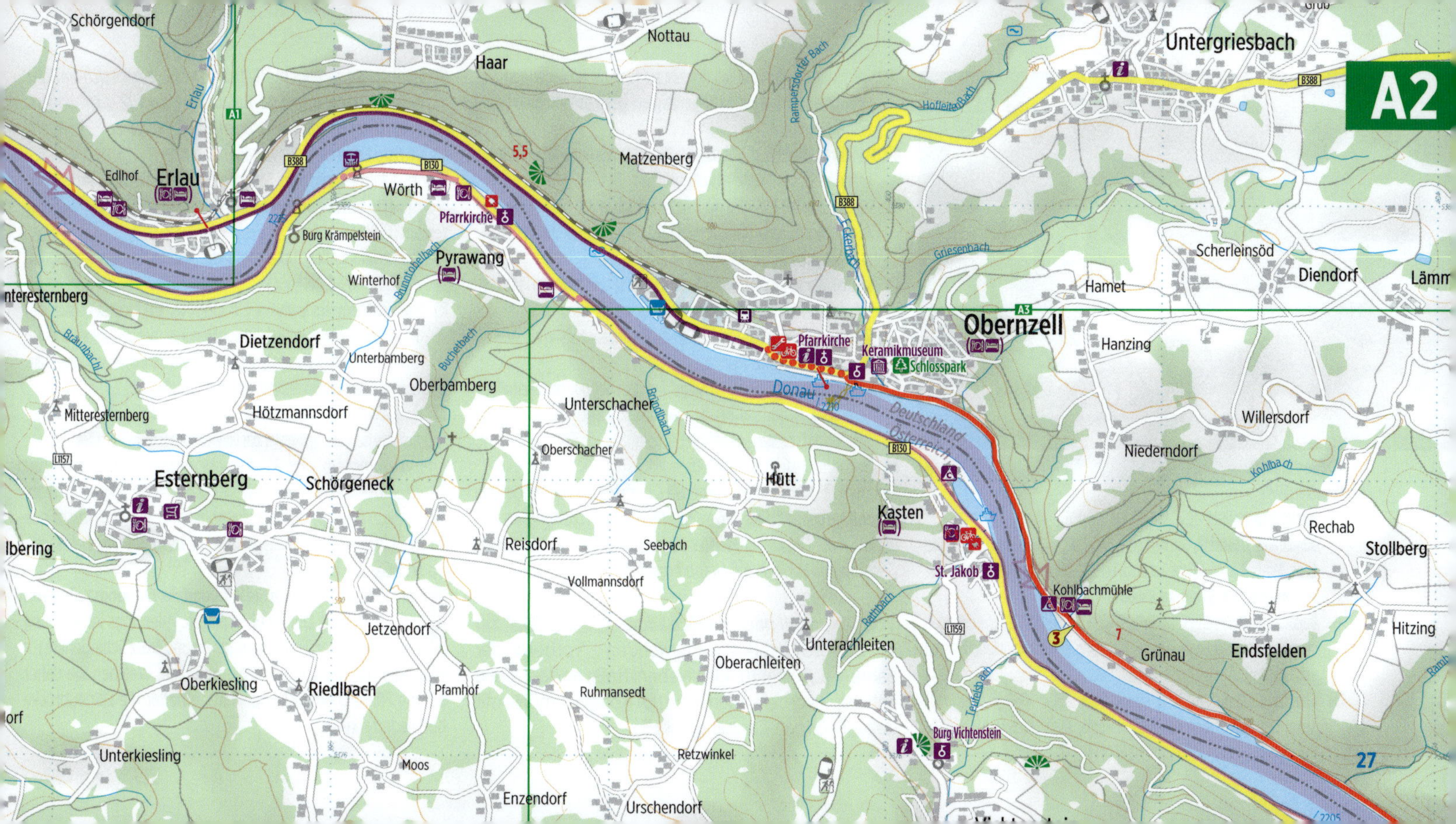

A2
Schörgendorf
Nottau
Haar
Untergriesbach
Erlau
Edlhof
A1
B388
B130
Wörth
Pfarrkirche
Burg Krämpelstein
Pyrawang
Winterhof
Matzenberg
5,5
Hofleitenbach
Rampersdorfer Bach
Griesenbach
Scherleinsöd
Diendorf
Hamet
nteresternberg
Dietzendorf
Unterbamberg
Oberbamberg
Obernzell
A3
Pfarrkirche
Keramikmuseum
Schlosspark
Hanzing
Donau
Deutschland
Österreich
Unterschacher
Mitteresternberg
Hötzmannsdorf
Willersdorf
Niederndorf
Oberschacher
L1157
Esternberg
Schörgeneck
Hütt
Kasten
Kohlbach
Rechab
Stollberg
lbering
Reisdorf
Seebach
St. Jakob
Kohlbachmühle
Vollmannsdorf
3
7
Grünau
Endsfelden
Hitzing
Jetzendorf
Unterachleiten
L1159
Oberachleiten
Oberkiesling
Riedlbach
Pfamhof
Ruhmansedt
orf
Burg Vichtenstein
Unterkiesling
Moos
Retzwinkel
27
Enzendorf
Urschendorf

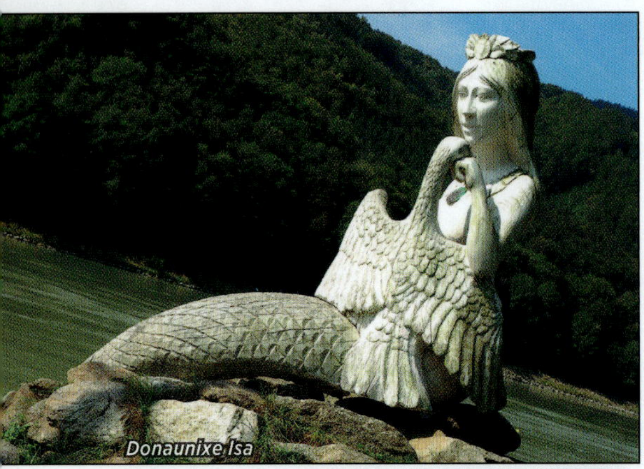
Donaunixe Isa

Obernzell Ⓓ

Vorwahl: 08591

- **Tourist-Info**, Marktpl. 42, ✆ 9116119, @ qqw158
- **Donaufähre Obernzell**, Jochensteiner Str. 2, ✆ 8243, Mitte Mai-Mitte Sept., Mo-Fr 8.30-16.30 Uhr, Sa, So u. Fei 9.30-16.30 Uhr; Mitte Sept.-Mitte Mai, Mo-Fr 8.30-16.30 Uhr, @ kab664
- **Donauarche**, Jochensteinerstr. 1, ✆ 9394899, ✆ 0171/6157179. Fahrten finden zwischen Obernzell, Engelhartszell, Pyrawang, Kohlbachmühle und Passau statt. @ rry752
- **Keramikmuseum**, Schloßpl. 1, Schloss Obernzell, ✆ 1066 Zweigmuseum des Bayerischen Nationalmuseums, zeigt einen Einblick in die Geschichte der Keramik von der Jungsteinzeit bis zur Gegenwart und einen Überblick über die Herstellungsvorgänge bis zur Industrieproduktion. @ ibg541
- **Marktkirche**, Marktpl., ✆ 1861. Die katholische Pfarrkirche Mariä Himmelfahrt wurde im Stil des Rokoko erbaut. @ ing154
- **Schloss**, Schloßpl. 1, ✆ 1066 Hauptattraktion in der einstigen Nebenresidenz der Passauer Bischöfe (16. Jh.) ist der Festsaal im Stil der Passauer Renaissance. @ pbs338
- **Gasthof Alte Schiffspost**, Marktpl. 1., ✆ 2560. Die sehenswerten Puttenreliefs des 1805-1810 entstandenen Gebäudes, welche fröhliche Szenen der Zubereitung und Verkostung des Weins zeigen, erinnern an die Vergangenheit Obernzells als Weinort.
- **Schlossgarten**, Schloßpl., ✆ 91160 Auf dem Gelände der ehemaligen Lederfabrik Münch und des bestehenden Schlossgartens wurde eine großzügige Freizeitanlage errichtet. @ dfh178
- **Freibad**, Am Hafen 1, ✆ 912263, @ igv165

Seit dem 13. Jahrhundert wurden in Obernzell Schmelztiegel aus Graphit hergestellt. Seit 1516 exitsierte eine Zunftordnung, ab 1613 erhielten die Oberzeller Meister Vorrechte die den Ort zu einem Zentrum des Handels mit Graphit machte.

Von Obernzell nach Niederranna 15,4 km

Vor dem **Schloss** flusswärts wenden ~ vorbei an der Fähre ~ auf einer ruhigen Nebenstraße an der Donau entlang ~ vorbei an dem Gasthof Kohlbachmühle mit dazugehörigen Campingplatz 3.

Gegenüber, auf der anderen Seite der Donau, erhebt sich die Burg Vichtenstein, eine mächtige Anlage aus dem 12. Jahrhundert. Dahinter ist der Haugstein zu sehen, er gilt mit seinen 895 Metern als höchste Erhebung des Alpenvorlandes.

Nach 4 km erreichen Sie die **Staustufe Jochenstein**.

Jochenstein (Untergriesbach) Ⓓ

Vorwahl: 08591

- **Tourist-Information Untergriesbach**, Marktpl. 24, Untergriesbach, ✆ 08593/9009-0, @ lya643
- **Haus am Strom**, Am Kraftwerk 4, ✆ 912890 Die Themen Wasserkraft, Wasserbau und Technik für Mensch und Natur werden bei Führungen durch das Kraftwerk und Naturschutzgebiet im Infozentrum im ehem. Wärterhaus und bei Erlebnisausstellungen erläutert. @ ddw234
- **Nixenskulptur Isa**, Uferstr. Aus Granit und Eichenholz gefertigte Skulptur der Nixe Isa, einer Schwester der Loreley vom Rhein. @ rcx774

Knapp unterhalb des Kraftwerks erhebt sich ein Felsen inmitten der Donau, um den sich zahlreiche Sagen ranken. Eine davon besagt, das der Jochenstein einst die Spitze des Turms eines Kristallpalastes war, in dem die Nixenkönigin Isa residierte.

TIPP: Beim Kraftwerk können Sie während der Öffnungszeiten von 6 bis 22 Uhr die Donau überqueren. Allerdings ist der Weg wegen der vielen Treppen mühsam und trotz Schiebehilfe für Fahrräder mit Gepäck nicht zu empfehlen. Weichen Sie daher auf die Fähre Uferhäusl-Engelhartszell oder die Donaubrücke bei Niederranna aus.

Obernzell
Pfarrkirche
Keramikmuseum
Schlosspark
Hanzing
Willersdorf
Niederndorf
Deutschland
Österreich
Donau
Hütt
Kasten
Seebach
St. Jakob
Kohlbachmühle
Rechab
Stollberg
Grünau
Endsfelden
Hitzing
Unterachleiten
Oberachleiten
Burg Vichtenstein
Retzwinkel
Urschendorf
Vichtenstein
Aug
Berg
Weeg
Goderer
Oberweinbrunn
Unterweinbrunn
Rain
Zollersberg
Haugstein
895
Roning
Haus am Strom
Jochenstein
Kraftwerk Jochenstein
Edt
Engelhartszell
Kaiserliches Mauthaus
Raad
Dittmanns
A3
Wesselinden
Linden
Ramesberg
Krottenthal
Gottsdorf
Neustift im Mühlkreis
Ebensteinkapelle
Riedl
Haitzendorf
Grub
Neu-Jochenstein
Kleinmollsberg
Uferhäusl
Großmollsberg
Penzenstein
A2
A4

4 Nach dem Umspannwerk rechts in den Weg **Am Jochenstein** ~ immer in Ufernähe durch **Jochenstein** ~ danach bei der Abzweigung rechts dem Donauradweg zur Grenze folgen ~ über die **Grenze** zwischen Deutschland und Österreich ~ in Österreich wird die Tour auf dem Treppelweg fortgesetzt.

AUSFLUG **Etwa 700 m weiter befördert die Radfähre ihre Gäste nach Engelhartszell. Hier können Sie das einzige Trappistenkloster Österreichs besichtigen. Betriebszeiten: tägl., Mai u. Sept., 9-17 Uhr, Juni, 9-18 Uhr, Juli-Aug., 8.30-19 Uhr, April u. Okt. (witterungsabhängig), 10-17 Uhr. www.engelhartszell.at/Radfaehre**

Engelhartszell s. S. 46

Ab der **Engelhartszeller Radfähre** führt die Route am Nordufer weiter auf dem gut ausgebauten Treppelweg.

Kramesau (Neustift im Mühlkreis)

Vorwahl: 07285

Radstation & Werkstätte, Kramesau 5, ✆ 591, @ dse651

5 Rechts Richtung Niederranna ~ **in Niederranna** nach der Kirche rechts ~ an der nächsten Kreuzung verläuft die Route geradeaus.

TIPP **Wenn Sie zur Schiffstation und zum Gasthaus möchten, müssen Sie sich hier rechts halten.**

Niederranna (Hofkirchen im Mühlkreis)

Vorwahl: 07285

Marktgemeindeamt Hofkirchen, Markt 8, Hofkirchen im Mühlkreis, ✆ 7011, @ kaw344

Schloss Rannariedl, Rannariedl 1. Bis 1357/58 Falkensteiner Besitz, dann gehörte sie mit Unterbrechungen den Passauer Fürstbischöfen. Der Wohnflügel mit Laubenhof stammt aus dem 16. Jh., der hohe Rundturm ist noch mittelalterlich. (Privatbesitz) @ oub687

Zillenbau Königsdorfer, Niederranna 38, ✆ 508 Ⓒ Neben Anton Witti aus dem Nachbarort Freizell ist Rudolf Königsdorfer der letzte Zillenbauer in Österreich. @ ocs636

Von Niederranna nach Obermühl 16 km

Am Ortsende von Niederranna rechts unter der Donaubrücke hindurch .

TIPP **Über eine steigungsreiche Strecke bietet sich hier ein sportlicher Abstecher zum Schloss Marsbach an.**

Marsbach (Hofkirchen im Mühlkreis)

Vorwahl: 07285

Marktgemeindeamt Hofkirchen, Markt 8, Hofkirchen im Mühlkreis, ✆ 7011, @ kaw344

Schloss Marsbach, Marsbach 1. Der dreigeschossige rechteckige Hauptbau mit Rundturm ist der älteste Adelssitz des oberen Mühlviertels, erstmals 1075 urkundlich erwähnt. Heute in Privatbesitz und daher leider nicht zu besichtigen.

~ Sie passieren Freizell.

Freizell (Hofkirchen im Mühlkreis)

Marktgemeindeamt Hofkirchen, Markt 8, Hofkirchen im Mühlkreis, ✆ 07285/7011, @ kaw344

Zillenvermietung Witti, Freizell 4, ✆ 07285/6390, ✆ 0664/4124504 Ⓩ Hier werden Zillen nicht nur fachmännisch gebaut, man kann sie auch mieten und eine Donaufahrt wagen. @ dow471

TIPP **Auf einem Wanderweg, der kurz nach Schloss Freizell vom Donauradweg in den Wald abzweigt, gelangen Sie zur Burgruine Haichenbach.**

Dorf (Niederkappel)

Burgruine Haichenbach, Dorf 12 ㉔ 1160 erstmals urkundlich erwähnt, ging die Burg ab 1529 dem Verfall entgegen. Im Volksmund „Kerschbaumer Schlössl" genannt, bietet die Aussichtsplattform einen

Schloss Marsbach

traumhaften Ausblick auf das Donautal und die Donauschlinge Schlögen.
@ abk486

Die Route verläuft nun auf einer schmalen Straße am Fluss entlang bis zur Fähre Au/Schlögen 6.
Sie befinden sich nun in der berühmten **Schlögener Schlinge**. Hier ist der Radweg unterbrochen und Sie müssen eine Fähre benutzen.

TIPP Sie können die Schlinge mit der Längsfähre/Donaubus durchfahren oder die Querfähren nutzen.

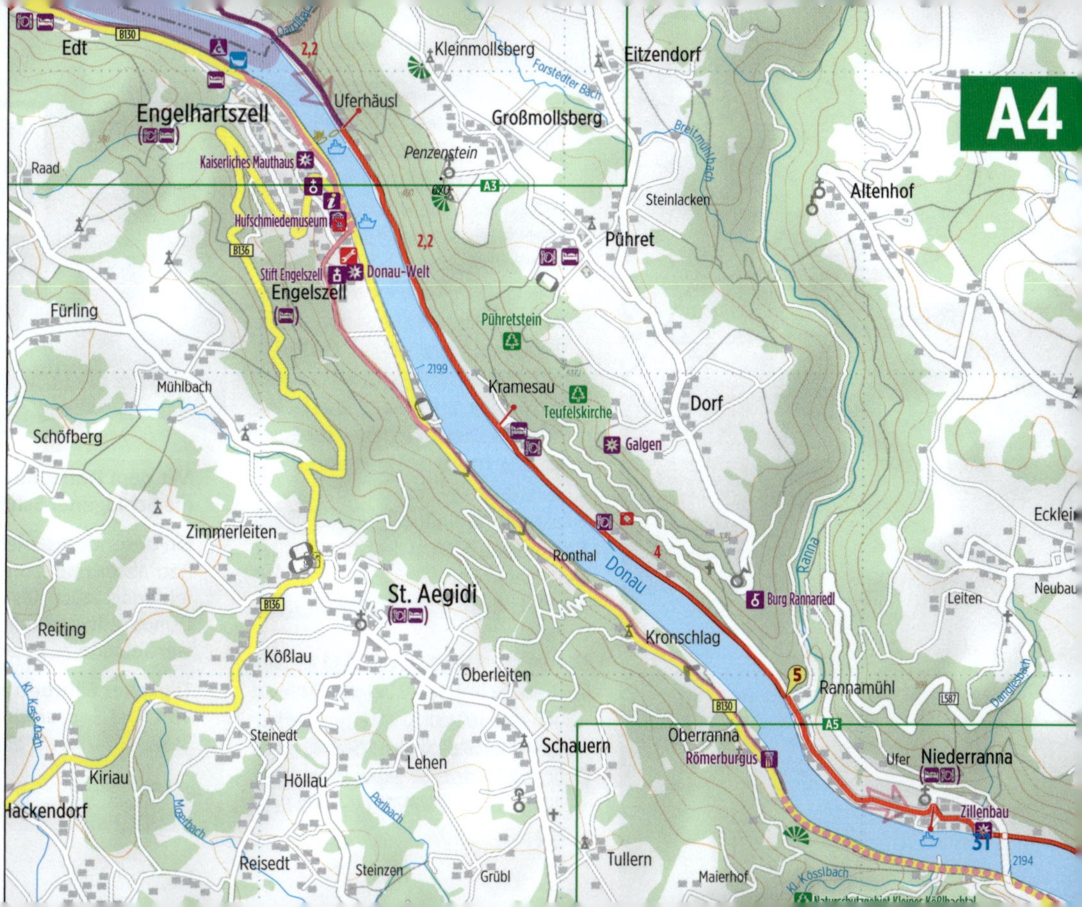

A4

Edt
Engelhartszell
Raad
Kaiserliches Mauthaus
Hufschmiedemuseum
Stift Engelszell
Donau-Welt
Engelszell
Uferhäusl
Kleinmollsberg
Eitzendorf
Großmollsberg
Penzenstein
Steinlacken
Altenhof
Pühret
Pühretstein
Kramesau
Teufelskirche
Galgen
Dorf
Fürling
Mühlbach
Schöfberg
Zimmerleiten
Ronthal
Donau
Burg Rannariedl
Kronschlag
St. Aegidi
Reiting
Kößlau
Oberleiten
Rannamühl
Leiten
Ecklei
Neubau
Steinedt
Schauern
Oberranna
Römerburgus
Niederranna
Ufer
Zillenbau
Kiriau
Höllau
Lehen
Hackendorf
Reisedt
Steinzen
Grübl
Tullern
Maierhof

Donau zwischen Grafenau und Obermühl

Au/Schlögen (Hofkirchen im Mühlkreis)

- **Donaubus Au-Grafenau**, Au 4, ☎ 0699/11152578, Mai, Juni u. Sept. 10-18 Uhr, Juli u. Aug. 9.30-19 Uhr. Der Donaubus bringt Sie 5 km am Wasser durch das Naturspektakel Schlögener Schlinge und legt am linken Ufer bei Grafenau an. @ cru743
- **Querfähre Au-Inzell**, Au 1, ☎ 07285/6317, ☎ 0664/2801144, April, Sept. bis Okt. 9–18 Uhr, Mai–Aug. 7.30–20 Uhr. Urige Fähre aus Holz. @ qpt746
- **Radfähre Au-Schlögen**, Schlögen 2, ☎ 07279/8212, Apr./Okt. 10-17 Uhr, Mai-Sept. 9-18 Uhr. Von Au auf der linken Seite der Donau bringt Sie die Radfähre Hotel Donauschlinge auf das rechte Donauufer, von wo aus Sie Ihre Fahrt durch die Donauschlinge fortsetzen können. @ exa225

Grafenau (Niederkappel)

Ab Grafenau entlang der Donau weiter nach Obermühl.

Niederkappel

Vorwahl: 07286

- **Gemeindeamt**, Hauptstr. 12, ☎ 85550, @ wdd354
- **Mühlviertler Dom**, Hauptstr. Die gotische Kirche von 1404 wurde 1890 nach Plänen des Linzer Dombaumeisters Raimund Jeblinger vergrößert. @ gpq455
- **Dr. Rudolf Kirchschläger-Gedenkzentrum**, Hauptstr. 12, ☎ 8555, ☎ 0680/1192197 Gedenkstätte für

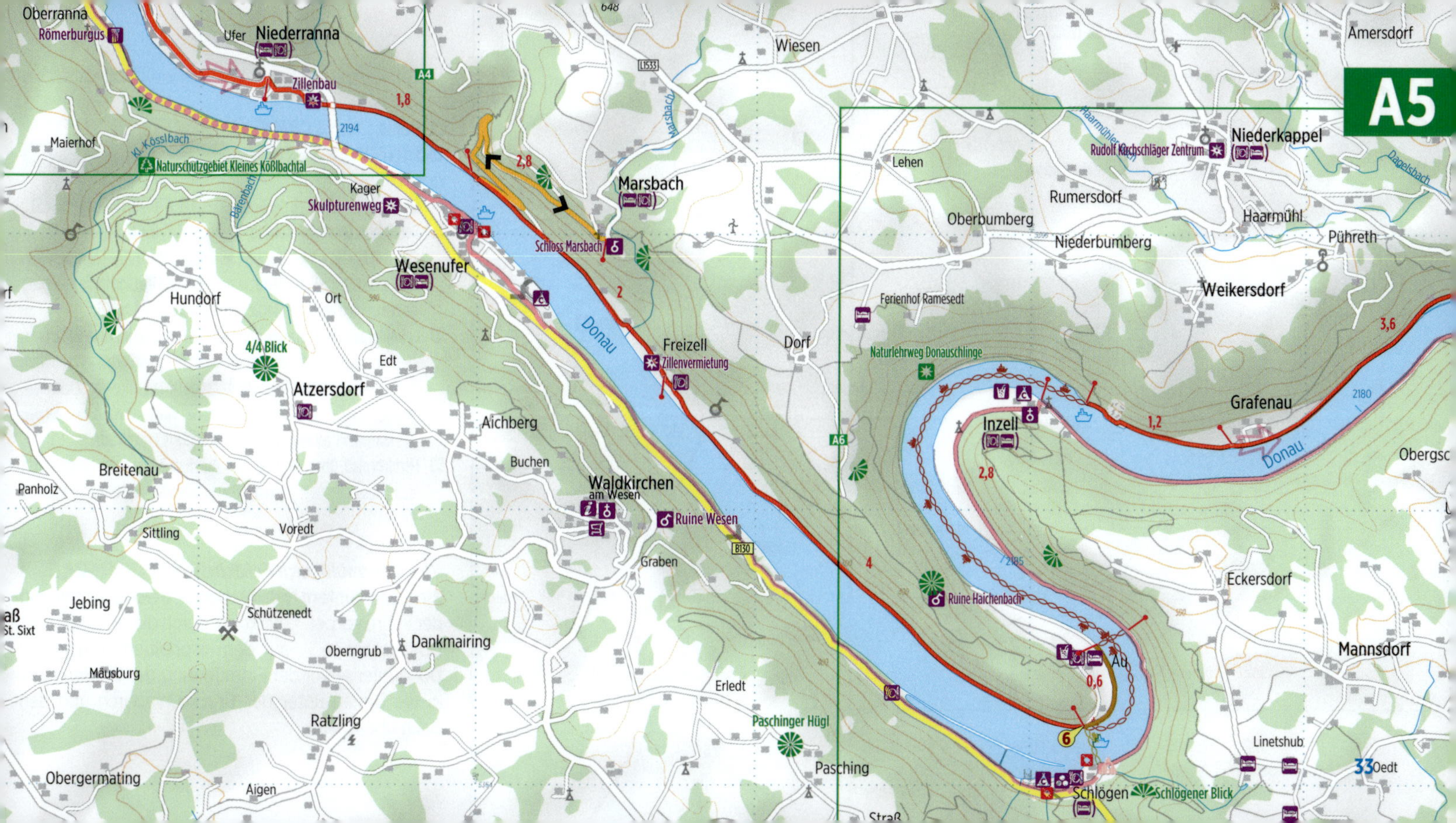

A5
Oberranna
Römerburgus
Niederranna
Ufer
Zillenbau
1,8
A4
Maierhof
Kl. Kösslbach
Naturschutzgebiet Kleines Kößlbachtal
Kager
Skulpturenweg
2,8
Marsbach
Schloss Marsbach
Wesenufer
Hundorf
Ort
2
Donau
Freizell
Zillenvermietung
4/4 Blick
Atzersdorf
Edt
Aichberg
Buchen
Breitenau
Panholz
Waldkirchen
am Wesen
Ruine Wesen
Sittling
Voredt
B130
Graben
Jebing
Schützenedt
Dankmairing
Oberngrub
Mausburg
Erledt
Ratzling
Paschinger Hügl
Obergermating
Aigen
Pasching
Wiesen
L1533
Marsbach
Lehen
Dorf
Ferienhof Ramesedt
Naturlehrweg Donauschlinge
A6
Inzell
2,8
Ruine Haichenbach
Au
0,6
6
Schlögen
Schlögener Blick
Straß
Amersdorf
Niederkappel
Rudolf Kirchschläger Zentrum
Rumersdorf
Oberbumberg
Niederbumberg
Haarmühl
Pühreth
Weikersdorf
3,6
Grafenau
1,2
Donau
Eckersdorf
Mannsdorf
Linetshub
33
Oedt

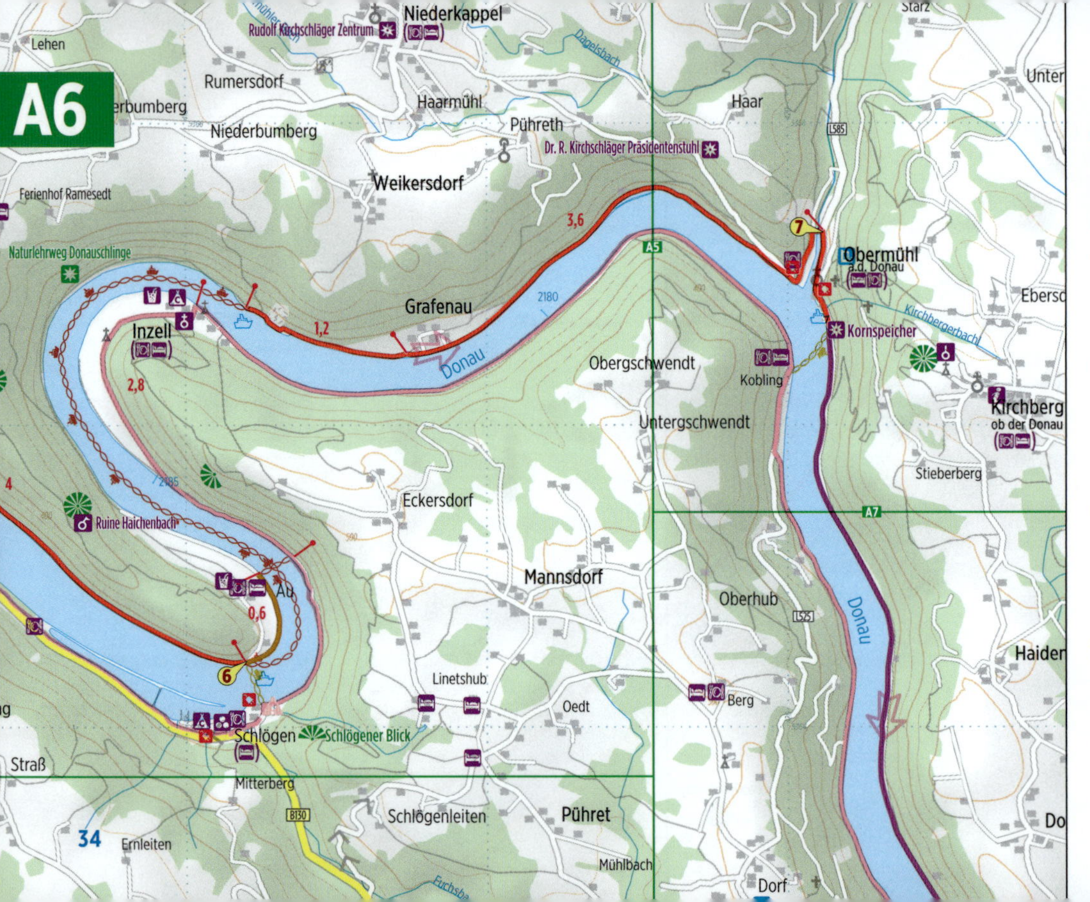

den hier geborenen, ehem. Bundespräsidenten Dr. Rudolf Kirchschläger. @ dgk423

Freibad, Schulstr. 8, ✆ 8555, ✆ 0680/2347227, @ byx577

Obermühl (Kirchberg ob der Donau)

Vorwahl: 07286

Gemeinde Kirchberg ob der Donau, Ortspl. 5, ✆ 07282/4601, @ omi638

Donaufähre Obermühl-Kobling, Obermühl 13, ✆ 0664/73493393, ⏲ April/Okt. 8-17 Uhr, Mai/Sept. 8-18 Uhr, Juni-Aug. 8-19 Uhr. Die Fähre wird von der Jausenstation Donauterrasse am Limes und Pension Idylle in Kobling betrieben und kann per Glocke gerufen werden. @ xgi521

Getreidespeicher, Obermühl 1. Am östlichen Ortsrand im Jahre 1618 erbaut, diente das Gebäude mit dem auffälligen 16 m hohen Dachstuhl in Hutform zugleich als Zollstation. Dieses bedeutende Renaissance-Wirtschaftsbauwerk überlebte nur knapp die Hebung des Wasserspiegels, den der Bau des Kraftwerks zur Folge hatte und ist heute in Privatbesitz.

Fischlehrpfad, Obermühl 13, ✆ 7216. Auf dem 2 km langen Lehrpfad gibt es Interessantes über die in der Donau lebenden Fischarten zu erfahren. @ rlj415

Von Obermühl nach Feldkirchen — *23,5 km*

7 In Obermühl am historischen Getreidespeicher und der Fähre vorbei ~ die Route durch die Hinteraigener Donauschlinge ~ auf dem asphaltierten Weg am Donauufer ~ vor der Einmündung der Großen Mühl in die Donau unter der Brücke hindurch und den Bach überqueren.

A7
Witzersdorf
Mühl
Erlebniswelt Granit
Dunzendorf
Oberhub
Donau
Burg Partenstein
Haiden
Winzberg
Ritzersdorf
Falkenberg
Berg
Untermühl
Neuhaus
a.d. Donau
Schloss Neuhaus
Grub
Absdorf
Point
Dorf
Kaiserau
Falkenbach
Schmiedg
10,5
Dorf
A6
2170
St. Martin
im Mühlkreis
Haibach
ob der Donau
Exlau
Hinteraigen
Dorf
4,5
Paching
Komas
Bach
Reith
Wiesing
Oberhart
Zagl
L1216
Mußberg
8
B130
A8
Oed
in Bergen
Reith
Schönleiten
Unterhart
Lacken
Kraftwerk Aschach
35

ACHTUNG Im Ort Untermühl haben Sie zwei Möglichkeiten: Entweder Sie wechseln mit der Fähre ans rechte Ufer, oder Sie nehmen die Längsfähre, welche Sie ca. 800 m stromabwärts wieder ans linke Ufer bringt. Das Wegstück zwischen Untermühl und Neuhaus verläuft durch das Naturschutzgebiet Schlossberg-Neuhaus. ⚠ Der Begriff „Felsensteig" weist sehr deutlich auf die Beschaffenheit dieses Pfades hin. Auf dem Weg befindet sich auch ein Hinweis, dass der Radweg endet und über das Wasser fortgesetzt werden muss.

Untermühl (Sankt Martin im Mühlkreis)

Vorwahl: 07232

- **Fähre Untermühl - Kaiserau - Bremsberg**, ✆ 07273/62210, ⏲ Mai-Sept. 9-18 Uhr. Stationen: Kaiserhof/Kaiserau, Untermühl und Bremsberg. Die Fähre kann per Funk gerufen werden. @ fab181
- **Donaublick Kettenturm**, Felsensteig, ✆ 210518. Anfang der 2010er Jahre wurde die Ruine des ehemaligen Kettenturmes im schroffen Felsabfall nahe Untermühl unterhalb des Schlosses revitalisiert und in eine Aussichtsplattform verwandelt. Die 180 m lange Kette des Mautturms, die einst dazu diente, die Donau zu sperren, wurde von Kaiser Napoleon als eine Art Andenken nach Frankreich gebracht und befindet sich heute im Armeemuseum der Stadt Paris. @ ywh664

Nachdem Sie die Fähre verlassen haben, fahren Sie auf dem Treppelweg weiter ~ vor dem **Kraftwerk Aschach** an einem kleinen Hafen vorbei **8** ~ dem Straßenverlauf nach **Oberlandshaag** folgen ~ die Brücke unterqueren und eine Linkskurve fahren ~ gegenüber eines Schlauchautomaten rechts abbiegen ~ **9** Richtung Unterlandshaag an der Kreuzung geradeaus weiter ~ in **Unterlandshaag**, der Beschilderung des Donauradwegs folgen ~ dem Verlauf der ruhigen Straße vorbei an Feldern, Obstgärten und alten Vierkanthöfen folgen ~ in Feldkirchen an der ersten größeren Kreuzung rechts ab zur Donau.

Feldkirchen an der Donau

Vorwahl: 07233

- **Tourismusverein**, Hauptstr. 1, ✆ 7190, @ ojl166
- **Pfarrkirche Feldkirchen**, Marktpl. Das gotische Bauwerk wird von einem freistehenden frühgotischen Wehrturm flankiert. Die Innenausstattung ist im Stil des Rokoko ausgeführt. @ cjy156

Bad Mühllacken (Feldkirchen an der Donau)

Vorwahl: 07233

Curhaus Bad Mühllacken, Bad Mühllacken 55, ☎ 7215. Traditionell Europäische Medizin, Kneippkuren, Fasten. @ pqr214

Naturschutzgebiet Pesenbachtal, ☎ 7190. Der Pesenbach stürzt sich schluchtartig in die Donau und bildet damit das Kernstück des Naturschutzgebietes. Viele weitere Besonderheiten gibt es hier zu entdecken, wie die so genannte „Blaue Gasse" oder das Naturdenkmal Kerzenstein. @ uxr733

Von Feldkirchen nach Ottensheim 13,5 km

AUSFLUG Von Feldkirchen bietet sich ein Ausflug zum Tiergarten Walding an. Die Strecke ist in der Karte in orange dargestellt. Um nicht zurückfahren zu müssen, können Sie dann in Ottensheim wieder an die Hauptroute anschließen.

Walding

Vorwahl: 07234

Tiergarten & Reiterhof, Mursberg 42, ☎ 82759 Das Areal rund um den Bauernhof beherbergt 200 heimische und exotische Tiere, die hautnah beobachtet werden können. @ ckj512

Die **Route** führt von **Feldkirchen** wieder zur Donau zurück ~ am Ortsrand Richtung **Weidet** ab ~ in der kleinen Siedlung knickt die Straße rechts ab.

Weidet (Feldkirchen an der Donau)

Vorwahl: 07233

Jetlake Wasserskilift, Badeseestr. 6, ☎ 20520. Wakeboarden, Stand-Up-Paddling, Blobben u. m. @ tms753

Motorikpark Feldkirchen, bei den Badeseen (24) 20 Stationen als Herausforderung für Konzentration und Körper-Koordination, für alle Altergruppen. @ mni728

Die vier Badeseen, Badeseestr., ☎ 7190, @ eoc535

10 bei der kleinen **Holzkapelle** links ~ an einem schmalen Uferwald vorbei und über den Begleitgraben ~ weiter auf dem asphaltierten Treppelweg am Damm bis Ottensheim.

TIPP Nach 1,5 km kommen Sie an den Feldkirchner Badeseen vorbei, wo Sie mit dem Wasserskilift auch mal ein anderes Fortbewegungsmittel ausprobieren können. Die Badeseen erreichen Sie direkt vom Donauradweg aus über die Radbrücke. Der Pfad führt Sie auf einer Rundroute durch das Badeseegelände.

Immer weiter dem Verlauf des Weges entlang der Donau folgen.

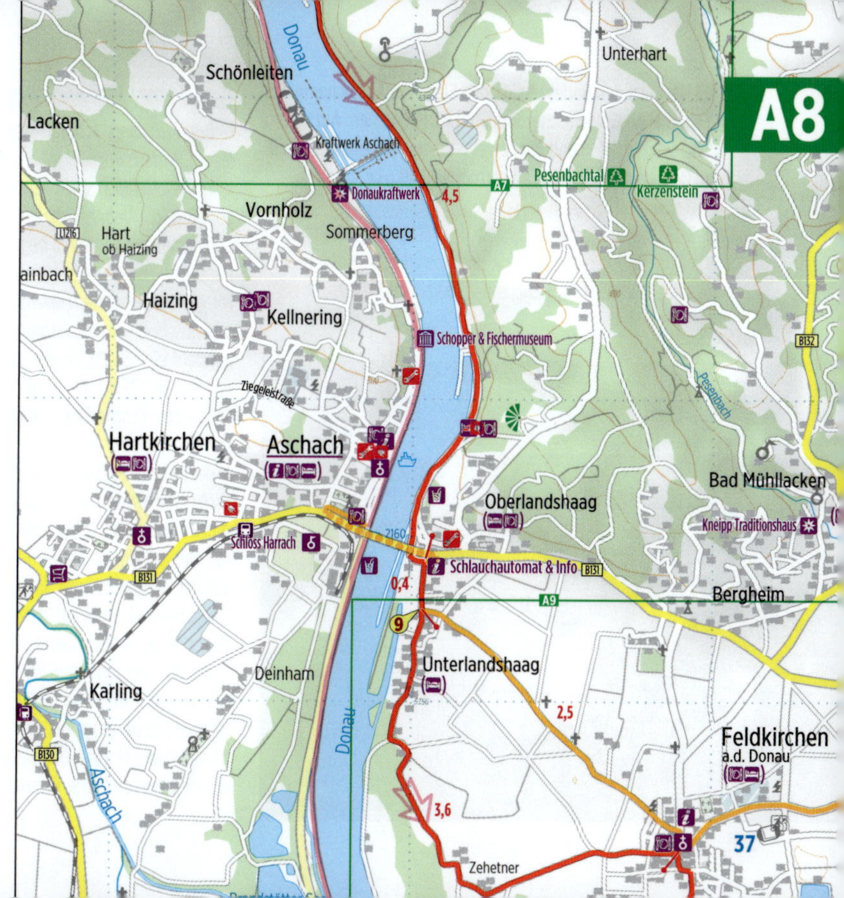

AUSFLUG 3 km nach den Badeseen können Sie einen Abstecher in das ehemalige Goldwäscherdorf Goldwörth machen. Auf einem befestigten Weg und über zwei Wasserarme gelangen Sie in den Ort, wo es auch eine Einkehrmöglichkeit gibt.

Goldwörth (Feldkirchen an der Donau)

Brauchtumsmuseum, Goldwörther Str. 44, ✆ 07233/7604, ✆ 0664/3259157
Ⓒ Im ehem. Gasthaus Wiesinger sind Exponate über die Alltagskultur, sowie Informationen zu Festtagen und Brauchtum der Region ausgestellt.
@ euj544

Schloss Ottensheim

Gold und Perlen aus der Donau

Neben Fischfang, Schiffswesen und Energiegewinnung waren diese „Wirtschaftszweige" am Fluss freilich immer nur Zwerge, kulturgeschichtlich sind sie aber umso interessanter. Es waren vor allem die Nebenflüsse der Donau, die aus dem Norden, aus dem Urgestein kommen, begehrte Fundorte für die Perlfischer. Perlbäche dürfen nicht viel Kalk enthalten. Die wasserklar bis rot-grünen Kugelchen bilden sich in der etwa 10 cm langen Flussperlmuschel (Margaritana margaritifera). Durch ein Sandkörnchen entsteht eine Stelle, an der die Muschel Perlmutt ablagert, ein Prozess, der 15 bis 20 Jahre dauert. Allerdings barg nicht jede Schale eine Kostbarkeit, so gab es unter 500 bis 2.000 Muscheln nur eine mit einer Perle.

In der Diözese Passau wurde die Perlgewinnung sogar systematisch betrieben und die „Passauer Perlen" erfreuten sich lange Zeit großer Beliebtheit. Aber auch anderswo sind Wertgegenstände mit Flussperlen aus der Donau geschmückt, etwa die Mitra (Bischofsmütze) der Linzer Stadtpfarrkirche.

Ähnlich war's beim Gold: Trotz der scheinbaren Aussichtslosigkeit des Unterfangens, sind an der Donau eine Reihe von Goldwäschen sogar aus der jüngeren Vergangenheit belegt. Im Jahre 1733 wurden beispielsweise 93,3 Gramm Linzer Waschgold bei der Wiener Münze eingelöst und in Mauthausen gab es noch im 19. Jahrhundert eine bescheidene Goldgewinnung, betrieben vorwiegend von Roma. Ortsnamen wie Goldwörth an der Donau, das sich bis ins 11. Jahrhundert zurückverfolgen lässt, zeugen von dieser „Zunft".

Die Methoden waren relativ einfach. Durch ein Holzgitter wurde Schotter auf einen Waschtisch geworfen. Der Schotter blieb im Gitter, der Sand wurde fortgeschwemmt, Goldflitter und Mineralkörner blieben im Wolltuch hängen. Aus diesem Stoff entfernte man schließlich mittels Magnet die restlichen Eisensteinchen. Der nunmehr gebliebene Goldschlich wurde mit Quecksilber legiert, in einen Lederbeutel gefüllt, das flüssige Schwermetall wurde durchgepresst und das Gold blieb im Beutel. Der Ertrag dieser mühsamen Prozedur war denkbar gering, die Jahresmenge eines erfolgreichen Goldwäschers war ein haselnussgroßes Goldklümpchen. Man nimmt an, dass die gesamte Ausbeute aus der Donau bis heute nicht viel mehr als 20 Kilogramm gewaschenes Gold ausmacht. Diese Menge reichte jedoch aus, um in Bayern zwischen 1756 und 1830 Flussdukaten zu prägen oder so manche Messkelche der Stifte in Klosterneuburg und Göttweig zu vergolden.

Weiter am Damm für etwa 3 km bis kurz vor dem **Kraftwerk Ottensheim-Wilhering**. **11**

TIPP Um auf die Südroute zu wechseln, überqueren Sie die Donau beim Kraftwerk Ottensheim.

11 Dem Weg, der im rechten Winkel nach Ottensheim abzweigt, folgen ~ die Route führt nach einer langen Rechtskurve an einer Regattastrecke entlang ~ der Weg macht einen Schlenker in den Auwald ~ über den

A9
Bergheim
Oberndorf
Rosenleiten
Freudenstein
Semleiten
Jörgensbühl
nterlandshaag
Feldkirchen
a.d. Donau
Filialkirche
Pesenbach
Tiergarten Walding
Mühldorf
Schloss Mühldorf
Vogging
Ach
Zehetner
Hofham
Audorf
Pösting
Lindham
Schwarzgrub
Rodl
Höflein
Große Rodl
Au
Weidet
Haid
Ottensheim
Purwörth
Brauchtumsmuseum
Goldwörth
Motorikpark
Jetlake
Dampfbahnerclub
Hagenau
Schloss
Donau
Aschacharm
Aschach
Pesenbach
Kraftwerk Ottensheim-Wilhering
Fischlehrpfad
Fall
Unterschaden
Oberschaden
Eferding
Innbach
Freudensteiner B.
Käferbach
B131
B127
A8
A10
10
11
2,5
3,6
2
4,5
7
1,6
1,8
4
3

Pesenbach und weiter am Donauufer ⟿ kurz links entlang des Flusses Rodl.

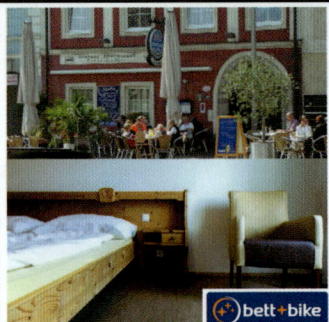

TIPP **Wer zum Dampfbahnerclub mit Modellbauanlage will, hält sich hier links.**

Hagenau (Ottensheim)

Dampfbahnerclub Linz - Modellbahnanlage, Hagenau 4, ☎ 0732/736657, ☎ 0699/13552545, Gartenbahnfahrten von Mai-Okt., immer am 1. So im Monat bei Schönwetter. Hier gibt es die größte Gartenbahnanlage Österreichs, im Maßstab 1:8 auf einer Fläche von ca. 3000 m^2, zu bewundern. @ vjc787

Rechts auf der Brücke über die Rodl ⟿ an der nächsten Möglichkeit rechts abbiegen auf die **Donaulände** ⟿ geradeaus in die **Siglallee** und danach in die **Sportplatzstraße**.

VARIANTE **Von Ottensheim besteht die Möglichkeit mit der Längsfähre auf dem Wasser nach Linz (10 km) zu überbrücken. Der Radweg verläuft auf dieser Strecke teilweise neben der Bundesstraße. Kurz nach der Drahtseilbrücke Ottensheim-Wilhering befindet sich die Anlegestelle des Donaubus Ottensheim-Linz.**

Ottensheim

Vorwahl: 07234

Tourismusinformation, Marktpl. 7, ☎ 8225530, ☎ 0699/10437643, @ akx863

Donaubus Ottensheim-Linz, Schiffsanlegestelle Ottensheim, ☎ 0699/11206173, Mai/Juni/Sept. 9-18.20 Uhr, Juli/Aug. Mo-Do 9-18.20 Uhr, Fr-So 9-19.20 Uhr. Längsfähre nach Linz. Die Anlegerampe des Donaubusses finden Sie auf der Nordseite 100 m unterhalb der Fähre Ottensheim-Wilhering. In Linz legt der Donaubus wieder auf der Nordseite unmittelbar vor der Nibelungenbrücke (Höhe Neues Rathaus Linz) an. @ fuk525

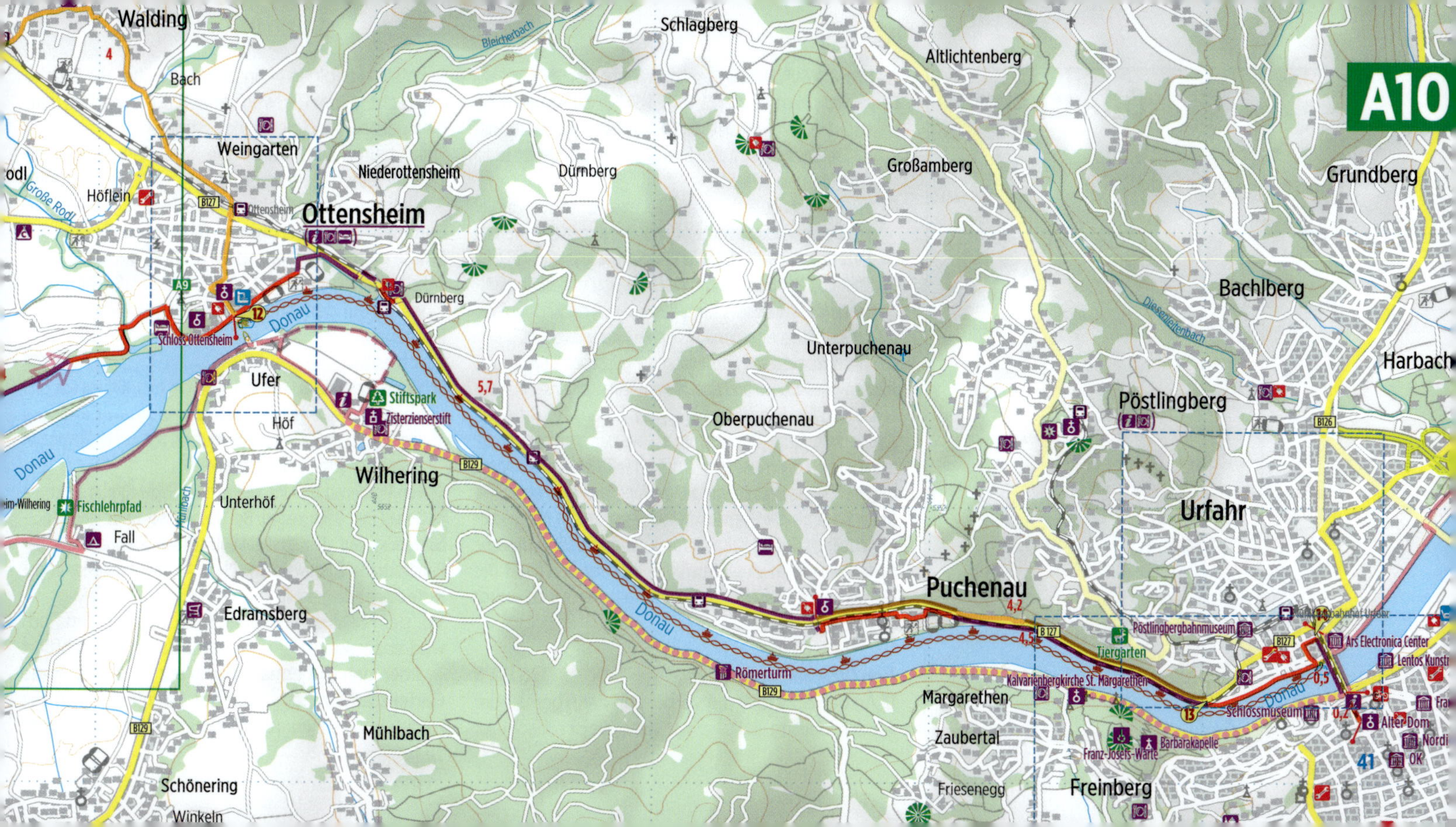
A10
Walding
Bach
Weingarten
Schlagberg
Altlichtenberg
Höflein
Große Rodl
Niederottensheim
Dürnberg
Großamberg
Grundberg
Ottensheim
Schloss Ottensheim
Donau
Ufer
Höf
Stiftspark
Zisterzienserstift
Wilhering
Unterhöf
Fischlehrpfad
Fall
Edramsberg
Mühlbach
Schönering
Winkeln
Unterpuchenau
Oberpuchenau
Bachlberg
Harbach
Pöstlingberg
Urfahr
Puchenau
Pöstlingbergbahnmuseum
Ars Electronica Center
Tiergarten
Römerturm
Kalvarienbergkirche St. Margarethen
Margarethen
Zaubertal
Schlossmuseum
Alter Dom
Franz-Josefs-Warte
Barbarakapelle
Freinberg
Friesenegg
Bleicherbach
Diesenleitenbach
B127
B129
B126
A9
5,7
4,2
4,5
0,5
0,2
12
13
41

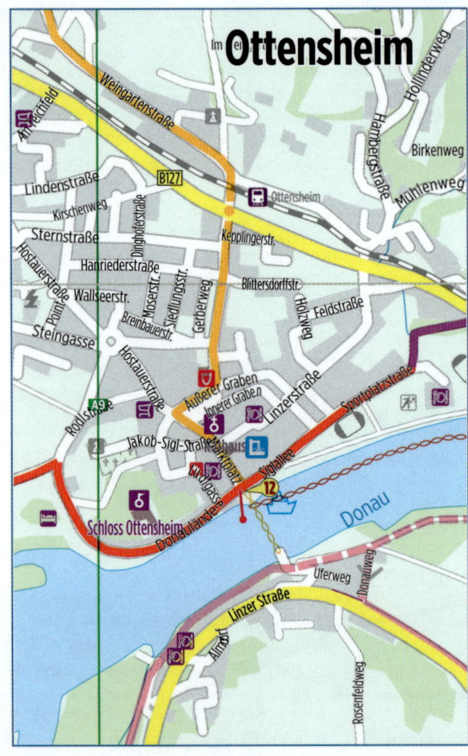

Fähre, 0664/9254916 Ottensheim-Wilhering, @ mkp734

Pfarrkirche, Marktpl. 8, 84165. Erbaut 1450-1520 und Ende des 19. Jhs. durch die Nepomuk-Kapelle ergänzt. Ältester Teil der Anlage ist die Gruft mit Skeletteilen aus dem alten Friedhof und der mumifizierten Leiche einer (Edel-) Frau. @ vpf253

Schloss Ottensheim, Jakob-Sigl-Str. 17. Auf einem Felsvorsprung über der Donau gelegen, befindet sich die 1148 urkundlich erstmals erwähnte Burg. Sie ist heute in Privatbesitz und für Besucher nicht zugänglich. @ hth116

Historischer Marktkern, Marktpl., 8225530. Trotz wiederholter Marktbrände gibt es einige sehenswerte Häuser wie z. B. das „Kindlhaus", das mit einer Ottensheimer Gründungslegende in Verbindung steht.

Der Ort verdankt seine Entstehung der günstigen Lage an den Wasserwegen Donau und Rodl. Ottensheim war einst einer der bedeutsamsten Handelsknoten an der Donau. Der Ortsname könnte vom Ritter Otini stammen, welcher an einem Hügel direkt an der Donau eine Burg errichten ließ. Eine weitere Ableitung des Ortsnamens könnte aus der Kindhaus-Sage stammen. Dieser Legende nach verdankt Ottensheim seinen Namen der hier erfolgten Geburt Kaiser Ottos IV. im Jahr 1208. Historische Fakten widerlegen diese Geschichte, was der Beliebtheit des Hauses, in dem Kaiser Otto angeblich geboren wurde, jedoch nie geschadet hat.

Von Ottensheim nach Linz 10,6 km

12 An den Sportplätzen vorbei und dann gemäß der Ausschilderung links ~ vor dem Bleicherbach der Rechtskurve folgen ~ anschließend über die Brücke und rechts ~ der Radweg verläuft nun zwischen dem Bleicherbach und der Bundesstraße

Links halten und durch die Straßenunterführung ~ über einen Bahnübergang ~ dort dem grünen Schild nach rechts Richtung Linz folgen ~ bevor die Bundesstraße in den Tunnel führt, erneut unter der Straße hindurch ~ nach dem Stationsgebäude nach links ~ ein drittes Mal unter der Straße hindurch ~ weiter auf dem straßenbegleitenden Radweg bis Puchenau.

Puchenau

Schloss Puchenau, Karl-Leitl-Str. 1, 0650/4535543. 1674 von Graf Ernst Christof Schallenberg erbaut, befindet sich das Schloss auf einem Hang ein Stück oberhalb der Gemeinde Puchenau und wird für Wohnungen sowie Gewerbeflächen genutzt. @ ney317

TIPP **Von Puchenau bis Linz verläuft der Radweg nun zwischen Donau und Bahngleisen. Bei Hochwasser ist es jedoch notwendig, auf den straßenbegleitenden Radweg links der Bundesstraße auszuweichen. Diese Ausweichroute ist in der Karte orange dargestellt.**

Vor dem Schloss Puchenau nach links auf den Radweg abzweigen, der unter der Straße hindurchführt ~ über den Supermarktparkplatz ~ rechts in die **Gartenstadtstraße** ~ vor der Einmündung in die Hauptstraße erneut rechts halten ~ der **Wilheringer**

Straße entlang der Sportplätze folgen → weiter zwischen Donau und Gleisen → **13** am Stadtrand von Linz geht der Radweg dann in die **Obere Donaustraße** über.

TIPP **Der Donauradweg verläuft geradeaus weiter, allerdings empfehlen wir einen Halt in Linz, den wir hier auch als Hauptroute eingezeichnet haben.**

Für den Besuch von Linz links in die **Flussgasse** → rechts in die **Fiedlerstraße** Sie befinden sich im Linzer Stadtteil Urfahr.

Urfahr (Linz)

Vorwahl: 0732

Ars Electronica Center, Ars-Electronica Str. 1, ✆ 72720 „Museum der Zukunft". Faszinierende Architektur und wechselnde LED-Fassadenbeleuchtung. @ koc153

Pöstlingbergbahn-Museum, Landgutstr. 19, ✆ 34007406 Informationszentrum über die Geschichte und die Gegenwart der Pöstlingbergbahn. Mit Fahrsimulator. @ yqj358

Pöstlingberg-Wallfahrtsbasilika, Am Pöstlingberg 1, ✆ 731228. Entstehung der Wallfahrt geht auf eine wundersame Heilung von Fürst Gundomer von Starhemberg zurück, die weithin sichtbare Kirche, Wahrzeichen von Linz, stammt von 1738-47. @ vtt311

Grottenbahn am Pöstlingberg, Am Pöstlingberg 16, ✆ 34007506 Die Märchenwelt für Groß und Klein, Geschichten von Zwergen, Riesen und verzauberten Prinzen. @ uft654

Zoo Linz, Windflachweg 1, ✆ 737180 Auf halber Höhe des Pöstlingbergs, mit sagenhaftem Blick über die Stadt Linz, sind rund 600 exotische und heimische Tiere auf einem knapp 4 ha großen Gelände beherbergt. @ ubx465

Familienoase Biesenfeld, Dornacher Str. 37, ✆ 3400-6670, @ otc666

14 rechts auf den Radweg und über die **Nibelungenbrücke** → in gerader Verlängerung von der Brücke zum **Linzer Hauptplatz** mit der Dreifaltigkeitssäule → Sie befinden sich nun in der historischen Altstadt.

Direkt am Hauptplatz liegt die Talstation der Pöstlingbergbahn – eine der steilsten Adhäsionsbahnen Europas. Über die Landstraße – die übrigens auf Platz 2 der beliebtesten Einkaufsmeilen in Österreich liegt – gelangen Sie zum Hauptbahnhof.

Linz s. S. 59

Von Passau nach Linz am Südufer

95,7 km

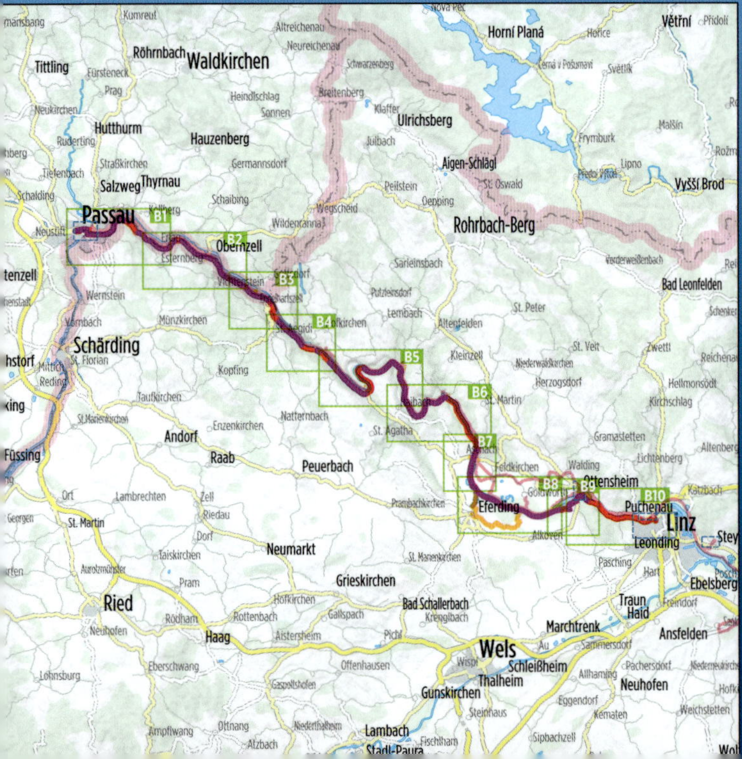

HM/km: ↗ 2,3 (220m) ↘ 2,7 (257m) Radweg: 65 % Unbefestigt: 1 % Verkehr: 11 %

In der sehenswerten Dreiflüssestadt Passau, direkt am Zusammenfluss der Flüsse Donau, Inn und Ilz, startet die Route am rechten Ufer. Sehr bald wechseln Sie auf österreichisches Gebiet und radeln entlang des Sauwaldes über Engelhartszell zu einem der großartigsten Naturschauspiele der Region, zur Schlögener Schlinge. Bei Aschach tritt die Donau dann in das fruchtbare Eferdinger Becken ein. Inmitten des oberösterreichischen Gemüsegartens beeindrucken imposante Vierkanthöfe. Ziel des Abschnitts ist die sehenswerte Stadt Linz mit ihren zahlreichen Attraktionen.

Am rechten Ufer verläuft die Route nur teilweise auf ausgebauten Radwegen. Immer noch gibt es Streckenabschnitte im stärkeren Verkehr auf der Hauptstraße, vor allem zwischen Engelhartszell und Schlögen und kurz vor Linz. Ein Wechseln ans linke Ufer ist jedoch immer wieder möglich. Steigungen kommen nicht vor.

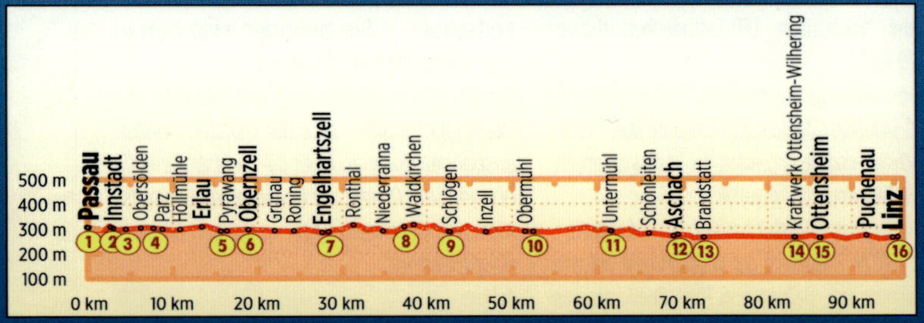

Passau (D) s. S. 22

Von Passau nach Engelhartszell 28,1 km

1 Die Radtour beginnt am **Hauptbahnhof** von Passau. Dem Schild „Zum Donau-Radweg" links in die **Magalettigasse** folgen ~ mit einer Rechtskurve zur **Donaulände**, dort rechts ~ bei einem Parkplatz auf den Uferweg wechseln ~ immer am Ufer entlang auf die Innenstadt von Passau zu. ~ geradeaus bis zum Römerplatz und der **Luitpoldbrücke**.

TIPP **Für die Nordufervariante überqueren Sie die Donau über die Luitpoldbrücke.**

Beim **Römerplatz** rechts in die **Lukas-Kern-Straße** ~ an der Staatlichen Bibliothek rechts in die **Jesuitengasse** ~ die nächste links in die **Michaeligasse** und gleich wieder rechts in die **Schustergasse** ~ am **Residenzplatz** links ~ 2 rechts der **Innbrückgasse** bergab dem Straßenverlauf folgen ~ den Fluss auf der **Marienbrücke** überqueren ~ am **Kirchplatz** links in die Straße **Löwengrube**.

Innstadt (Passau) (D)

Vorwahl: 0851

Römermuseum Kastell Boiotro, Ledererg. 43-45, Innstadt, ☎ 34769 Neben freigelegten Kastellfundamenten sind archäologische Funde aus Passau und Umgebung zu sehen. @ jgu282

Schiffe vor dem Linzer Schloss

Wallfahrtskirche Mariahilf, Mariahilfberg 3, ☎ 2356. Bedeutende Marienwallfahrt seit 1622, zunächst zu einer Kapelle mit Mariagnadenbild. Der Bau der Kirche erfolgte von 1624-1627. Kaiser Leopold I. flüchtete sich während der Zweiten Türkenbelagerung Wiens hierher. Nach der erfolglosen Belagerung Wiens wurde das Gnadenbild zum Staatsgnadenbild der Habsburgermonarchie. Zur Kirche führt eine Gebetsstiege mit 321 Stufen. @ oio746

TIPP **Wer das Römermuseum besichtigen will, biegt rechts ab in die Lederergasse.**

Links über eine breitstufige Treppe mit Rampe zum Inn hinunter ~ entlang einer stillgelegten Gleisanlage und kurz auf geschottertem Untergrund zum ehem. **Bahnhof Rosenau** ~ über die Schienen und rechts in den **Rosenauer Weg** ~ am Ende dieser Gasse führt ein feingeschotterter Rad- und Gehweg am Rande einer

Kleingartensiedlung weiter 3 nach den Gärten wird der Weg ziemlich eng hinter einem alten Lagerhaus zu einer Nebenstraße nach Unterquerung der Bundesstraße auf dem Begleitradweg Richtung **Achleiten** der Radweg wechselt auf die linke Straßenseite 4 über die Bundesstraße und dem breiten Weg rechts am Wald entlang dem Weg folgen bis sich dieser wieder der Bundesstraße anschließt auf dem Radweg weiter bis **Wörth** 5 auf dem Radweg rechts der Straße weiter.

Esternberg

Vorwahl: 07714

- **Gemeindeamt Esternberg**, Hauptstr. 33, 6655, @ qax536
- **Radtaxi**, Schörgeneck 58, 6404, 0664/1411677. Rückholdienst von Wien und Linz sowie allfällige Abholungen u. Transporte.
- **Freibad**, Riedlbacher Str. 24, 6070, @ nof868

Pyrawang (Esternberg)

- **Pfarrkirche.** Die kleine Kirche wartet mit frühgotischen Fresken auf, die 1982 entdeckt wurden. @ ghl873

Weiter am Radweg bis zur Anlegestelle der **Obernzeller Fähre** 6.

AUSFLUG: Die Fähre bringt Sie ans andere Ufer nach Obernzell,wo vor allem das Keramikmuseum und das fürstbischöfliche Schloss einen Besuch wert sind.

TIPP: Bei Kasten zweigt die serpentinenartige Straße Richtung Vichtenstein ab, die wir jedoch, aufgrund der starken Steigungen, nur gut trainierten Radfahrern empfehlen.

Kasten (Vichtenstein)

- **Fähre nach Obernzell**, Felsen-Hütt, 0049/8591-8243, Mitte Mai-Mitte Sept., Mo-Fr 8.30-16.30 Uhr, Sa, So u. Fei 9.30-16.30 Uhr; Mitte Sept.-Mitte Mai, Mo-Fr 8.30-16.30 Uhr, @ hfd853
- **Filialkirche St. Jakob.** Kleine barockisierte Kirche mit einem Kreuzigungsrelief von 1548. @ twx866

Die befestigten Adelssitze an der Donau und in anderen Teilen Oberösterreichs sind vorwiegend im 11. bis 13. Jahrhundert entstanden. Der Bau dieser Burgen setzte ein, nachdem die verheerenden Einbrüche der Magyaren durch die Siege an der Unstrut im Jahre 933 und auf dem Lechfeld bei Augsburg 955 endgültig abgewehrt und die bayerische Ostmark, aus der das Herzogtum Österreich hervorging, wieder hergestellt worden war.

Vichtenstein

Vorwahl: 07714

- **Gemeindeamt Vichtenstein**, Vichtenstein 70, 80550, @ bvd862
- **Burg Vichtenstein**, Vichtenstein 1, 8055. Erbaut im 11. Jh., ging die Burg im 13. Jh. in den Besitz des Bistums Passau über. Heute ist sie im Privatbesitz und kann nicht besichtigt werden. @ jue567

Weiter am Donauufer entlang nach **Roning** anschließend vorbei am **Campingplatz** und **Freibad** von Engelhartszell.

Unterwegs informieren Tafeln über den römischen Limes (Grenzwall) in Oberösterreich.

Ab dem Campingplatz gibt es am Ufer nur einen Wanderweg, daher vom Fluss weg und über die Bundesstraße in Engelhartszell geht es auf der Nebenfahrbahn weiter.

TIPP: Auf der Höhe der ersten Kreuzung finden Sie links neben der Bundesstraße die Radfähre.

INS ZENTRUM: Um in den Ortskern zu gelangen, biegen Sie bei der Fähre rechts ab. Haustafeln informieren Sie über die Geschichte des historischen Ortes. Danach kehren Sie über die erste Querstraße zur Hauptstraße zurück.

Engelhartszell

Vorwahl: 07717

- **Marktgemeinde Engelhartszell**, Marktpl. 61, 805516, @ ndq427
- **Radfähre**, Nibelungenstr. 174, 0664/9937026, April/Okt 10-17 Uhr, Mai/Sept. 9-17 Uhr, Juni 9-18 Uhr, Juli/Aug. 8.30-19 Uhr, @ mff635
- **Donauschifffahrt Wurm & Noé**, Schiffsanlegestelle Engelhartszell, /0049/851/929292, /0732/783607. Linienschifffahrt Passau-Linz, @ oaq457

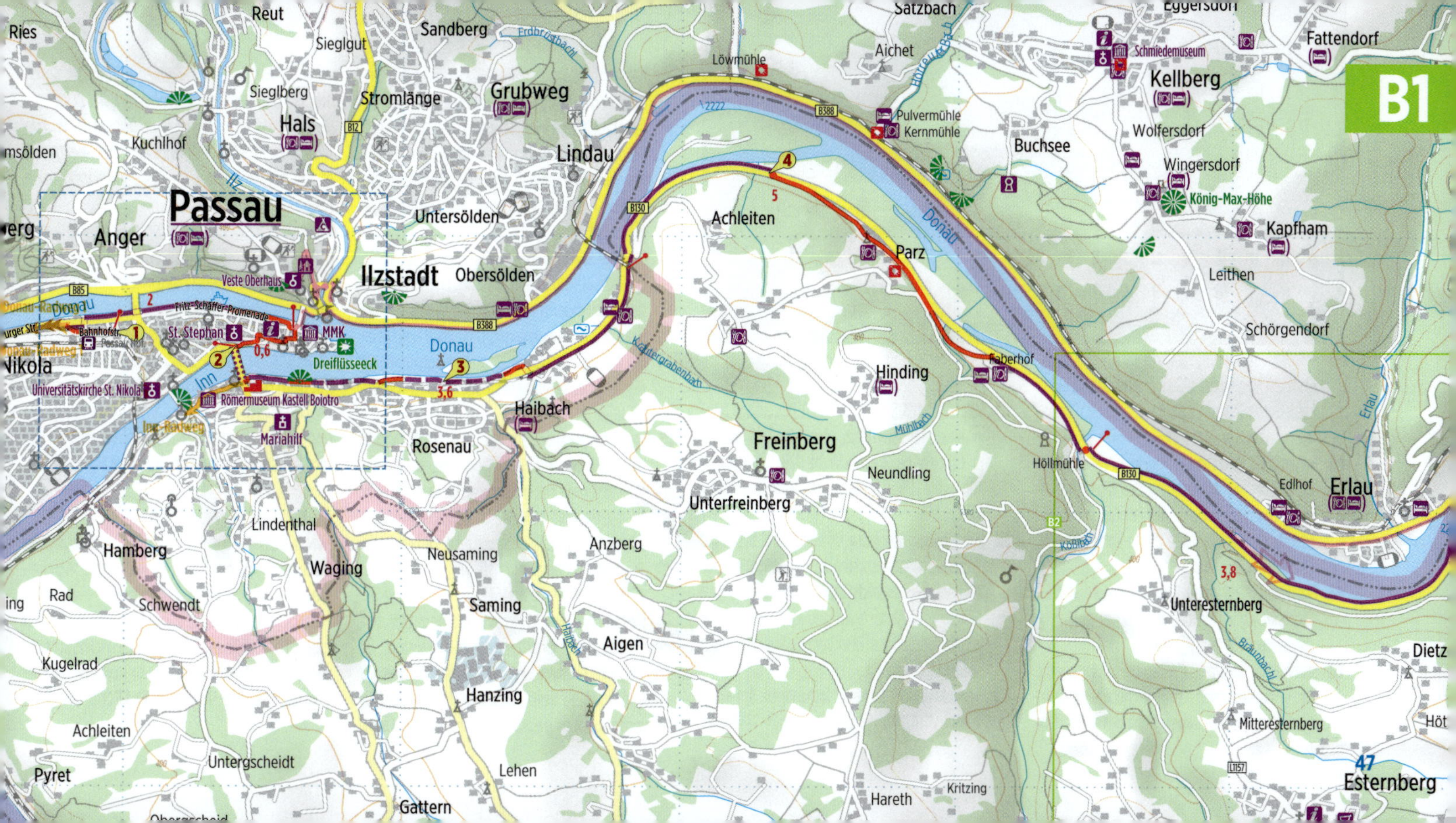

B1
Passau
Ilzstadt
Grubweg
Hals
Lindau
Kellberg
Freinberg
Erlau
Esternberg
Donau
Inn
Ilz
Anger
Reut
Sandberg
Sieglgut
Sieglberg
Stromlänge
Kuchlhof
Untersölden
Obersölden
Veste Oberhaus
St. Stephan
MMK
Dreiflüsseeck
Universitätskirche St. Nikola
Römermuseum Kastell Boiotro
Mariahilf
Fritz-Schäffer-Promenade
Bahnhofstr.
Rosenau
Haibach
Achleiten
Parz
Hinding
Faberhof
Höllmühle
Neundling
Unterfreinberg
Anzberg
Lindenthal
Neusaming
Waging
Hamberg
Schwendt
Rad
Saming
Aigen
Hanzing
Kugelrad
Achleiten
Untergscheidt
Pyret
Lehen
Gattern
Hareth
Kritzing
Löwmühle
Aichet
Satzbach
Pulvermühle
Kernmühle
Buchsee
Wolfersdorf
Wingersdorf
König-Max-Höhe
Kapfham
Leithen
Schörgendorf
Fattendorf
Schmiedemuseum
Edlhof
Unteresternberg
Mitteresternberg
Dietz
Erdbrustbach
Kräftergrabenbach
Mühlbach
Haibach
Erlau
Bräunbach
Köllbach
B85
B12
B388
B130
B2
L1157
Nikola
Donau-Radweg
Inn-Radweg
0,6
3,6
3,8
47

Stift Engelszell

Hufschmiedemuseum, Nibelungenstr. 11, ✆ 8059 Eine Besichtigung der 400 Jahre alten und bis 1951 in Betrieb gewesenen Hufschmiede ist möglich (Voranmeldung erbeten). @ dgh836

Natura 2000 Infozentrum, Marktpl. 61 Wissenswertes über das Europaschutzgebiet „Oberes Donau- und Aschachtal" sowie die Ausstellung „Donau-Geschichten" mit Schiffskajüte, Donau-Rollseilfähre etc. Eintritt frei. @ anu418

Pfarrkirche Mariä Himmelfahrt, Kirchenpl. 1, ✆ 7265. Chor und Langhaus der damals gotischen Marktkirche entstanden 1459-1503. @ kff671

Stiftskirche, Stiftstr. 6, ✆ 8010. Die 1764 geweihte Kirche markiert einen regionalen Höhepunkt stuckplastischer Rokoko-Ausgestaltung des 18. Jhs. Eine Besonderheit ist das Fresko des Langhauses. @ bmf158

Stift Engelszell, Stiftstr. 6, ✆ 8010. Das einzige Trappistenkloster Österreichs, gegründet 1293 und mit stilistisch reiner Rokoko-Kirche (1754), ist bekannt für seine Likör-, Bier- und Käseproduktion. @ lxm878

Römerburgus Oberranna, Oberranna 5, ✆ 805516 Dieser wichtige Genzposten am Donaulimes, von den Römern wahrscheinlich STANACUM genannt, ist etwa 1700 Jahre alt. Durch einen Schutzbau konnte dieser archäologische Schatz Besuchern zugänglich gemacht werden. @ omh364

Donaukraftwerk Schleuse Jochenstein, Am Kraftwerk 1, ✆ 912890, Überquerung: 6-22 Uhr. Mit dem Bau des Kraftwerkes 1952-56 sind auf 30 km Länge sechs Engstellen für die internationale Schifffahrt beseitigt worden. Über die Schleuse erreichen Sie das „Haus am Strom" in Jochenstein, das die wichtigen Themen Natur, Energie und Wasser Besuchern in einer Erlebnisausstellung näherbringt. @ osk551

Engelhartszeller Donau-Welt, Stiftstr. 7, ✆ 805516 Sechs Abschnitte vom Ursprung bis zur Mündung der Donau geben im „Wassererlebnis Mini-Donau" Einblick über Flussdynamik, Landschaft und Leben am Wasser. Weiters gibt es ein Großaquarium und einen Sinnesgarten zu bestaunen und zu erleben. @ tlt587

Kaiserliches Mauthaus, Energiepl. 51, ✆ 805516 Alte Hochwassermarken und eine Wandmalerei zur Geschichte des alten Donaumarktes zieren das Haus aus dem 15. Jh. Im Kellergewölbe befindet sich der „Kulturkeller der Energie AG", in dem Ausstellungen stattfinden. @ dec873

Freibad, Nibelungenstr. 113, ✆ 805516, ✆ 0664/8708787, @ tux467

Die Geschichte des Marktes Engelhartszell, seit dem Mittelalter Grenz- und Mautstation, ist eng mit der Entwicklung des Stiftes Engelszell verbunden. 1293 vom Passauer Bischof als Zisterzienserkloster gegründet, diente es lange auch als Herberge für Reisende und als Sommersitz der Passauer Domherren. Im Zuge der Reformbestrebungen Kaiser Josefs II. wurde 1786 das Kloster aufgehoben und wechselte fortan häufig seinen Besitzer, zu denen auch Napoleon gehörte.

Religiöses Leben kehrte erst 1925 wieder in die alten Gemäuer ein, als aus dem Elsass vertriebene deutsche Trappisten hier einzogen. Die strengen Regeln dieses zisterziensischen Reformordens – Schweigegebot, frühes Aufstehen, vegetarische Kost – umgeben ihn heute noch mit dem Nimbus weltferner Askese. Allerdings zeugt nicht zuletzt die berühmte Likörerzeugung und seit 2012 auch ein Trappistenbier von der durchaus weltlichen Tätigkeit der Mönche.

Von Engelhartszell nach Schlögen 14,9 km

7 Rechts zum Stift Engelszell abbiegen ~ am Kloster vorbei ~ an der Hauptstraße rechts einbiegen und auf der stärker befahrenen Bundesstraße weiter nach Wesenufer ~ kurz nach der Donaubrücke von der **B 130** links ab.

B2
Haar
Erlau
Edlhof
Matzenberg
Wörth
Pfarrkirche
Burg Krämpelstein
Pyrawang
Winterhof
Unteresternberg
Dietzendorf
Unterbamberg
Oberbamberg
Unterschacher
Oberschacher
Mitteresternberg
Hötzmannsdorf
Esternberg
Schörgeneck
Hütt
Obernzell
Pfarrkirche
Keramikmuseum
Schlosspark
Donau
Deutschland
Österreich
Scherleinsöd
Diendorf
Hamet
Hanzing
Willersdorf
Niederndorf
Rechab
Kasten
St. Jakob
Kohlbachmühle
Silbering
Reisdorf
Seebach
Vollmannsdorf
Jetzendorf
Unterachleiten
Oberachleiten
Grünau
Endsfelden
Oberkiesling
Riedlbach
Pfamhof
Ruhmansedt
Gersdorf
Unterkiesling
Moos
Retzwinkel
Burg Vichtenstein
Enzendorf
Urschendorf
Vichtenstein
Lanzendorf
Wetzendorf
Aug
Roning
B388
B130
L1157
L1159
L1155
Erlau
Bräubach
Griesenbach
Hofleitenbach
Kohlbach
3,8
3,6
5
6
2
5
49

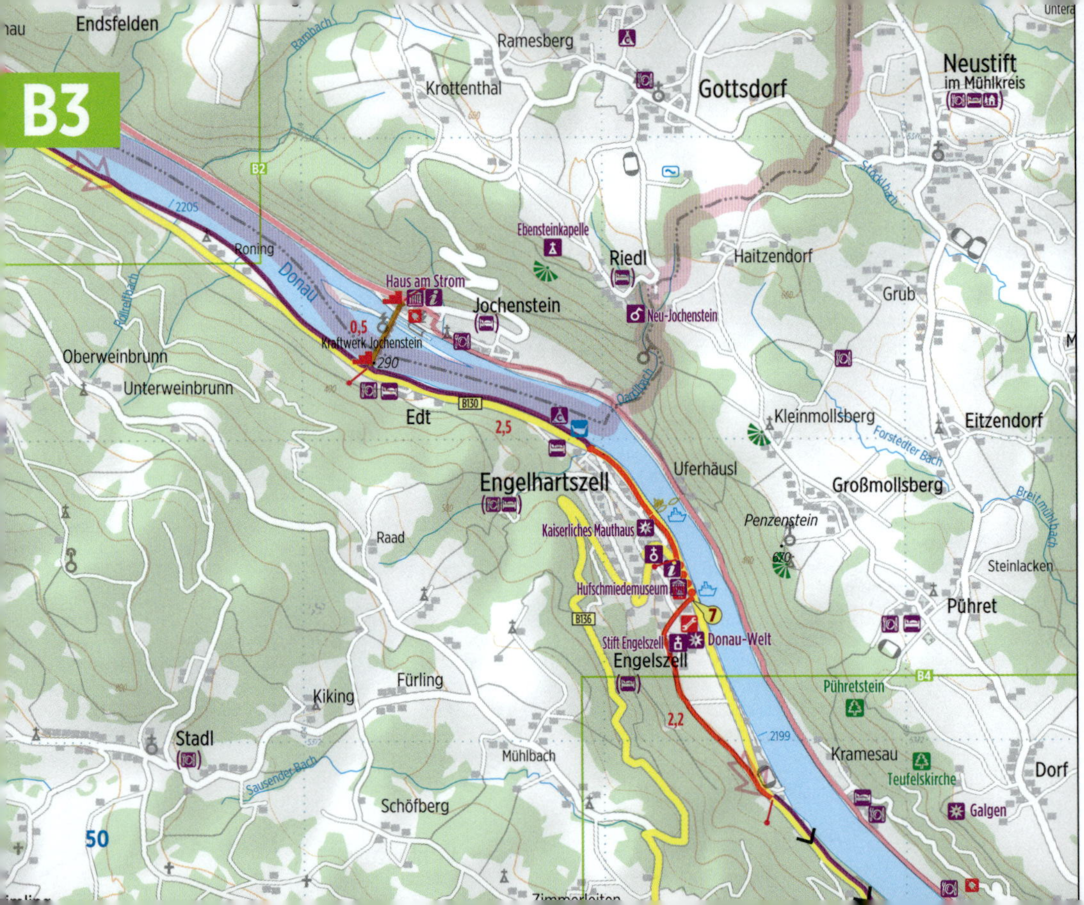

B3

Blick auf Engelhartszell

Wesenufer (Waldkirchen am Wesen)

Vorwahl: 07718

Skulpturenpark, Kager 2, ✆ 0676/5383656. Lebensgroße mythologische Skulpturen aus Altmetall am Ufer der Donau. @ ipm233

Naturschutzgebiet Kleines Kößelbachtal, ✆ 725511. Hang-, Schluchtwälder und Blockhalden formen dieses steile Naturjuwel. @ pli377

Geradeaus weiter und an der Kreuzung links der Straße in die Ortsmitte folgen kurz nach der Kirche links ab und zur Hauptstraße zurück.

8 Auf der B 130 auf den Radweg auffahren und weiter nach Schlögen zur berühmten **9** Schlögener Schlinge.

Schlögen (Haibach ob der Donau)

Vorwahl: 07279

Radfähre Schlögen-Au, ✆ 8212, ⏲ Apr./Okt. 10-17 Uhr, Mai-Sept. 9-18 Uhr, @ cbk653

Donauschifffahrt Wurm & Noé, Schiffsanlegestelle Schlögen, ✆ 0049/851/929292, ✆ 0732/783607. Linienschifffahrt Passau-Linz, @ lpq265

Römerpark Schlögen, Schlögen 2, ✆ 8235. Römerbad und Römerkastell, zahlreiche Mauerreste und über 4000 Fundstücke wurden bei Grabungen zutage gebracht. Das erhaltene Westtor ist das einzige noch sichtbare Tor eines römischen Lagers an der österreichischen Donau. @ ghi473

Aussichtspunkt Schlögener Blick, Steiner Felsen, @ pkh788

Ciconia-Naturerlebnisweg, ✆ 8235. Der 11,2 Kilometer lange Wanderweg führt von Schlögen über Linetshub nach Inzell. @ cni587

Haibach ob der Donau

Vorwahl: 07279

Tourismusinformation, Kirchenpl. 4, ✆ 8235, @ ltv222

Hallenbad, Römerstr. 16, ✆ 821514, @ eul352

Die Schlögener Schlinge

Zwischen Passau und Aschach schneidet sich die Donau tief und in ausgeprägten Mäandern in das böhmische Granitmassiv ein. Sie folgt somit nicht dem Verlauf der geologischen Grenze zwischen der Böhmischen Masse und den Gesteinen des Alpenvorlandes, sondern bildet eine Besonderheit. Nicht ganz freiwillig, wie man meinen könnte. Denn in den weichen Schichten des Tertiär suchte sich die Donau noch frei ihr kurvenreiches Bett. Durch die nachfolgende Hebung der Landmasse blieb dem Fluss kaum etwas anderes über, als sich mehr als

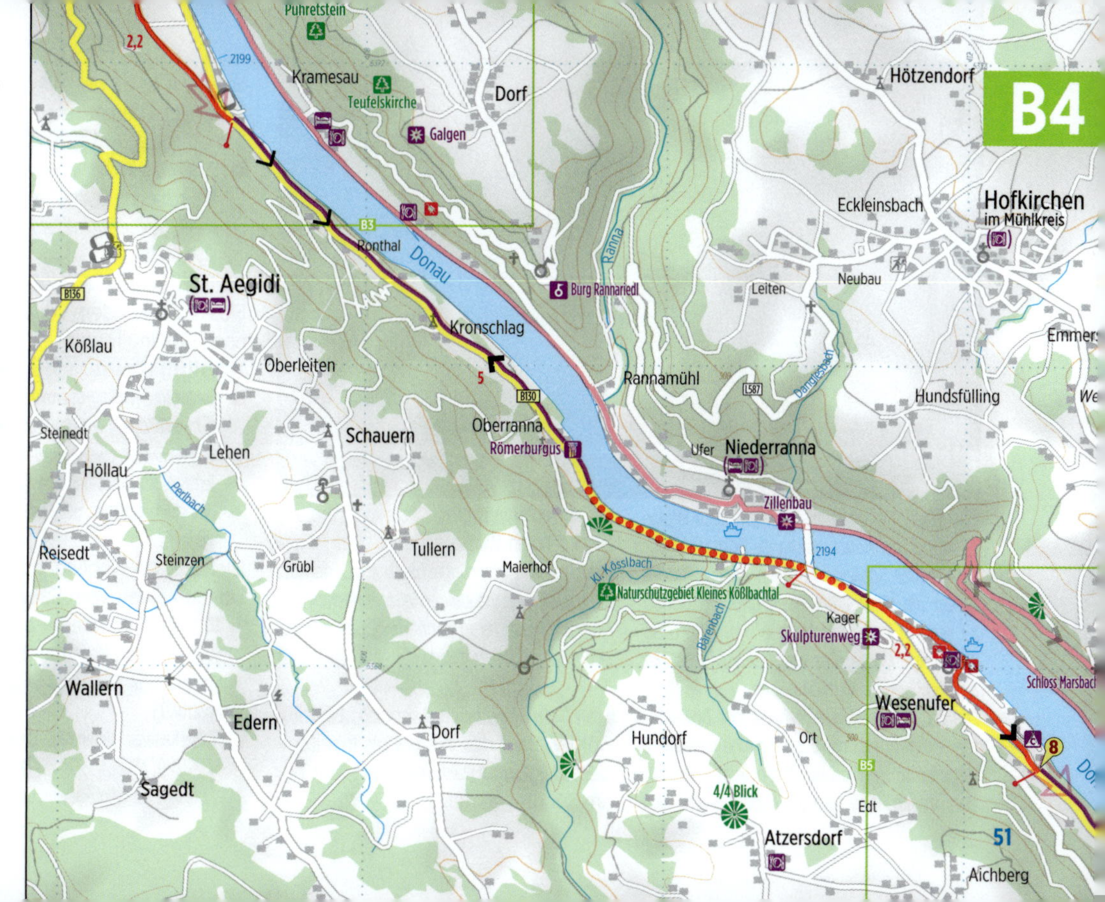

200 Meter tief einzugraben. Auf diese Weise entstand das heute bekannte Engtal. In der Schlögener Schlinge hat sich allerdings der Granit als stärker erwiesen und die Donau zu einem Richtungswechsel von 180 Grad gezwungen. Wie dies möglich war, darüber beraten Geologen noch heute.

Die schwierige Zugänglichkeit der bewaldeten Steilhänge bürgt auch für eine naturnahe Vegetation und große Artenvielfalt. Besonders im Frühling und im Herbst ergibt sich ein abwechslungsreiches Farbspektrum, die ausgedehnten Wälder verleihen dem Tal den Eindruck von Ursprünglichkeit. Im Gegensatz dazu rufen uns die kleinen Wiesenflächen und Höfe am Flussufer in Erinnerung, dass wir auf altem Kulturboden stehen.

Von Schlögen nach Aschach 26,7 km

Dem Verlauf des Weges bis Inzell folgen, der Donauradweg führt hier nur am Südufer weiter.

Unterwegs ist auf der anderen Uferseite die Ruine Haichenbach zu sehen.

Inzell (Haibach ob der Donau)

St. Nikolaus Kirche. Das renovierte Kirchlein soll 1155 von einem Reichsgrafen, der hier aus den Fluten gerettet wurde, errichtet worden sein. @ wpd636

Im Dorf kehrt die Route wieder zum Fluss zurück ~ dem Verlauf des Weges nach Kobling folgen.

Kobling (Haibach ob der Donau)

Donaufähre Kobling-Obermühl, ✆ 0664/73493393, ⌚ April/Okt. 8-17 Uhr, Mai/Sept. 8-18 Uhr, Juni-Aug. 8-19 Uhr. Die Fähre wird von der Jausenstation Donauterrasse am Limes und Pension Idylle in Kobling betrieben und kann per Glocke gerufen werden. @ iql857

Gleich nach Kobling trennt sich der Donauradweg vom Sauwald-Radweg ~ **10** nach links wieder ans Donauufer ~ weiter nach Kaiserau **11**.

Kaiserau (Aschach an der Donau)

Vorwahl: 07273

Fähre Kaiserau - Untermühl - Bremsberg, Kaiserau 1, ✆ 6221-0, ✆ 0664/5313327, ⌚ Mai-Sept. 9-18 Uhr. Stationen: Kaiserhof/Kaiserau, Untermühl und Brems-

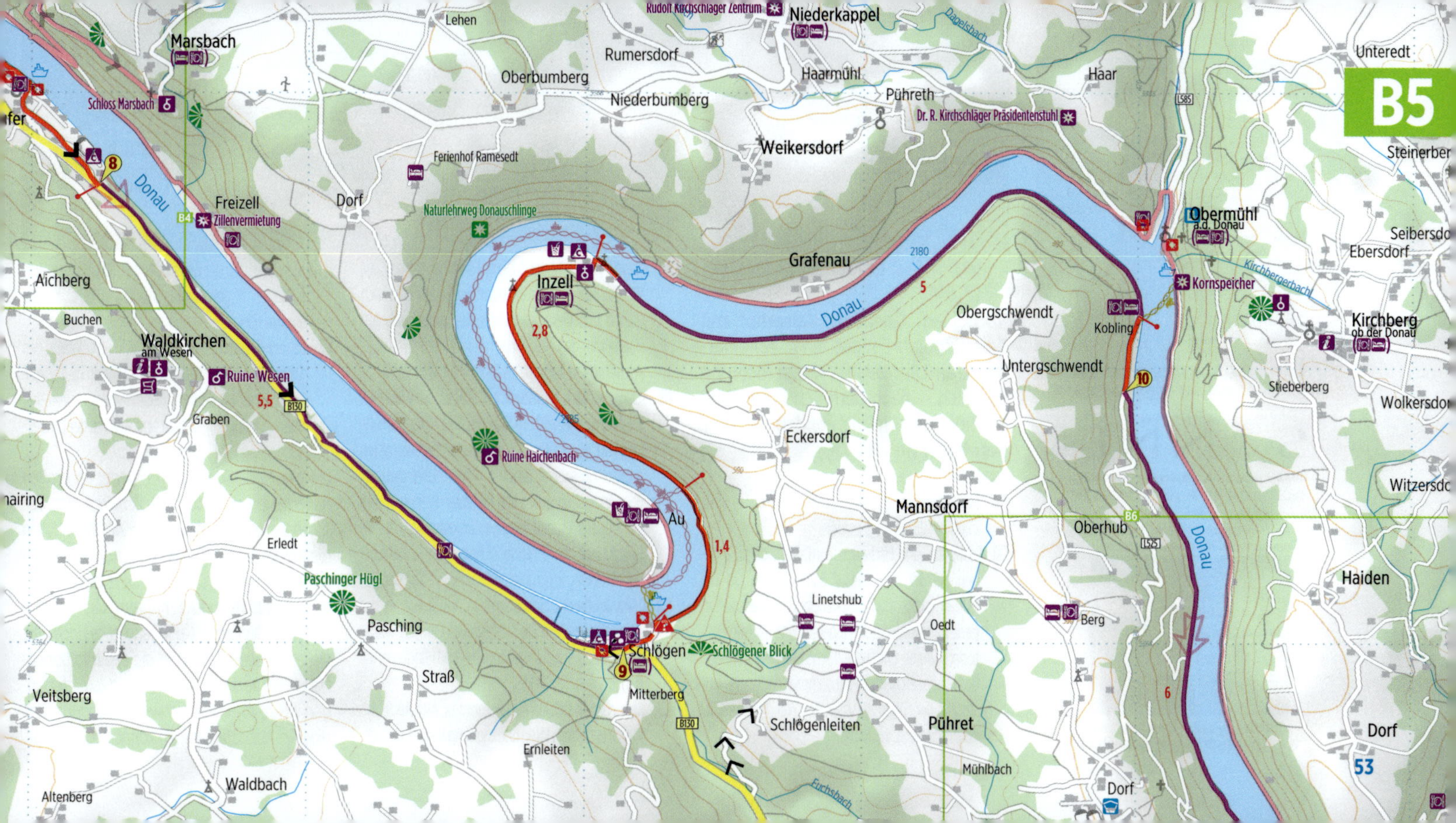
B5
Marsbach
Schloss Marsbach
Lehen
Rumersdorf
Oberbumberg
Niederbumberg
Rudolf Kirchschläger Zentrum
Niederkappel
Haarmühl
Pühreth
Dr. R. Kirchschläger Präsidentenstuhl
Weikersdorf
Haar
Unteredt
Steinerber
Ferienhof Ramesedt
Dorf
Freizell
Zillenvermietung
Donau
Naturlehrweg Donauschlinge
Inzell
2,8
Grafenau
2180
5
Obermühl
a.d. Donau
Seibersdo
Ebersdorf
Kornspeicher
Kirchbergerbach
Kirchberg
ob der Donau
Obergschwendt
Kobling
Untergschwendt
10
Stieberberg
Wolkersdo
Aichberg
Buchen
Waldkirchen
am Wesen
Ruine Wesen
5,5
B130
Graben
Ruine Haichenbach
Eckersdorf
Au
1,4
Mannsdorf
Oberhub
B6
L525
Witzersdo
nairing
Erledt
Paschinger Hügl
Pasching
Linetshub
Oedt
Berg
Haiden
Schlögen
Schlögener Blick
9
Mitterberg
Straß
Veitsberg
B130
Schlögenleiten
Pühret
6
Ernleiten
Waldbach
Altenberg
Mühlbach
Dorf
Fuchsbach
L585
8
B4
Dagelsbach

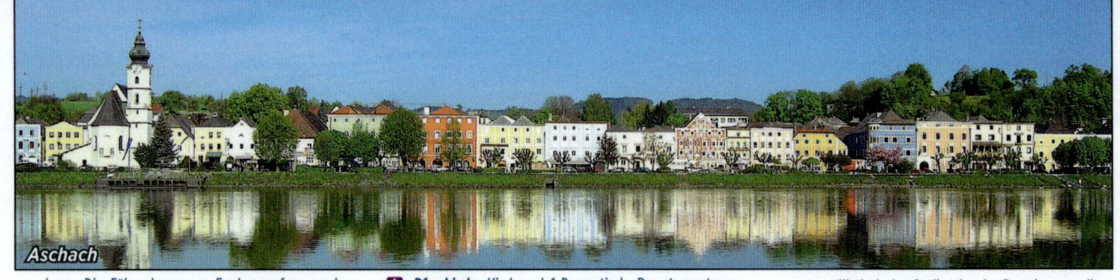
Aschach

berg. Die Fähre kann per Funk gerufen werden. @ ulf241

Vorbei am **Gasthaus Kaiserhof** mit Campingplatz ~ auf einer Anrainerstraße am Ufer dahin ~ weiter Richtung Aschach ~ nach dem Schopper- und Fischermuseum links auf den Radweg.

Aschach an der Donau

Vorwahl: 07273

- **Tourismusverein**, Kurzwernhartpl. 5, ✆ 6355, ✆ 0664/4082200, @ pgt741
- **Schopper- und Fischermuseum**, Schopperpl. 2, gegenüber der Infostelle, ✆ 0664/4797704 Das Museum präsentiert auf zwei Etagen das ausgestorbene Handwerk der Schopperei sowie die Geschichte der Erwerbs- und Freizeitfischerei in Oberösterreich. Das Schoppen beim Zillenbau bezeichnete das Ausstopfen der Fugen zwischen den Wandbrettern der Zillen mit Moos. @ lwb161
- **Pfarrkirche**, Kirchenpl. 1. Der gotische Bau stammt aus 1490, wurde im 19. Jh. erweitert und in der Folge nach Plänen von Clemens Holzmeister umgebaut. Am Hochaltar das verehrte „Donaukreuz", angeschwemmt in Aschach im Jahre 1693. @ nve351
- **Schloss Aschach**, Harrachstr. 1, ✆ 7181, ✆ 0699/18181001. Die Anlage entstand um 1606 aus Anlass der Vermählung Karls von Jörger und war einer der bedeutendsten profanen Renaissancebauten in Oberösterreich. Unter dem Architekten Lukas von Hildebrandt erfolgte 1709 ein größerer Umbau. Heute im Privatbesitz, bietet es Gelegenheit für Schlossbesichtigungen, Unterkunft oder Erholung im Grünbereich samt Café. @ kak255
- **Donaukraftwerk**, Schopperpl. 16. Im Stauraum des ehemalig größten Laufkraftwerkes Europas wurde Biotope angelegt, die seltene Tier- und Pflanzenarten beheimaten. @ tre285
- **Historischer Ortskern**. Die meisten Althäuser mit ihren reizvollen Höfen und Laubengängen entstammen stilistisch der Gotik oder der Renaissance, ihre Fassaden tragen häufig Stuck des 18. u. 19. Jhs. @ qdv137
- **Zehner-Trauner**, Schopperpl. 2, Freigelände des Schopper- und Fischermuseums., ✆ 640312. Das alte Ruderschiff wurde nach Originalvorlagen von drei alten „Schoppern" gebaut und war Teil der Landesausstellung 1994 in Engelhartszell.

Die alte Mautstätte Aschach geriet im großen Bauernkrieg von 1626 ins Zentrum des Geschehens und wurde von den Aufständischen mehrmals eingenommen und ausgeraubt. Bis zur Wende zum 20. Jahrhundert bestimmten dann Schiffbau und Schifffahrt das Werden des Marktfleckens. Hier leben heute noch alte, vielleicht letzte Schopper, die das traditionelle Handwerk verstehen und die rund 20 Meter langen, bis zu 15 Tonnen schweren Donauplätten, eine Art Holzschiff, bauen können.

B6
Oberhub
Haiden
Winzberg
Burg Partenstein
Ritzersdorf
Berg
Untermühl
Falkenberg
Neuhaus
a.d. Donau
Grub
Schloss Neuhaus
Absdorf
Point
Donau
Dorf
Kaiserau
Falkenbach
Falkenbach
2170
3,8
6
Dorf
Haibach
ob der Donau
B5
Exlau
St. Martin
im Mühlkreis
Hinteraigen
Dorf
Paching
Komas
Bach
Wiesing
Reith
Oberhart
Zagl
Mußberg
L1216
B130
Oed
in Bergen
Reith
Schönleiten
Unterh
Donau
Aschach
Kelbach
L1215
Lacken
Senghübl
6,5
B7
Kraftwerk Aschach
Pesenbachtal
55
Donaukraftwerk
Ruine Stauf
Gfehret
Hart
L1216
Vornholz
Sommerberg

Von der ruhmreichen Schiffervergangenheit des Marktes zeugen die zahlreichen gepflegten Bürgerhäuser der Donauzeile.

Hartkirchen

Vorwahl: 07273

Pfarrkirche, Hartkirchen, ✆ 6374. Die 898 urkundlich erwähnte Kirche ist die älteste im weiten Umkreis. Um 1750 wurde sie barockisiert und mit imposanten Freskenfolgen, spätbarocker Illusionsmalerei und reichem Dekor ausgestattet. @ sxk628

In Aschach

Von Aschach nach Linz 26 km

VARIANTE Um die Radtour am Nordufer fortzusetzen, unmittelbar vor der Aschacher Donaubrücke nach rechts und nach 400 m auf die Brücke auffahren.

Weiter auf dem ufernahen Weg bleiben und unter der Aschacher Donaubrücke hindurch **12** die Route verläuft direkt am Ufer dahin bei **Brandstatt** in einem Rechtsschwenk über einen Donauzufluss **13** danach an der Schiffsstation vorbei zurück zum Donauufer.

Pupping

Vorwahl: 07272

Tourismusverein, Pupping 13, ✆ 2331, @ gnm841

Shalomkloster Pupping, Pupping 4, ✆ 5896. Bereits 1477 haben die Grafen von Schauenberg die Franziskaner zur Seelsorge nach Pupping geholt, wo bereits die Wallfahrtskirche zum Hl. Wolfgang stand. Seit 1998 wird das Kloster nach dem Vorbild des Hauses „San Masseo" bei Assisi geführt und bietet auch einen kleinen Klosterladen. @ jdy121

Klostergarten, Pupping 4, ✆ 2331. Das in 12 Teile gegliederte Areal präsentiert die Vielfalt der heimischen Gemüse und Kräuter. @ ogh474

Brandstatt (Pupping)

VARIANTE Während der Donau-Radweg am Damm weiterzieht, besteht nach ein paar hundert Metern die Möglichkeit zu einer Variante über Eferding. Diese teilweise ausgeschilderte Tour durch reizvolles Bauernland erreicht nach 5,5 Flusskilometern wieder die Donau und verläuft größtenteils auf verkehrsarmen Landstraßen. Die Route ist in der Karte orange dargestellt.

Eferding

Vorwahl: 07272

Stadtmarketing und Tourismus, Stadtpl. 31, ✆ 5555160, @ ucw761

Fürstlich Starhemberg'sches Familienmuseum und Stadtmuseum Eferding, Kirchenpl. 1, ✆ 5555-160, ✆ 2394 Sie erhalten Einblick in die Familiengeschichte des alten Adelsgeschlechts und den Werdegang der drittältesten Stadt Österreichs. @ bpj334

Stadtpfarrkirche Eferdinger Dom, Kirchenpl. 2, ✆ 2241. Im spätgotischen Stil erbaut, neugotischer Hochaltar aus dem Jahr 1890. Aufgang zum Chor über eine „doppelarmige Wendeltreppe". @ nai533

Schloss Starhemberg, Kirchenpl. 1, ✆ 2301 Im Jahr 1255 als Burg der Passauer Bischöfe erwähnt, 1785 Neubau des Süd- und Westtraktes in klassizistischem

Stil unter Fürst Georg Adam von Starhemberg. Mittelalterlicher Keller, Rittersaal, Ahnensaal, Herrschaftsräume. @ iql667

Stadtplatz. Mit Dreifaltigkeitssäule und Bürgerhäusern. Die Bürgerhäuser haben großteils klassizistische Fassaden. Eine Besonderheit ist das Lebzelterhaus Vogl (Nr. 27). Bestehend aus zwei gotischen Häusern, wurde die Fassade barock umgestaltet und beherbergt heute eine Café-Konditorei.

Erlebnisbad, Ludlg. 11, ✆ 0664/88241870, @ oib246

Eferding erhielt seine Stadtrechte bereits 1222 und ist damit eine der ältesten Städte Österreichs. Erwähnung findet die Stadt auch im Nibelungenlied, wo Kriemhild „Ze Everdingen", also in Eferding, eine Rast einlegte.

Inn (Fraham)

Wiesmühle, Inn 20. Die vierstöckige Mühle wurde 1828 mit den Steinen des abgerissenen Stadttores von Eferding errichtet. Heute wird die Wasserkraft zur Stromerzeugung genutzt und damit ein Sägewerk betrieben. Der Mühlenbetrieb wurde bereits 1979 eingestellt. @ tpj145

Trattwörth (Fraham)

Rosarium Gruber, Trattwörth 3, ✆ 0664/4647227 (7d) Nach Vorbild eines barocken Rabattengartens wurde die Anlage mit über 1.000 Rosen gestaltet. Die Hauptblütezeit ist Ende Mai bis Ende Juni, die 2. Rosenblüte Anfang/Mitte August. @ fxm517

Von Brandstatt immer am Ufer entlang zur **Staustufe Ottensheim-Wilhering** ⁓ vor dem Eingang zum Kraftwerk auf den Betriebsweg, der geradewegs vom Kraftwerk wegführt **14**.

TIPP **Beim Kraftwerk Ottensheim können Sie ganztägig ans nördliche Donauufer wechseln.**

Nach der Innbachbrücke, beim ehemaligen Gasthaus „Bründl im Fall" im spitzen Winkel nach links.

Fall (Wilhering)

Vorwahl: 07226

Fischlehrpfad, Faller Str. 28, ✆ 225512. Entlang des Innbaches bringen 40 Schautafeln die heimischen Fisch- und Wassertierarten (auch bereits ausgestorbene) näher. @ smi645

Am Ufer des Innbaches und Fischlehrpfades vorbei ⁓ nach dem Mühlbach links ⁓ am Treppelweg zur Fähre nach Ottensheim. **15**

Ufer (Wilhering)

Fähre, Uferweg 1, ✆ 0664/9254916, ⏲ Mo-Sa 6.15-19.20 Uhr, So/Fei 8-19.20. Ottensheim-Wilhering, @ xhb656

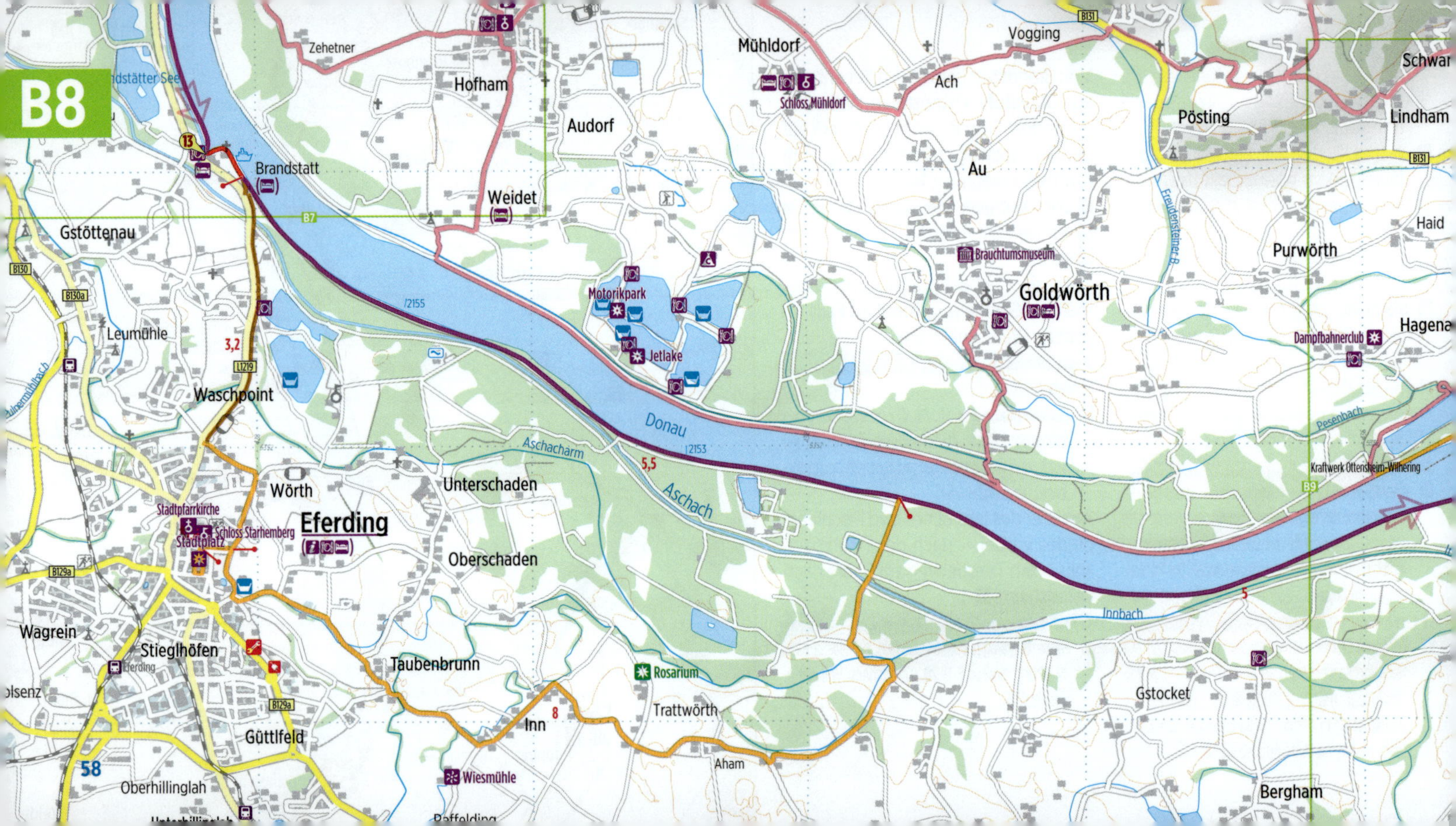
B8
Brandstätter See
Zehetner
Hofham
Audorf
Mühldorf
Schloss Mühldorf
Vogging
Ach
Pösting
Lindham
Au
Brandstatt
Weidet
Gstöttenau
Leumühle
Waschpoint
Motorikpark
Jetlake
Brauchtumsmuseum
Goldwörth
Purwörth
Haid
Hagena
Dampfbahnerclub
Donau
Aschacharm
Aschach
Pesenbach
Kraftwerk Ottensheim-Wilhering
Wörth
Unterschaden
Eferding
Stadtpfarrkirche
Schloss Starhemberg
Stadtplatz
Oberschaden
Innbach
Wagrein
Stieglhöfen
Taubenbrunn
Rosarium
Trattwörth
Gstocket
Inn
Aham
Güttlfeld
Wiesmühle
Bergham
Oberhillinglah
58

TIPP Der offizielle Donauradweg wechselt hier ans Nordufer. Die Route auf der Südseite ist kein offizieller Radweg und sehr stark befahren. Als direktere und schnellere Strecke möchten wir Sie dennoch anführen.

Am Freizeitbereich vorbei ⤳ die nächste rechts hinauf zur Landstraße ⤳ weiter am Radweg entlang nach Wilhering.

Wilhering

Vorwahl: 07226

- **Marktgemeindeamt**, Linzer Str. 10, ✆ 2255, @ hsv351
- **Stiftskirche Mariä Himmelfahrt**, Linzer Str. 4, ✆ 231114. Mit Bau der Kirche 1733-51 wurde einer der hervorragendsten Sakralräume des Rokoko in Österreich geschaffen, dessen besondere Bedeutung sich in erster Linie auf den Innenraum gründet. @ luj341
- **Stift Wilhering mit Klosterpforte, Café, Shop und Museum**, Linzer Str. 4, ✆ 231112 Die Ausstellung beschäftigt sich mit der 875-jährigen Geschichte des Stiftes Wilhering unter Bezugnahme auf folgende Themen: Orden der Zisterzienser, Stiftskirche Maria Himmelfahrt, Leben im Kloster und Künstler im Stift Wilhering. In den Räumlichkeiten des Meierhofs finden sich Werke der Künstler Fritz Fröhlich und P. Balduin Sulzer. Führungen nach Voranmeldung. @ rfq728
- **Zisterzienserstift**, Linzer Str. 4, ✆ 231112, ✆ 231114 Gegründet 1146, prägt das Stift sowohl das kulturelle als auch das geistige Leben der Region. Nach dem Brand von 1733 wurde die Kirche wieder errichtet und von Martino und Bartolomeo Altomonte sowie von Augsburger Stuckateuren im prachtvollen Rokokostil ausgestattet. @ omu231
- **Stiftspark mit Baumlehrpfad**, Linzer Str. 4, ✆ 231110. Die Anlage entstand 1833 nach dem Muster englischer Landschaftsgärten und umfasst auch eine große Orangerie in klassizistischer Biedermeierarchitektur. Ein virtueller Rundgang duch den Park mittels QR-Codes ist möglich. @ ngx186

St. Margarethen (Linz)

Vorwahl: 0732

- **Kalvarienbergkirche St. Margarethen**, Zaubertalstr. 9a, ✆ 775137. Die in ihrer heutigen Form 1688 errichtete Kirche war Einsiedlerklause und Hospiz. Der mit mehreren lebensgroßen Holzfiguren erbaute Kreuzweg aus dem 19. Jh. zeigt eine Ansicht Jerusalems. @ jiv477

Auf der Donauuferstraße nach Linz und zur **Nibelungenbrücke** 16 ⤳ für einen Halt in Linz rechts ins historische Zentrum auf den **Hauptplatz.**

Linz

Vorwahl: 0732

- **Tourist Information**, Hauptpl. 1, Altes Rathaus, ✆ 70702009, @ xmx438

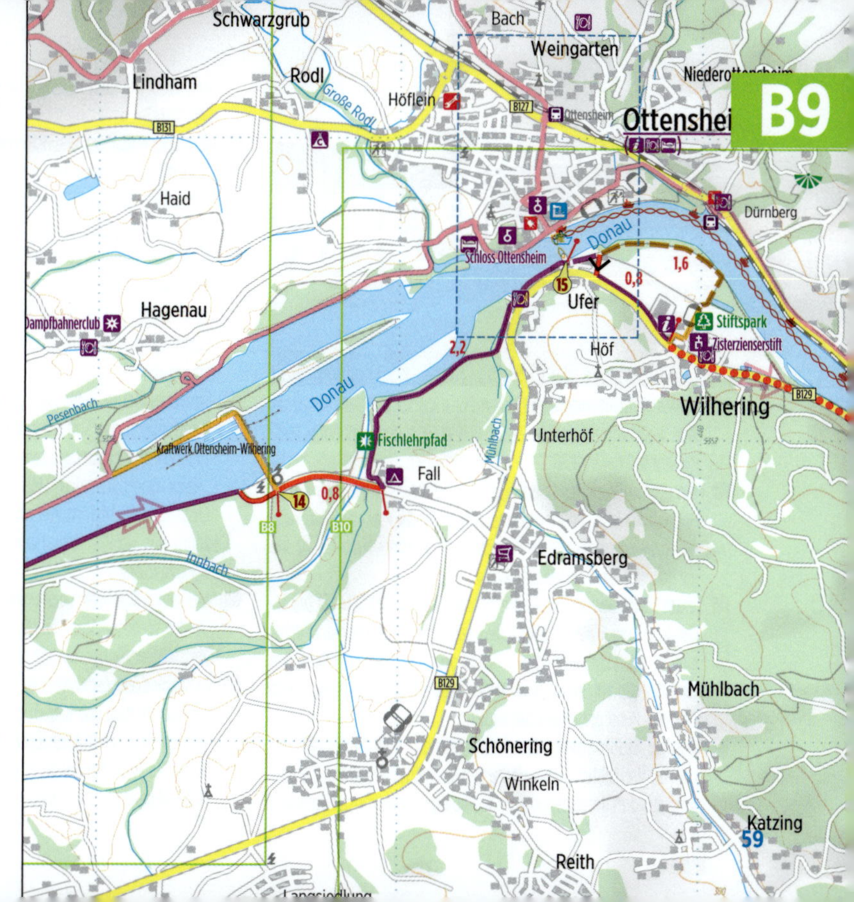

Stift Wilhering

⛴ **Donauschifffahrt Wurm & Noé**, Untere Donaulände 1, ✆ 783607. Regelmäßige Schifffahrten zwischen Passau und Wien, Hafenrundfahrten. Radmitnahme 2 €, @ xjj576

🏛 **Francisco Carolinum**, Museumstr. 14, ✆ 7720-52200 Das Haus für Foto- und Medienkunst ist ein Ort für moderne, zeitgenössische Kunst und Fotografie. Außerdem widmet es sich der Vermittlung der Kunstgeschichte des 20. Jhs. mit Bezug zu Oberösterreich. @ xyj314

🏛 **Lentos Kunstmuseum**, Ernst-Koref-Promenade 1, ✆ 70703614 Das architektonische Juwel in spektakulärer Lage direkt an der Donau ist durch eine transparente und nachts in blauer oder rosa Farbe schimmernden Glashülle geprägt. In den großzügigen Ausstellungsräumlichkeiten wird moderne Kunst präsentiert. @ jab315

🏛 **Nordico Stadtmuseum Linz**, Dametzstr. 23, ✆ 70701912 Das geschichtsträchtige Gebäude verfügt über eine reichhaltige Sammlung aus den Bereichen Kunst, Archäologie, Volkskunst, Fotografie und wird für kontinuierlich wechselnde Ausstellungen genutzt. @ dfa742

🏛 **OK Offenes Kulturhaus Oberösterreich**, OK Pl. 1, OÖ Kulturquartier, ✆ 7720-52501 Ausstellungs- und Produktionshaus für zeitgenössische Kunst. Symposien, Kunstvermittlung und Musikprogramme erweitern das Ausstellungsangebot. @ moc743

🏛 **OÖ. Literaturmuseum im StifterHaus**, Adalbert-Stifter-Pl. 1, ✆ 7720/11294 In diesem Haus lebte der Schöpfer von „Nachsommer" und „Witiko" 20 Jahre bis zu seinem Tod 1868. Heute u. a. Stifter-Gedenkraum und Literaturmuseum zur oberösterreichischen Literaturgeschichte. @ jog746

🏛 **Schlossmuseum**, Schlossberg 1, ✆ 772052300 Kunst- und kulturgeschichtliche Sammlungen vom frühen Mittelalter bis zum Jugendstil und Dauerausstellungen „Technik Oberösterreich" sowie „Natur Oberösterreich". Mit dem neuen Südtrakt entstand ein Ensemble aus historischer und moderner Architektur und gleichzeitig das größte Universalmuseum Österreichs an einem Ort. @ gyg487

🏛 **voestalpine Stahlwelt**, voestalpine-Str. 4, ✆ 050304/15-8900 Erleben Sie den Werkstoff Stahl auf fünf Ebenen und mischen Sie eigenhändig verschiedene Stahlsorten. @ lha571

🏛 **voestalpine Zeitgeschichte MUSEUM**, voestalpine-Str. 1, ✆ 050304/15-8900 Beim Aufbau und Betrieb der Reichswerke Hermann Göring in Linz wurden zigtausende ausländische Männer und Frauen, Jugendliche und Kinder zur Zwangsarbeit genötigt. Ihrem Schicksal ist das Zeitgeschichte MUSEUM gewidmet. @ tls358

🏛 **Zahnmuseum Linz**, Hauptpl. 1, ✆ 0699/10518241 Modern und architektonisch gestaltete Ausstellungsräume beherbergen Ordinationseinrichtungen aus den vergangenen 120 Jahren. @ nsh271

Pöstlingberg-Wallfahrtsbasilika, Am Pöstlingberg 1, Urfahr (Linz), ✆ 731228. Entstehung der Wallfahrt geht auf eine wundersame Heilung von Fürst Gundomer von Starhemberg zurück, die weithin sichtbare Kirche, Wahrzeichen von Linz, stammt von 1738-47. @ vtt311

Mariendom, Herrenstr. 26, ✆ 946100. Größter österreichischer Kirchenbau, Fassungsraum für 20.000 Personen, erbaut zw. 1862 und 1924. Bemerkenswert sind die Gemäldefenster mit Darstellungen der oberösterreichischen Geschichte. @ jbg656

Martinskirche, Römerstr. 21, ✆ 777454. Gilt als eine der ältesten in der ursprünglichen Form erhaltene Kirche Österreichs (bekannt seit 799). Über römischen Mauern wurden hier Fundamente der Pfeilerbogenhalle einer karolingischen Königspfalz gefunden. @ mis731

Minoritenkirche, Promenade 24, ✆ 943472. In einem Nachbargebäude des 1236 gegründeten Minoritenklosters entstand in der 2. Hälfte des 18. Jhs. dieser reizvolle Rokokobau. @ eif258

Stadtpfarrkirche Linz, Pfarrpl. 4, ✆ 776120. Ursprünglich romanische Basilika, im barocken Neubau von 1648 befindet sich der Wandgrabstein für Herz und Eingeweide von Kaiser Friedrich III. @ ycp742

Linzer Schloss, Schlossberg 1, ✆ 772052300. An der Stelle des heutigen Schlosses befand sich früher das römische Kastell Lentia. In seiner wechselvollen Geschichte war das Schloss für einige Jahre auch in bayerischer Hand, diente als Landeshauptamt und Lazarett, war Gefangenenhaus und Kaserne. Heute beherbergt es das Schlossmuseum. @ obw532

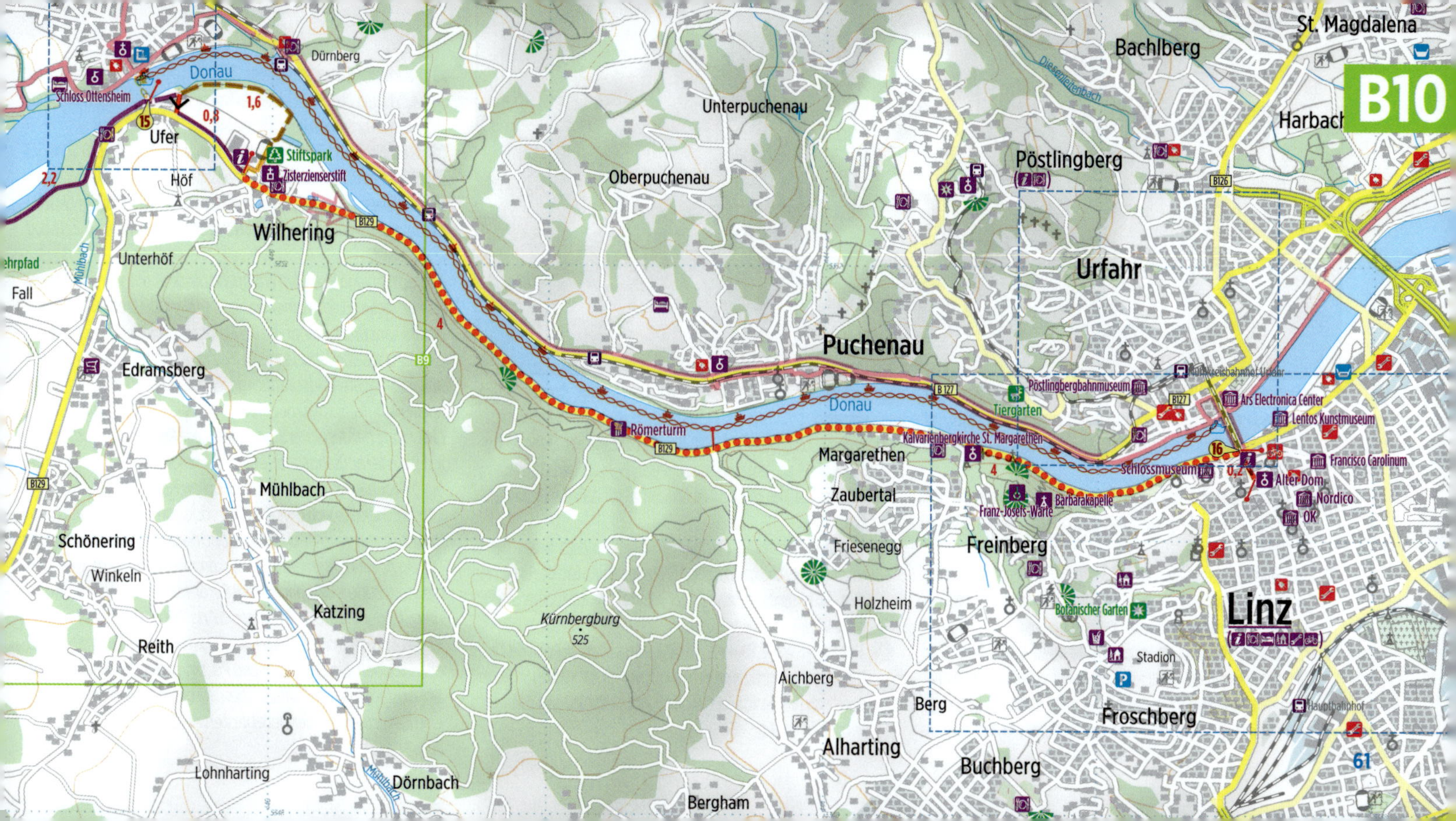

B10
St. Magdalena
Bachlberg
Harbach
Dürnberg
Unterpuchenau
Oberpuchenau
Pöstlingberg
Urfahr
Puchenau
Donau
Schloss Ottensheim
Ufer
Höf
Stiftspark
Zisterzienserstift
Wilhering
Unterhöf
Fall
Edramsberg
Mühlbach
Schönering
Winkeln
Katzing
Reith
Lohnharting
Dörnbach
Kürnbergburg
525
Römerturm
Margarethen
Zaubertal
Friesenegg
Holzheim
Aichberg
Berg
Alharting
Buchberg
Bergham
Freinberg
Franz-Josefs-Warte
Barbarakapelle
Kalvarienbergkirche St. Margarethen
Tiergarten
Pöstlingbergbahnmuseum
Ars Electronica Center
Lentos Kunstmuseum
Francisco Carolinum
Schlossmuseum
Alter Dom
Nordico
OK
Botanischer Garten
Stadion
Froschberg
Hauptbahnhof
Linz
B129
B127
B126
B9
15
16
1,6
0,8
2,2
4
0,2
61

Landstraße Linz

Dreifaltigkeitssäule, Hauptpl., Innere Stadt, 70702973. Die 20 m hohe Barocksäule wurde aus Dankbarkeit für die Rettung aus Kriegsgefahr, Pest und Feuersbrunst um 1700 erstellt. Sie gilt heute als ein Wahrzeichen von Linz. @ ohl836

Musiktheater Linz, Am Volksgarten 1, 7611400. 2013 wurde mit dem Musiktheater eines der modernsten Opernhäuser Europas eröffnet. @ rlk813

Brucknerhaus, Untere Donaulände 7, 76120, 775230. Modernes Konzert- und Kongresshaus und Zentrum des Linzer Brucknerfestes mit einer Akustik, die international als beispielhaft gilt. @ ubh471

Erlebniswelt am Pöstlingberg, Hauptpl. 7d Die steilste Adhäsionsbergbahn der Welt beeindruckt mit ihrer außergewöhnlichen und idyllischen Streckenführung. Vom Hauptplatz geht es direkt auf den Pöstlingberg – zum höchsten Aussichtspunkt über Linz. Dort befindet sich auch die Grottenbahn, eine zauberhafte Märchenwelt mit Drachenexpress. @ yra872

Landhaus, Landhauspl. 1, 7720-11161. Das oberösterreichische Amtsgebäude bietet als Renaissancebau aus dem 16. Jh. einige Sehenswürdigkeiten so u. a. den beachtlichen Arkadenhof mit dem Planetenbrunnen. @ pri213

Mozarthaus, Altstadt 17, 771855. Wolfgang Amadeus Mozart war in diesem Renaissancebau aus der 2. Hälfte des 16. Jhs. Gast des Grafen von Thun und komponierte seine „Linzer Sinfonie" sowie die „Linzer Sonate". @ sts181

Franz-Josef-Warte, Römerstr. 96 7d Auf dem höchsten Punkt des Linzer Freinberges wird man nach dem Erklimmen der zahlreichen Stufen mit einer herrlichen Aussicht über Linz, die Donau, Urfahr und den Pöstlingberg belohnt. @ jce844

Botanischer Garten, Roseggerstr. 20, 7070 7d Sehenswerte Anlage auf 4,25 ha mit über 10.000 Arten, bekannte Kakteensammlung, Rosarium, Alpinum und Tropenhaus. @ qpa446

Erlebnisoase Schörgenhub, Schörgenhubstr. 16, 3400-6680, @ ier363

Fitnessoase Parkbad, Untere Donaulände 11, 3400-6630, @ vqk111

Wellnessoase Hummelhof, Ramsauerstr. 12, 3400-6660, @ bio326

Tourismusverband Donau Oberösterreich, Lindeng. 9, 7277-800, @ eul825

Als noch Salz und Eisen den Weltmarkt bestimmten, wurde die kleine Römersiedlung Lentia um einen riesigen Marktplatz erweitert. Kaiser Maximilians Brückenbrief von 1497 leitete dann jene Entwicklung ein, die Linz und seine Jahrmärkte im 16. und 17. Jahrhundert europaweit bekannt machte. Wirtschaftlich gesehen bestimmte der riesige mittelalterliche Hauptplatz noch die Barockzeit und das frühindustrielle Linz, heute hat der Linzer Stadthafen diese Rolle übernommen. Ihre industrielle Laufbahn startete die Stadt schon früh, hier entstand der erste Großbetrieb auf dem europäischen Kontinent.

Linz entwickelte sich durch die hervorragende Kombination von Industrie, zeitgenössischer Kunst und der naturnahen Lage an der Donau zu einer international anerkannten Kulturstadt. Nachdem die Stadt 2009 Kulturhauptstadt Europas war, trägt Linz nun auch den Titel der UNESCO City of Media Arts. Ein besonderes Highlight ist das Ars Electronica Center, wo Besucher in die Zukunft eintauchen können. Eine Fahrt auf den Pöstlingberg, den Hausberg der Donaustadt mit der Wallfahrtsbasilika und der Grottenbahn, zählt ebenfalls zu einem der beliebtesten Ausflugsziele.

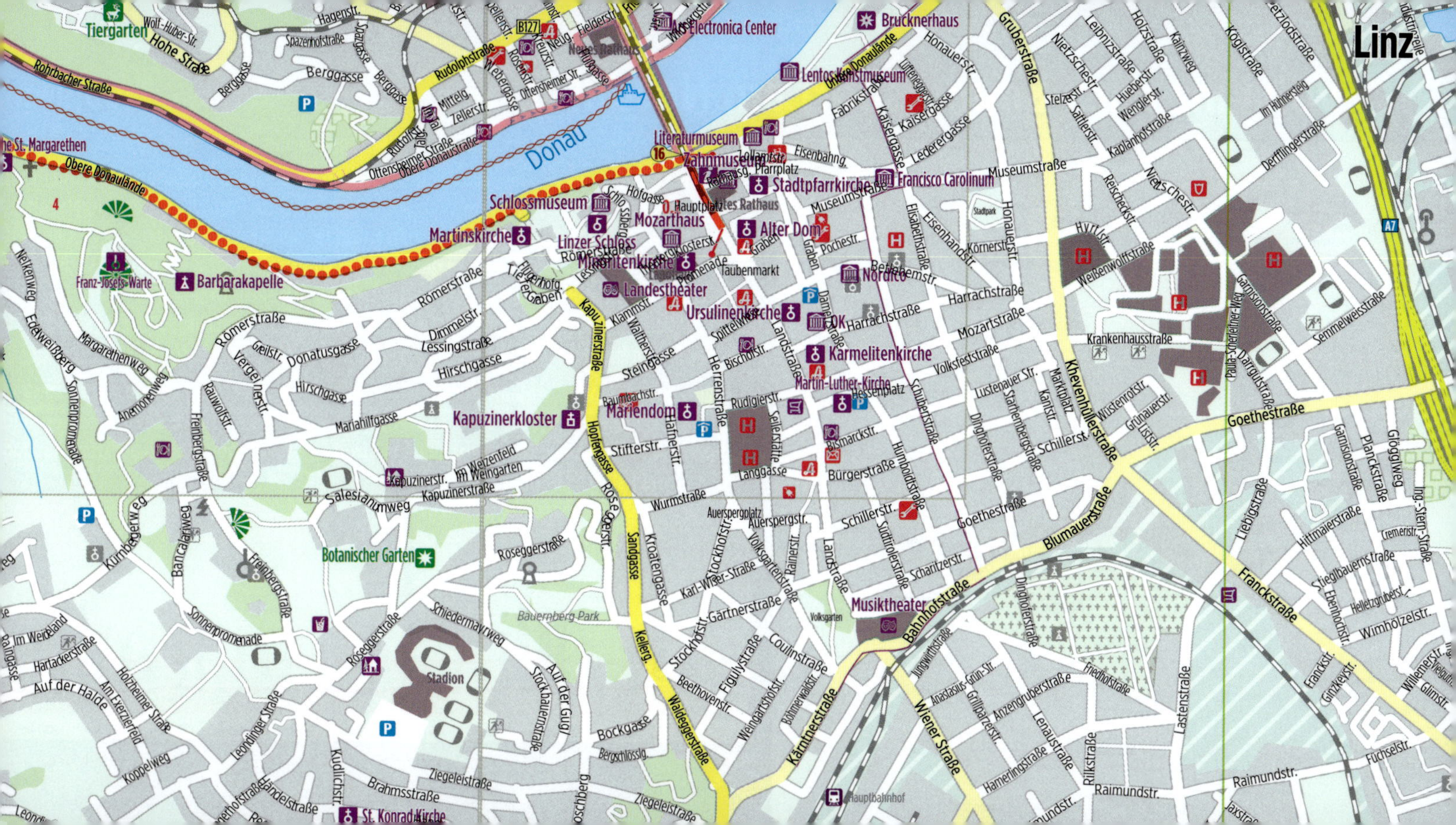

Linz
Donau
Tiergarten
Brucknerhaus
Ars Electronica Center
Lentos Kunstmuseum
Literaturmuseum
Zahnmuseum
Stadtpfarrkirche
Francisco Carolinum
Schlossmuseum
Linzer Schloss
Mozarthaus
Alter Dom
Martinskirche
Minoritenkirche
Nordico
Landestheater
Ursulinenkirche
OK
Karmelitenkirche
Martin-Luther-Kirche
Mariendom
Kapuzinerkloster
Franz-Josefs-Warte
Barbarakapelle
Botanischer Garten
Stadion
Musiktheater
St. Konrad-Kirche
Hauptbahnhof
Hauptplatz
Taubenmarkt
Bauernberg Park
Volksgarten
Stadtpark
St. Margarethen
Obere Donaulände
Rohrbacher Straße
Hohe Straße
Rudolfstraße
Römerstraße
Landstraße
Herrenstraße
Kapuzinerstraße
Hopfengasse
Sandgasse
Waldeggerstraße
Kärntnerstraße
Wiener Straße
Blumauerstraße
Bahnhofstraße
Goethestraße
Khevenhüllerstraße
Gruberstraße
Museumstraße
Harrachstraße
Franckstraße
Raimundstr.
Ziegeleistraße
Salesianumweg
Freinbergstraße
Sonnenpromenade
A7
B127

Von Linz nach Emmersdorf am Nordufer

106,9 km

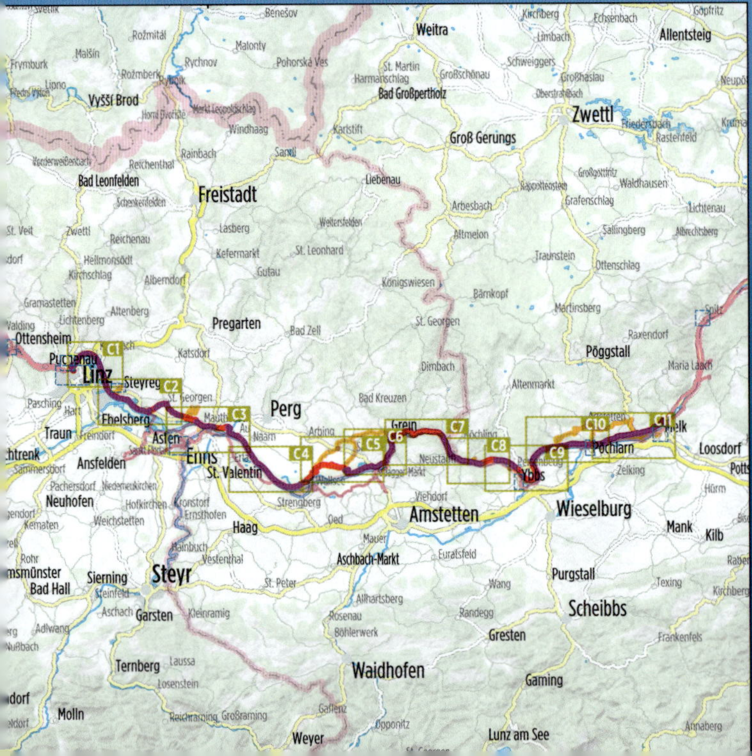

HM/km: ↗ 0,7 (80m) ↘ 1,3 (141m) **Radweg:** 70 % **Unbefestigt:** 0 % **Verkehr:** 11 %

Hinter Linz tauchen Sie wieder in ländliche Regionen ab. Schmucke Städtchen wie Steyregg und Grein liegen ebenso auf Ihrem Weg wie das spannende Freilichtmuseum in Mitterkirchen. Aber auch ein Relikt aus einem dunklen Kapitel der Geschichte begegnet Ihnen: das ehemalige KZ Mauthausen. Die Reise geht in der melancholisch-faszinierenden Landschaft des Strudengaus weiter, jene Engstelle der Donau, die einst wegen ihrer „Strudel" und „Wirbel" von Schiffern sehr gefürchtet war. Sie wird vom sanften Nibelungengau abgelöst, den der Strom bis Melk durchquert.

Von Linz bis Abwinden verläuft der Radweg nur am Nordufer. Auf ruhigen Nebenstraßen und auf Radwegen führt der Donau-Radweg bis nach Emmersdorf. Ohne Radweg und dadurch verkehrsreich ist das Wegstück bei Struden. Steigungen gibt es auf dem Ausflug zur KZ-Gedenkstätte Mauthausen.

Urfahr (Linz) s. S. 43

Von Linz nach Abwinden 15,9 km

1 Vom Hauptplatz kommend die Donau über die **Nibelungenbrücke** überqueren ⇝ rechts ab auf die Radfahrer- und Fußgängerrampe und hinunter ans linke Donauufer ⇝ unter der neuen Donaubrücke hindurch, wo die Route den Uferweg verlässt.

TIPP Anstelle der 2016 abgetragenen Eisenbahnbrücke entsteht die neue Donaubrücke, die Ende 2021 fertiggestellt werden soll. Entlang der Fahrbahn wird es jeweils einen Radweg geben. Im Bereich der Baustelle muss mit lokalen Umleitungen gerechnet werden.

Rechts vom Damm unter der Autobahnbrücke hindurch und weiter entlang der Pleschinger Au

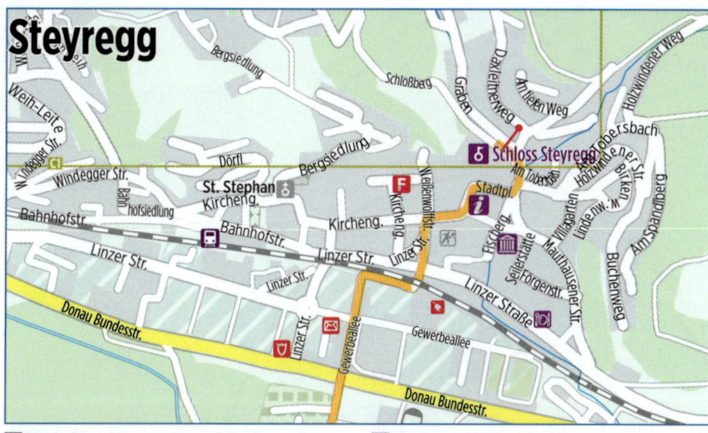

TIPP Nach 2 km können Sie auf die Dammkrone hinauffahren, dahinter liegt der Pleschinger See mit Campingplatz und verschiedensten Freizeiteinrichtungen.

Plesching (Steyregg)

Vorwahl: 0732

Pleschinger See, Seeweg, ✆ 3400-6000, @ ltw644

Weiter entlang der Donau ⇝ **2** unter der Steyregger Donau- und Eisenbahnbrücke hindurch .

INS ZENTRUM Nach rund 1,5 km führt linker Hand ein großteils asphaltierter und ausgeschilderter Weg in die Stadt, die vom imposanten Schloss überragt wird.

Steyregg

Vorwahl: 0732

Stadtgemeinde, Weißenwolffstr. 3, ✆ 640155, @ tqu315

Museum im Stadtturm, Stadtturmg. 11 , ✆ 640677 Mit Funden aus der Steyregger Steinzeitsiedlung bis ins frühe Mittelalter. @ srt777

Pfarrkirche St. Stephan, Kircheng. 32, ☎ 640008. In dieser Kirche aus dem 14. Jh. befinden sich die im Jahre 1951 freigelegten Fresken aus der Entstehungszeit dieses sakralen Bauwerks. @ iwr735

Schloss Steyregg, Schlossberg 1, ☎ 640054. Die heutige Anlage stammt überwiegend aus dem 16. und 17. Jh., mit bedeutenden Fresken in der Schlosskapelle aus dem 14. Jh. Die Geschichte reicht allerdings viel weiter zurück. @ arw312

Badesee, Im Freizeitpark 1 , @ bym334

Auf der gegenüberliegenden Seite ergießen sich die Wasser der Traun, einstmals ein wichtiger Handelsweg, in die Donau. Aus der beginnenden Ebene des Machlandes ragt nur der 400 Meter hohe, kegelförmige Luftenberg einsam in die Höhe.

Pulgarn (Steyregg)

Klosteranlage Pulgarn, Pulgarn 1, 2 km östlich des Donau-Radweges, ☎ 0732/640155. Im Jahr 1303 als Spital für Kranke und Bedürftige entstanden. Es befindet sich heute im Besitz des Chorherrenstiftes St. Florian. Der ehemalige Kapellenraum weist beeindruckende Fresken aus der Gründungszeit auf. Die spätgotische Stiftskirche (1512) zeichnet sich durch gute Raumwirkung und eine hervorragende Akustik aus. @ qig626

Fetzysworld, Salmsee, Welser Kieswerke, ☎ 0660/9060960. Wakeboard- und Wakesurfschule. @ ths253

Auf dem als Donau-Radweg ausgebauten Treppelweg in Richtung Donaukraftwerk Abwinden-Asten weiter.

Auf der gegenüberliegenden Seite ergießen sich die Wasser der Traun, einstmals ein wichtiger Handelsweg, in die Donau. Aus der beginnenden Ebene des Machlandes ragt nur der 400 Meter hohe, kegelförmige Luftenberg einsam in die Höhe.

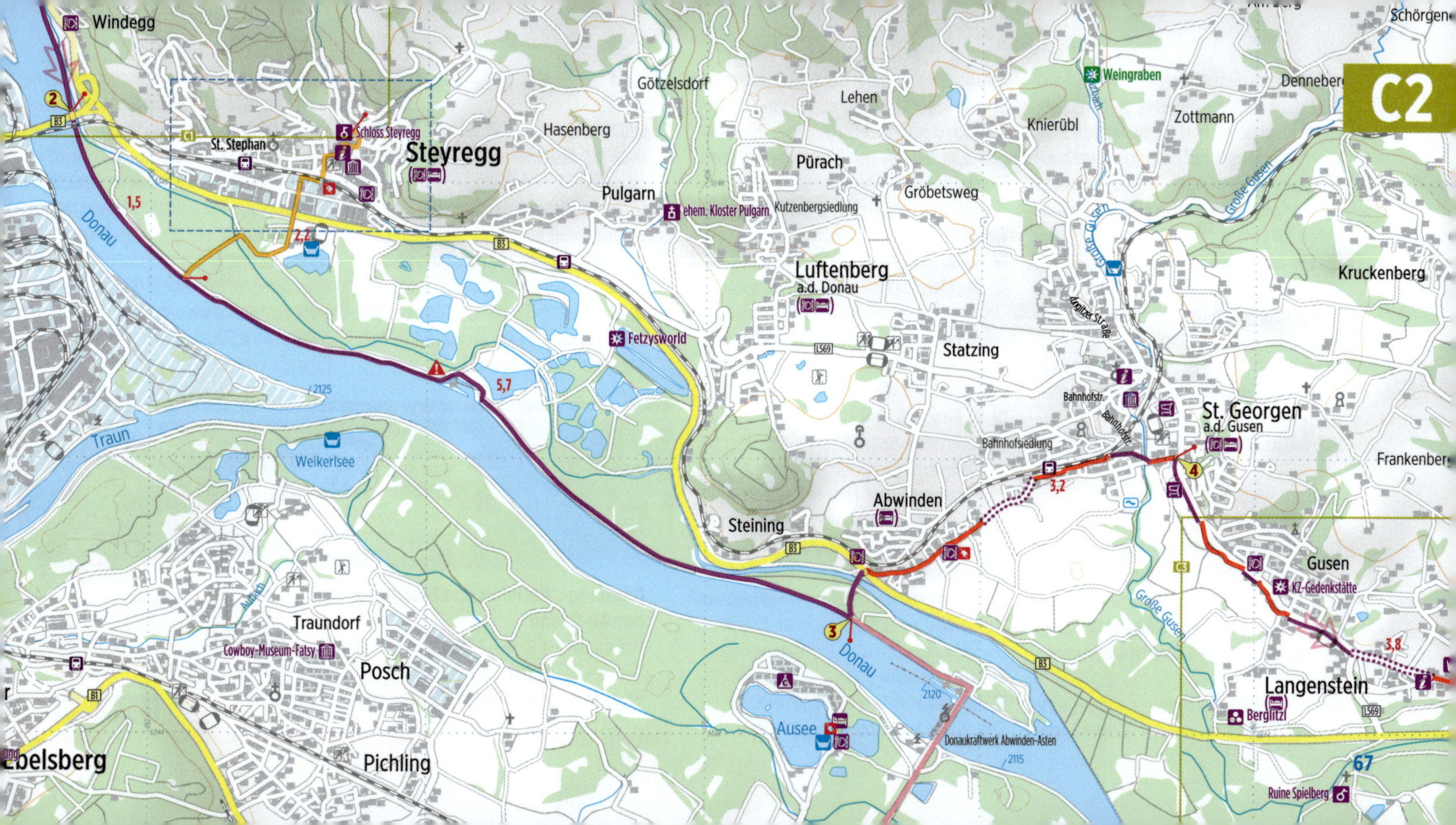
C2
Windegg
Steyregg
Schloss Steyregg
St. Stephan
Götzelsdorf
Hasenberg
Lehen
Pürach
Pulgarn
ehem. Kloster Pulgarn
Kutzenbergsiedlung
Gröbetsweg
Knierübl
Weingraben
Zottmann
Denneberg
Schörgen
Große Gusen
Luftenberg
a.d. Donau
Statzing
Kruckenberg
Fetzysworld
Donau
Traun
Weikerlsee
St. Georgen
a.d. Gusen
Bahnhofstr.
Bahnhofsiedlung
Frankenberg
Abwinden
Steining
Gusen
KZ-Gedenkstätte
Langenstein
Berglitzl
Traundorf
Cowboy-Museum-Fatsy
Posch
Pichling
Ebelsberg
Ausee
Donaukraftwerk Abwinden-Asten
Ruine Spielberg
1,5
2,2
5,7
3,2
3,8
B3
B1
L569
67

▲ 2 km nach dem Abzweig nach Steyregg weicht der Radweg mit einer gefährlichen, weil unübersichtlichen, Rechtskurve einem Yachthafen aus ~ auf dem gut ausgebauten Dammweg weiter ~ **3** die Radroute verlässt vor dem **Kraftwerk Abwinden-Asten** für eine Weile das Flussufer.

TIPP Für die Hauptroute am Südufer fahren Sie hier noch ein Stück geradeaus weiter und überqueren dann die Donau über die Kraftwerksbrücke.

Über einen Seitenarm der Donau und unter der Bundesstraße durch ~ danach rechts nach Abwinden.

Abwinden (Luftenberg an der Donau)

Von Abwinden nach Mauthausen *10,4 km*

Geradeaus auf der Hauptstraße weiter ~ vorbei am Bahnhof von **St. Georgen a. d. Gusen**.

TIPP Von hier aus können Sie mit der Bahn reizvolle Ausflüge ins Mühlviertel unternehmen.

Rechts auf einen Radweg ~ über eine kleine Brücke ~ an der **Wimminger Straße** links ~ **4** bei der **Mauthausener Straße** rechts halten, linker Hand befindet sich das Ortszentrum von St. Georgen a. d. Gusen mit dem ehemaligen Flugzeugwerk Bergkristall.

Sankt Georgen an der Gusen

Vorwahl: 07237

- **Gemeindeamt**, Marktpl. 12, ✆ 2255, @ kgx588
- **Heimathaus**, Färberg. 2, ✆ 3496 Die Sammlung umfasst ur- und frühzeitliche Funde, technische Exponate aus der Lichtspielzeit, eine historische Schmiede und ein Modell der riesigen Stollenanlage „Bergkristall“. @ ooy736
- **B8 Bergkristall**, Quellenweg 9, ✆ 2255. In dieser Stollenanlage mussten Häftlinge ab dem 1. März 1944 Stollen in den Sandsteinhügel graben, in denen Flugzeugrümpfe der Firma Messerschmitt gebaut wurden. An einigen Tagen im Jahr ist der Stollen für Rundgänge geöffnet. @ vxo248
- **Naturdenkmal Weingraben**, ca. 30 Gehminuten vom Ortskern entfernt., ✆ 22550. In einem aufgelassenen Steinbruch entstand ein Biotop, in dem sich anderswo schon ausgestorbene Tier- und Pflanzenarten ansiedelten. @ omj784
- **Aquarella**, In der Au 19, ✆ 2278, @ uey782

Die Route führt nun durch **Gusen**.

Gusen (Langenstein)

Vorwahl: 07237

- **Berglitzl**, am Seyerberg. Südl. des Dorfes Gusen befindet sich diese bedeutende prähist. Kultstätte. @ xoc222
- **KZ-Gedenkstätte Gusen**, Georgestr. 6, ✆ 3946 Das Besucherzentrum Gusen wurde 2004 eröffnet und dokumentiert anhand von Plänen und Fotos die Geschichte des Konzentrationslagers, in dem zwischen 1939 und 1945 mindestens 71.000 Personen inhaftiert waren und davon zumindest 38.500 Menschen zu Tode kamen. @ urv538

Archäologisch Interessierte aufgepasst: Etwa einen Kilometer südlich von Gusen erhebt sich aus der Donauniederung ganz unvermutet ein 12 m hoher Hügel – die „Berglitzl“. Sie ist ein Denkmal der urzeitlichen Besiedlungsgeschichte des Donautales. Ihre Existenz verdankt sie einer Granitaufragung, die den Abtragungskräften des Flusses trotzen konnte. So ist das Jagdlager einer späteiszeitlichen (bis 12.000 v. Chr.) Jägergruppe erhalten geblieben, die damit die älteste nachweisliche Siedlung Oberösterreichs ist.

Es geht weiter nach Langenstein.

C3
Gusen
KZ-Gedenkstätte
Langenstein
Berglitzl
Ruine Spielberg
Marbach
Todesstiege
KZ-Gedenkstätte Mauthausen
Rieder Bach
Wienergraben
Brunngraben
Mauthausen
St. Nikolaus
Vormarkt
Heimatmuseum
Schloss Pragstein
Donau
Waging
Oberzirking
Heinrichsbrunn
Reiferdorf
Hart
Furth
Neuhart
Hinterholz
Haid
Albern
Obersebern
Niedersebern
Oberwagram
Brand
Aist
Au
a.d. Donau
Enghagen
Enns
Rundholzbrücke
Pyburg
Albing
Stein
Lorch
Kristeinbach
Röm. Kalkbrennöfen
Enns
Westbahnstr.
Basilika St. Laurenz
Lagerhausstraße
Stadtturm
Burg Enns
Mooser Weg
Altes Schützenhaus
Ennsdorf
Windpassing
Arthof
Marksee
Oberwasserkanal
St. Pantaleon
Aist-Mühlbach
Aulehrpfad
Fischtreppe
B3
B123
B1
B123a
L569
C2
C4
2115
2110
3,8
0,8
3,4
5,2
5
6
3
69

Langenstein

Vorwahl: 07237

Gemeindeamt, Hauptstr. 71, ☎ 2370, @ ogh227

Burgruine Spilberg, Spilberg 1, ☎ 0660/4545488. Die ringförmige Burganlage, umgeben von einer 16 m hohen Wallmauer, besitzt einen 35 m hohen, romanischen Zinnenturm. Einst war sie eine bedeutende Wasserburg, heute ist sie in Privatbesitz. @ vyo244

Langenstein geradeaus durchqueren ~ nach einer langgezogenen Kurve über den Rieder Bach.

AUSFLUG: Wenn Sie die Gedenkstätte des ehemaligen Konzentrationslagers Mauthausen aufsuchen wollen, biegen Sie gleich dahinter links ab.

Zur Gedenkstätte Mauthausen 5,4 km

Die Route führt nun durch das Tal des **Rieder Baches** (Wienergraben).

VARIANTE: Für die Weiterfahrt zur Gedenkstätte können Sie dann zwischen zwei Möglichkeiten wählen. Die **erste** ist kürzer und folgt der Erinnerungsstraße, die sich hier nach rechts wendet. Nach einer 14-prozentigen Steigung und 1 km sind Sie am Ziel. Die **zweite** Variante birgt weniger Mühen, ist dafür länger. Sie bleibt am Rieder Bach und führt an zwei Steinbrüchen vorbei, in denen einst die Lagerinsassen den Mauthausener Granit abbauen mussten.

Für die 2. Variante ein Stück weiter beim Gasthof rechts in die **Marbachstraße** ~ ab dort in zwei Kehren bergauf ~ auf der Anhöhe befindet sich das neu renovierte **Schloss Marbach** ~ vor dem Schloss nach rechts in den zunächst schlecht befahrbaren, später asphaltierten **Kardenweg** ~ vorbei an Bauernhöfen und nach einer markanten Rechtskurve liegt das ehemalige Lager vor Ihnen.

TIPP: Für die Rückfahrt empfiehlt sich die erste Variante mit der steilen Talfahrt. Vorausgesetzt Ihr Rad verfügt über solide Bremsen!

Das Denkmal Mauthausen

Wer heute durch das sanfte Donautal des Mühlviertels fährt, kann sich kaum vorstellen, dass hier in den Jahren 1938 bis 1945 massenweise Menschen „auf der Flucht" erschossen, über die steilen Hänge der Granitsteinbrüche gestoßen oder in den Gaskammern ermordet wurden. Während der nationalsozialistischen Gewaltherrschaft starben im Konzentrationslager Mauthausen 123.000 Menschen.

5 Für die Hauptroute bei der Abzweigung rechts ~ weiter Richtung Mauthausen ~ rechts Richtung Freizeitzentrum in die **J. Czerwenka-Straße** ~ am Freibad vorbei ~ nach den Parkplätzen auf den Radweg entlang der Bundesstraße ~ auf der Promenade in den Ort.

Mauthausen

Vorwahl: 07238

Mauthausen Tourismus, Marktstr. 2, ☎ 2243, ☎ 0676/3150151, @ abv821

Mauthausen

Donauradfähre Enns-Mauthausen, Bundesstr. 3, ✆ 07223/82777, ✆ 0650/3915034, Mai, Sept. 9-18 Uhr, Juni-Aug. 9-19 Uhr. Die Radfähre hat Platz für 12 Personen inkl. Rad und bringt Sie zu Ihrem gewünschten Zielufer. Prinzipiell verkehrt die Fähre im Dreieck über Donau und Enns im Abstand von 5-10 Minuten. @ wny577

Apothekenmuseum, Schlossg. 1, Schloss Pragstein, ✆ 0681/10851815 In Österreich einzigartiges Spezialmuseum für Apotheken- und Medizingeschichte vom Altertum bis ins 20. Jh. Mehrsprachige Audioguide-Systeme verfügbar. @ tov675

Heimatmuseum, Schlossg. 1, Schloss Pragstein, ✆ 5033 Zeitgemäße und differenzierte Auseinandersetzung mit dem Begriff „Heimat" sowie mit der historischen Entwicklung des alten Donaumarktes. Mehrsprachige Audioguide-Systeme verfügbar. @ haq457

Pfarrkirche St. Nikolaus, Pfarrpl. 1, ✆ 2303. Die spätgotische Hallenkirche besitzt im Hochaltarbild ein schönes Alterswerk von Martin Johann Schmidt „dem Kremser" (1796/97). @ ynp723

Karner (Barbarakapelle), Pfarrpl. 1. Im romanischen Rundbau, einem sog. Beinhaus, sind Reste figuraler und ornamentaler Wandmalerei aus dem späten 13. Jh. zu sehen. @ tef287

Schloss Pragstein, Schlossg. 1, ✆ 29363. Sehenswertes ehem. Wasserschloss auf einer Felseninsel in der Donau. Im Schloss können das Apothekenmuseum und das Heimatmuseum besichtigt werden. @ obh448

Führungen, Schlossg. 1, ✆ 0664/2207721 Orts- u. Nachtwächterrundgänge durch den historischen Donaumarkt Mauthausen, @ kaw324

Mauthausen Memorial/KZ-Gedenkstätte, Erinnerungsstr. 1, ✆ 22690 Die Gedenkstätte bringt, durch die zahlreichen erhalten gebliebenen Bauten und Anlagen sowie durch den Steinbruch, die grauenvolle Geschichte des Konzentrationslagers Mauthausen näher. @ kbq587

Ortsbild. Bemerkenswert sind besonders die stattlichen Häuser am Donaukai mit ihrem lebensfrohen Fassadenspiel, vorwiegend aus dem 17. Jh. im Stil des Barock.

Freibad, Josef-Czerwenka-Str. 1, ✆ 3361, @ dcx888

Die Legende erzählt über den gotischen Markt Mauthausen, der im Jahre 1280 erstmals urkundlich erwähnt wird, dass schon Friedrich Barbarossa mit seinem Kreuzfahrerheer hier durchgezogen sein soll. Die Einwohner von damals wollten auch den Kaiser nicht so ohne weiteres passieren lassen und verlangten Maut, woraufhin dieser den ganzen Ort zerstören ließ. Dass spätere Durchreisende weniger streitbar waren, belegen die spätgotische Hallenkirche und andere prächtige Bauten, die mit den reichen Mauteinnahmen finanziert wurden.

Von Mauthausen nach Mitterkirchen 18,9 km

Nach den Parkplätzen am **Heindlkai** die Donau Bundesstraße queren und aus Mauthausen Richtung Osten am Uferradweg hinaus.

VARIANTE Auf der Donaubrücke Mauthausen zwischen Heinrichsbrunn und Pyburg können Sie ans andere Ufer und auf die Radroute südlich der Donau wechseln. Sie überqueren hiermit die Grenze zwischen Ober- und Niederösterreich. ⚠ Allerdings müssen Sie dazu eine steile Treppe mit Radschiene auf die Brücke überwinden.

Die Brücke unterqueren und weiter am Uferradweg flussabwärts ~ nach 500 m verlässt die Route den Damm und wechselt auf die Dorfstraße, die durch **Albern** führt.

Albern

Nach der Siedlung an der Vorfahrtsstraße nach rechts und nach **Obersebern** ~ **6** auf einer Radbrücke über die Aist und rechts Richtung Grein abbiegen ~ auf der Dammkrone zur Mündungsstelle der Aist und weiter an der Donau entlang ~ in Au vorbei an Campingplatz, Informationsstelle und Yachthafen ~ weiter auf dem Radweg am Damm.

Au a. d. Donau (Naarn im Machlande)

Fischtreppe. Sie gilt als Österreichs größter Fischaufstieg. Diese wasserbaulichen Vorrichtungen ermöglichen es Fischen und anderen Kleintieren, Hindernisse (z. B. Stauwehre) zu überwinden. Vom nahegelegenen Aussichtsturm erhält man einen wunderbaren Panoramablick. @ pem313

Aulehrpfad. Auf dem Wanderweg „Erlebens- und Lebensräume Machland" lässt sich vieles über Pflanzen, Tiere und Probleme der Au erfahren. „Doni", der begehbare Fisch aus verzinktem Blech, ist eine der Stationen des Auslehrpfades. @ wni174

Vorbei an „Doni", dem Fisch, immer der Donau entlang führt der Weg zum **Kraftwerk Wallsee-Mitterkirchen**.

Fischaufstiegshilfe bei Au a. d. Donau

Eine eigene Radfahrstation mit Infostelle und Brunnen versorgt hier die Radfahrer.

7 Am Kraftwerk vorbei ~ nach der Brücke über einen Altarm ~ in Mitterkirchen zweigt die ausgeschilderte Route noch vor der Hauptstraße rechts ab.

Mitterkirchen im Machland

Vorwahl: 07269

- **Radinfo**, Hütting 30, ✆ 30373, ✆ 0664/7361454, April-Juni, Sept. 11-17 Uhr Juli, Aug. 10-18 Uhr, @ yfs476
- **Marktgemeindeamt**, Mitterkirchen 50, ✆ 82550, ✆ 0664/3841745, @ lcj375
- **Badesee**, Weisching 16. ca. 1,5 km vom Donauradweg entfernt, @ fkt464

Von Mitterkirchen nach Grein 16,2 km

Der Donauradweg überquert die Naarn, einen der Hauptflüsse des Mühlviertels ~ auf der anderen Seite gleich nach links und kurz darauf rechts auf die Landstraße einbiegen.

Labing

VARIANTE Ab hier können Sie der ausgeschilderten Ausflugsroute über Klam folgen und hier in Labing links von der Hauptstraße abbiegen. Diese Tour erfordert etwas sportliche Ambition und ein wenig Verkehrssicherheit und trifft in Grein wieder auf die Donau. Die Streckenführung ist in der Karte in orange dargestellt.

TIPP Alle, die dem Keltendorf Mitterkirchen einen Besuch abstatten wollen, sei empfohlen bis Lehen der Variante Richtung Klam zu folgen und vom Museum über die Landstraße zur Hauptroute zurückzukehren.

Lehen (Mitterkirchen im Machland)

- **Keltendorf Mitterkirchen**, Lehen 12, ✆ 07269/6611 Im Jahr 1980 wurden hier Überreste eines großen Hügelgräberfeldes aus der Hallstattzeit (um 700 v. Chr.) entdeckt. Die international viel beachteten archäologischen Grabungen dauerten 10 Jahre und brachten für die Fachwelt sensationelle Ergebnisse. Heute wird mit einem originalgetreu errichteten „Keltendorf" versucht, die Arbeits- und Lebensweise dieser Epoche nachzuvollziehen. Das Freilichtmuseum mit hallstattlicher Dorfanlage mit 20 Bauwerken bietet Workshops und Attraktionen für die ganze Familie. @ buf345

Baumgartenberg

Vorwahl: 07269

- **Marktgemeindeamt Baumgartenberg**, Baumgartenberg 85, ✆ 2550, @ lvi888
- **Stiftskirche**, Baumgartenberg. Die in 100-jähriger Bauzeit errichtete romanische Basilika (1142) wurde im 17. Jh. zu einem Juwel barocker Baukunst. @ dji258

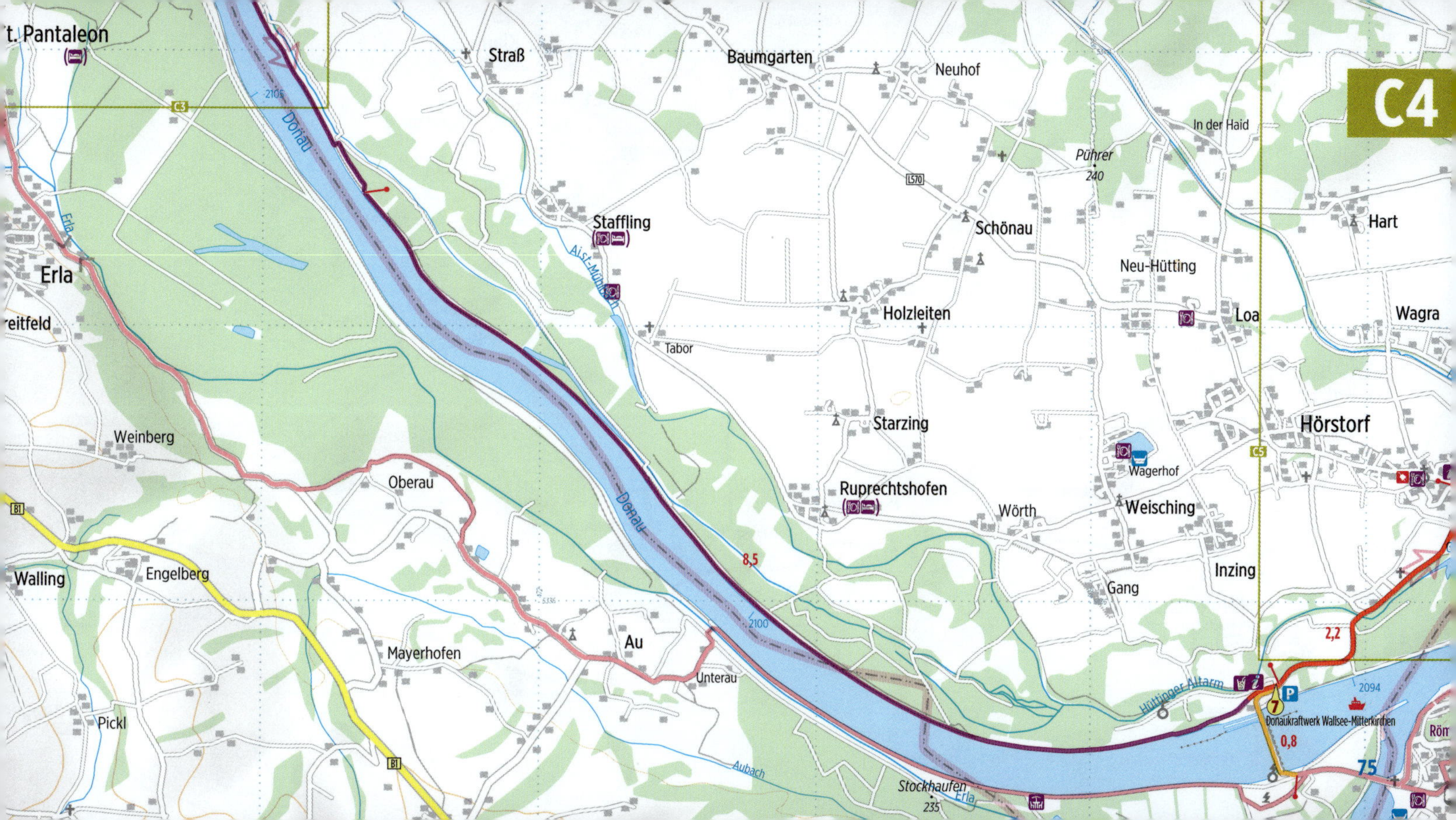

C4
St. Pantaleon
Straß
Baumgarten
Neuhof
In der Haid
Pührer
240
L570
Staffling
Schönau
Hart
Erla
Aist-Mühlbach
Neu-Hütting
Holzleiten
Loa
Wagra
Breitfeld
Tabor
Starzing
Hörstorf
Weinberg
Wagerhof
Oberau
Ruprechtshofen
Wörth
Weisching
Donau
8,5
Walling
Engelberg
Inzing
Gang
2100
Au
Mayerhofen
2,2
Unterau
Hüttinger Altarm
2094
Donaukraftwerk Wallsee-Mitterkirchen
0,8
Pickl
75
Aubach
Stockhaufen
235
B1
C3
C5
2105

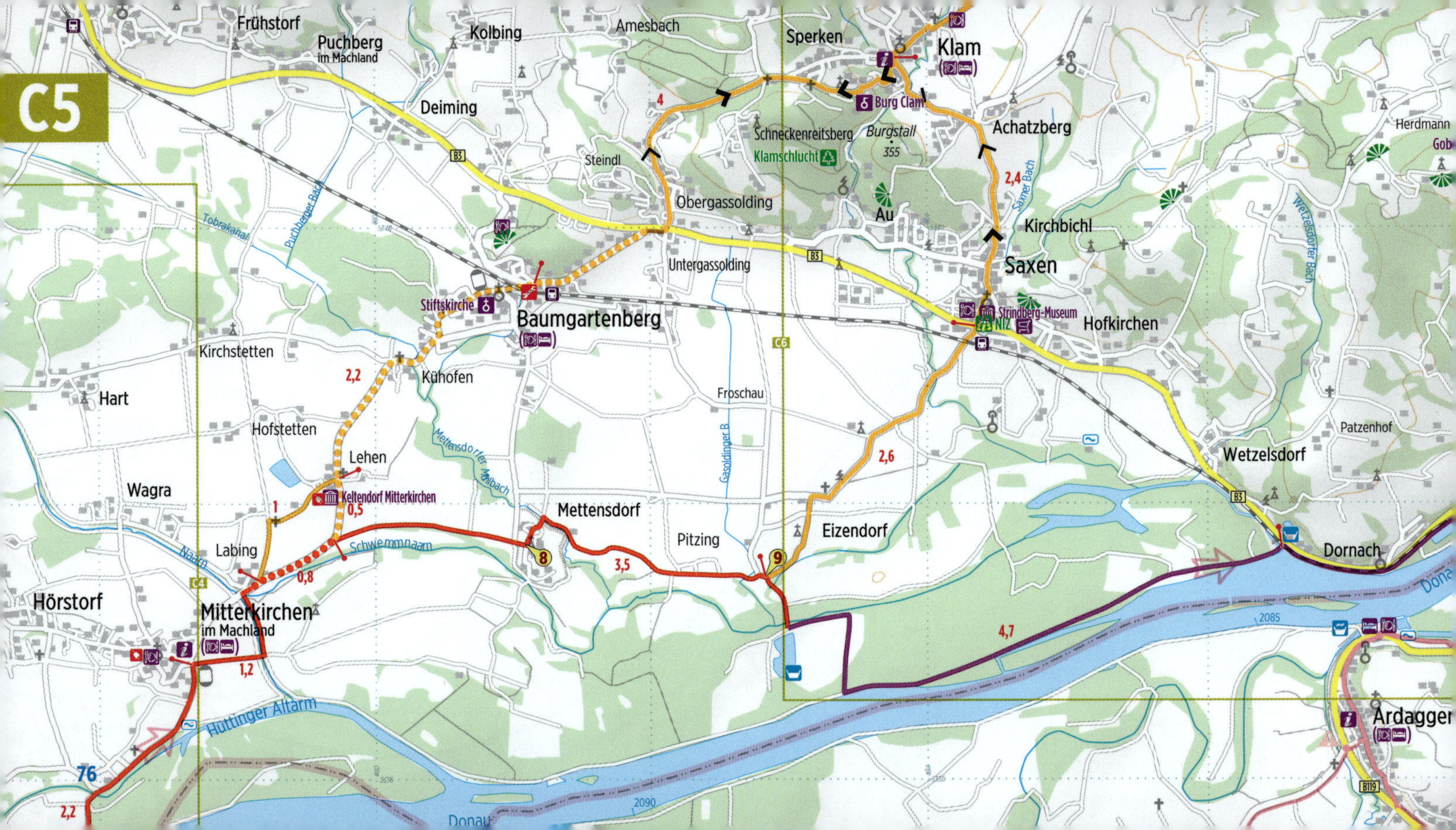

C5
Frühstorf
Puchberg im Machland
Kolbing
Amesbach
Sperken
Klam
Deiming
Burg Clam
Achatzberg
Herdmann
Schneckenreitsberg
Burgstall 355
Klamschlucht
Steindl
Au
Kirchbichl
Obergassolding
Untergassolding
Saxen
Strindberg-Museum
Hofkirchen
Stiftskirche
Baumgartenberg
Kirchstetten
Kühofen
Froschau
Hart
Hofstetten
Patzenhof
Lehen
Wetzelsdorf
Wagra
Keltendorf Mitterkirchen
Mettensdorf
Eizendorf
Pitzing
Labing
Dornach
Hörstorf
Mitterkirchen im Machland
Ardagger
Hüttinger Altarm
Donau
Schwemmnaarn
Naarn
Tobrakanal
Puchberger Bach
Mettensdorfer Mühlbach
Gasoldinger B.
Saxner Bach
Wetzelsdorfer Bach
B3
B119
C4
C6
4
2,4
2,2
2,6
1
0,5
0,8
3,5
4,7
1,2
2,2
8
9
76

Klam

Vorwahl: 07269

Marktgemeindeamt, Klam 43, ✆ 7255, @ ymf686

Burg Clam, Sperken 1, ✆ 7217 Die architektonisch beeindruckende Anlage ist eine der am besten erhaltenen Burgen in Österreich und beherbergt auch ein Museum. Konzerte mit internationalen Stars finden in diesem historischen Ambiente statt. @ mqk674

Klamschlucht. 2 km Wanderweg entlang des Klambaches, mit Stegen, Brücken und einem Wasserfall. @ crn257

Im Ort weiter auf der Hauptstraße ⤳ in der Linkskurve der Straße rechts abbiegen ⤳ weiter nach **Mettensdorf** ⤳ **8** an der Querstraße links und nach dem Bächlein kurz darauf nach rechts.

Mettensdorf

Weiter auf der Straße nach Eizendorf ⤳ am Ortsrand an der Querstraße rechts.

Eizendorf

9 Beim Kreuz gleich wieder rechts Richtung Donau ⤳ über einen Nebenfluss der Naarn und dann am **Badesee** links ⤳ dem Verlauf des Weges rechts zwischen Feldern zur Donau folgen und dort links halten ⤳ weiter nach Dornach.

Hier endet die Au und nach dem Machland führt der Radweg nun in den malerischen Strudengau.

Dornach

Über die Brücke und vor der Bahnlinie rechts weiter auf den Treppelweg.

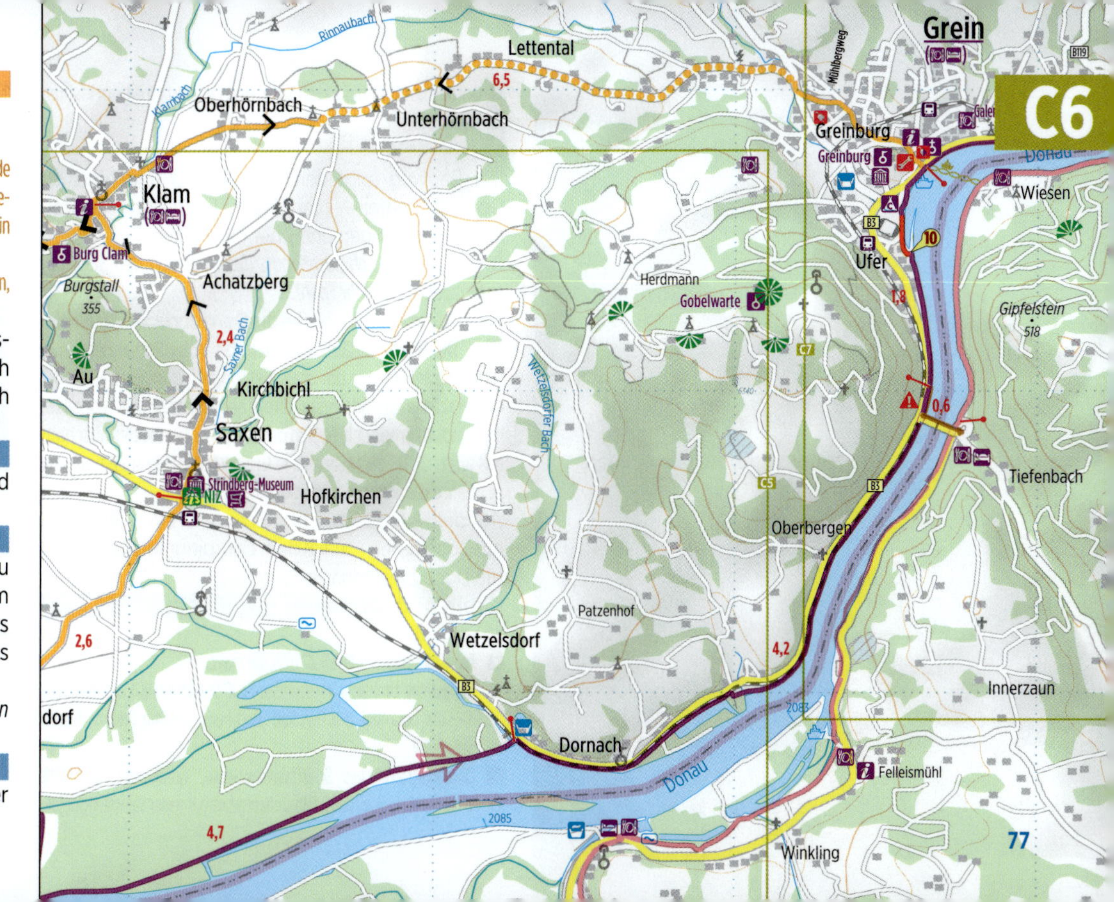

Burg Clam

TIPP Gerade hinüber gelangen Sie in den Ort und zu einem kleinen Badesee.

Der Radweg folgt dem Bahnverlauf und führt an Dornach vorbei ~ hinter dem Teich dem Radweg nach rechts folgen und über einen Steg.

Das Tal verengt sich zusehends, das einst von den Schiffern gefürchtete „Nadelöhr" naht.

Nach 4,2 km erreichen Sie die Donaubrücke vor **Grein**.

ACHTUNG ⚠ Die Route verläuft von Grein bis Ybbs/Persenbeug nun hauptsächlich auf der stark befahrenen Bundesstraße oder am schmalen Radstreifen direkt neben der Straße. Vor allem mit Kindern empfiehlt es sich deshalb, hier für diesen Abschnitt ans andere Ufer zu wechseln. In Grein können Sie auch noch mit der Fähre nach Wiesen übersetzen.

Auf dem Uferradweg bis kurz vor Grein ~ **10** vorbei am Bootshafen ~ nach dem Campingplatz rechts auf die Donaupromenade.

Grein a. d. Donau

Vorwahl: 07268

Tourismusbüro, Stadtpl. 5, ✆ 7055, @ may152

Donaufähre Umi Uma, Kreuznerstr. 45, ✆ 0664/47666871, ⏲ Mai, Sept. 9-18 Uhr, Juni-Aug. 8-18 Uhr. Rad- und Personenfähre Grein - Wiesen, @ xlo358

Oberösterreichisches Schifffahrtsmuseum, Greinburg 1, ✆ 700718, ✆ 0664/9861981 Das Schifffahrtsmuseum mit seiner Sammlung detailgetreuer Modelle bietet Einblick in die verkehrstechnische Geschichte der Donau und ihrer Zuflüsse. @ kkc586

Schloss Greinburg

Stadtpfarrkirche Hl. Ägidius, Kirchenpl. Spätgotische Hallenkirche, deren Hochaltar ein Gemälde von Bartolomeo Altomonte umschließt (1749). @ qkx182

Schloss Greinburg, Greinburg 1, ✆ 700718, ✆ 0664/9861981 Das älteste Wohnschloss Österreichs wurde zwischen 1488 und 1493 erbaut und bietet einzigartige Raumerlebnisse mit originaler Wanddekoration: der imposante Rittersaal, die Schlosskapelle mit dem Weihnachtsaltar, das faszinierende Zellengewölbe mit seinem Licht- und Schattenspiel, die vollständig mit Kieselmosaik ausgeschmückte Sala Terrena und der stimmungsvolle Arkadenhof. Nur mit Führung zu besichtigen sind die

Herzoglich Sachsen-Coburg und Gotha'schen Festräume mit ihrem kostbaren Mobiliar. @ sss548

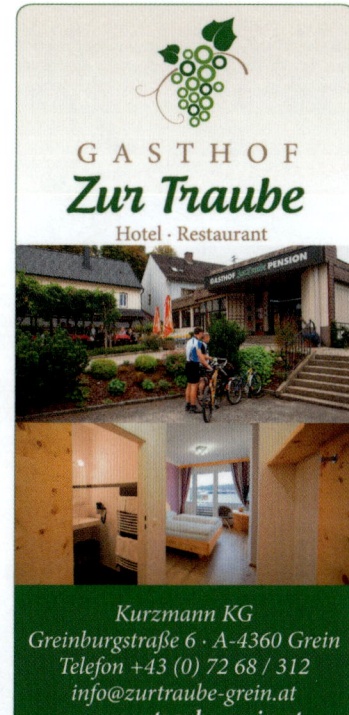

Historisches Stadttheater und Stadtmuseum, Stadtpl. 7, im Alten Rathaus, ✆ 7055 Im ältesten bürgerlichen Theater Österreichs (1791) werden Kuriositäten wie Sperrsitze, Kostüme, alte Requisiten und Exponate, die die Geschichte der Stadt widerspiegeln, gezeigt. @ pqc374

Altes Rathaus, Rathausg. 1, ✆ 2550. Vom italienischen Baumeister Max Canaval 1563 erbaut und bis heute in unveränderter Form erhalten. Aus dem angefügten Getreidespeicher entstand 1791 das berühmte Bürgertheater. @ rrr635

Galerie in Granit, Kalvarienberg, 15 Gehminuten von der Donaulände entfernt Inspiriert von vorchristlichen Kulturen schuf der Künstler Miguel Horn am Kalvarienberg in Granit gemeißelte Nachrichten, sogenannte Petroglyphen. @ qoq873

Ortsensemble. Die meisten Häuser im Ortskern stammen aus dem 16.-17. Jh., jedoch mit überwiegend barocken Fassaden.

Stillensteinklamm, Gießenbach, 2 km östlich, ✆ 7055. Das 200 m tiefe, von eindrucksvollen Steinformationen markierte Bachtal bietet von der Mühlviertler Mittellandterrasse kommend ein großartiges Naturerlebnis. @ roy588

Freibad, Herdmannweg 1, ✆ 555, @ bpk744

Grein, die „Perle des Strudengaus" laut Dichtermund, liegt am Eingang des für die Schifffahrt einst gefährlichen Donauabschnitts, dem Strudengau. Das Städtchen war lange Zeit, bedingt durch die Gefährlichkeit dieser Strecke, Lotsenstation und Warenumschlagplatz. Die so zu Wohlstand gekommenen Bürger waren der Kunst nicht abgeneigt und so baute man 1791 im Rathaus ein kleines Theater ein. Dieses Theater ist heute von europäischer Bedeutung, gibt es doch viele Kuriositäten zu sehen: ein Klosett, welches nur durch einen Vorhang vom Zuschauerraum getrennt war, gut erhaltene Sperrsitze und ein Gefängnis, von welchem aus die Insassen in früherer Zeit die Aufführungen mitverfolgen konnten. Das Stadttheater ist das älteste originalgetreu erhaltene Schauspielhaus Österreichs.

Von Grein nach Persenbeug 20,4 km

Ab Grein führt die Route nun direkt auf der stark befahrenen Bundesstraße oder auf teilweise fahrbahnebenen, schmalen Radstreifen weiter ~ **11** an einem alten Bahnviadukt vorbei.

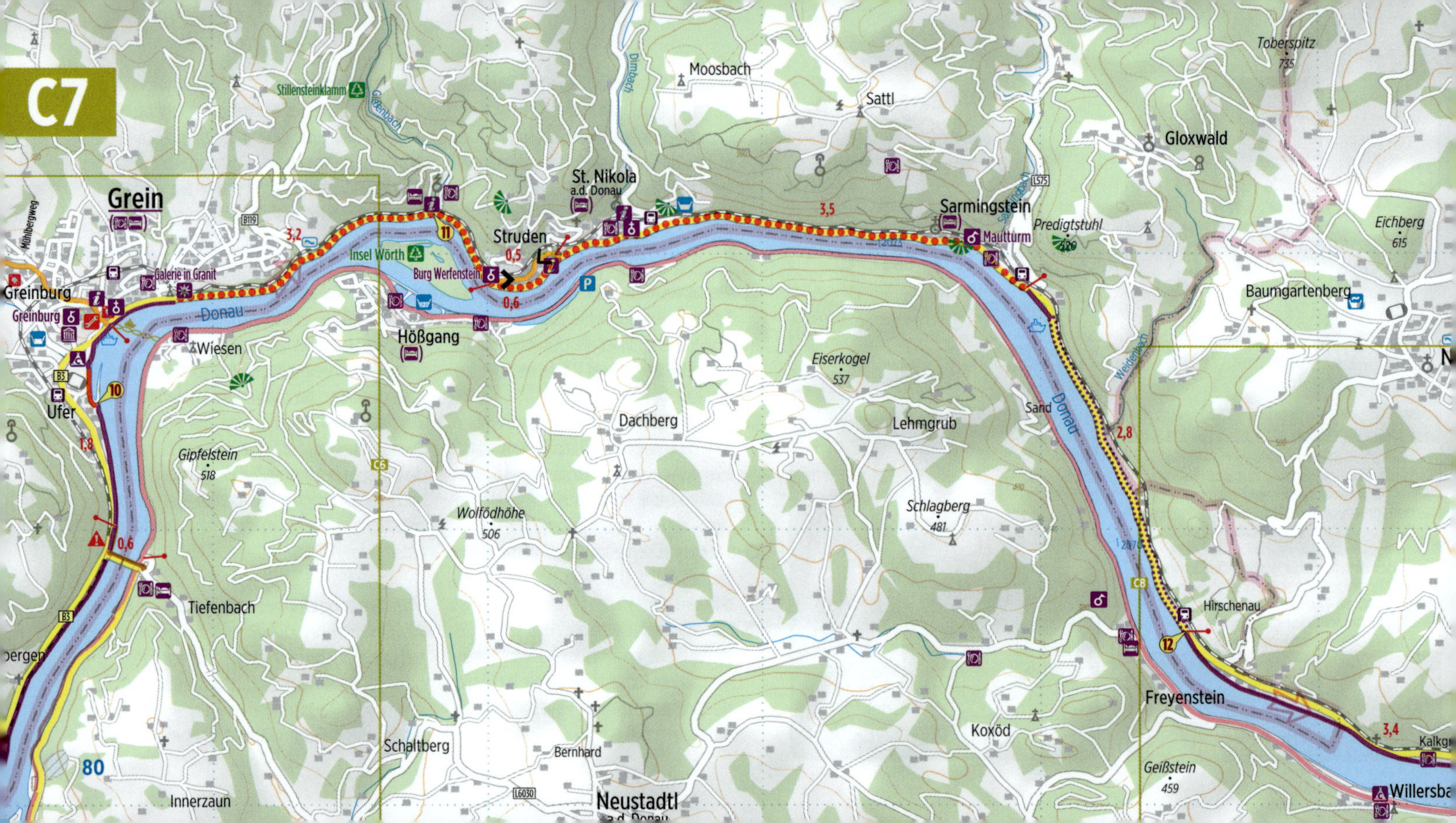
C7
Grein
Greinburg
Galerie in Granit
Donau
Wiesen
Ufer
Gipfelstein
518
Tiefenbach
Innerzaun
Stillensteinklamm
Insel Wörth
Burg Werfenstein
Hößgang
Struden
St. Nikola
a.d. Donau
Moosbach
Sattl
Sarmingstein
Mautturm
Predigtstuhl
Gloxwald
Toberspitz
735
Eichberg
615
Baumgartenberg
Eiserkogel
537
Dachberg
Lehmgrub
Sand
Wolfödhöhe
506
Schlagberg
481
Hirschenau
Freyenstein
Geißstein
459
Koxöd
Schaltberg
Bernhard
Neustadtl
Willersba
Kalkgr
80

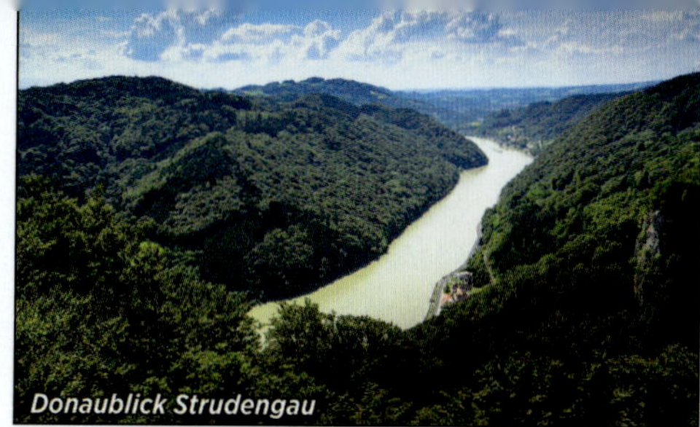

Donaublick Strudengau

TIPP An diesem Abzweig geht es links zur nahen Stillensteinklamm, die nur zu Fuß zu erkunden ist. Ein atemberaubendes Naturschauspiel, wenn sich die Wassermassen des Gießenbaches durch die nur wenige Meter breite Schlucht zwängen. Am Beginn der Klamm ist eine öffentliche WC-Anlage.

Weiter auf der **B 3** nach Struden und der Burg Werfenstein entgegen.

Struden (Sankt Nikola an der Donau)

Vorwahl: 07268

Burg Werfenstein, Struden 5, ✆ 8025. Werfenstein zählte einst zu den auf engem Raum zwischen Strudel und Wirbel erbauten Burgen und Türmen, die zusammen eine Sperranlage bildeten und das Befahren der Donau verhindern konnten. Erste Erwähnung aus dem Jahr 1242, nach 1500 dem Verfall preisgegeben. @ ldh481

Weiter nach St. Nikola.

Sankt Nikola an der Donau

Gemeindeamt, St. Nikola 16, ✆ 07268/8155, @ qyf412

Schifferkirche, St. Nikola 15. Im Kern ist sie romanisch, wurde aber gotisch und barock umgestaltet (17. Jh.). Von der Einrichtung sehenswert sind die

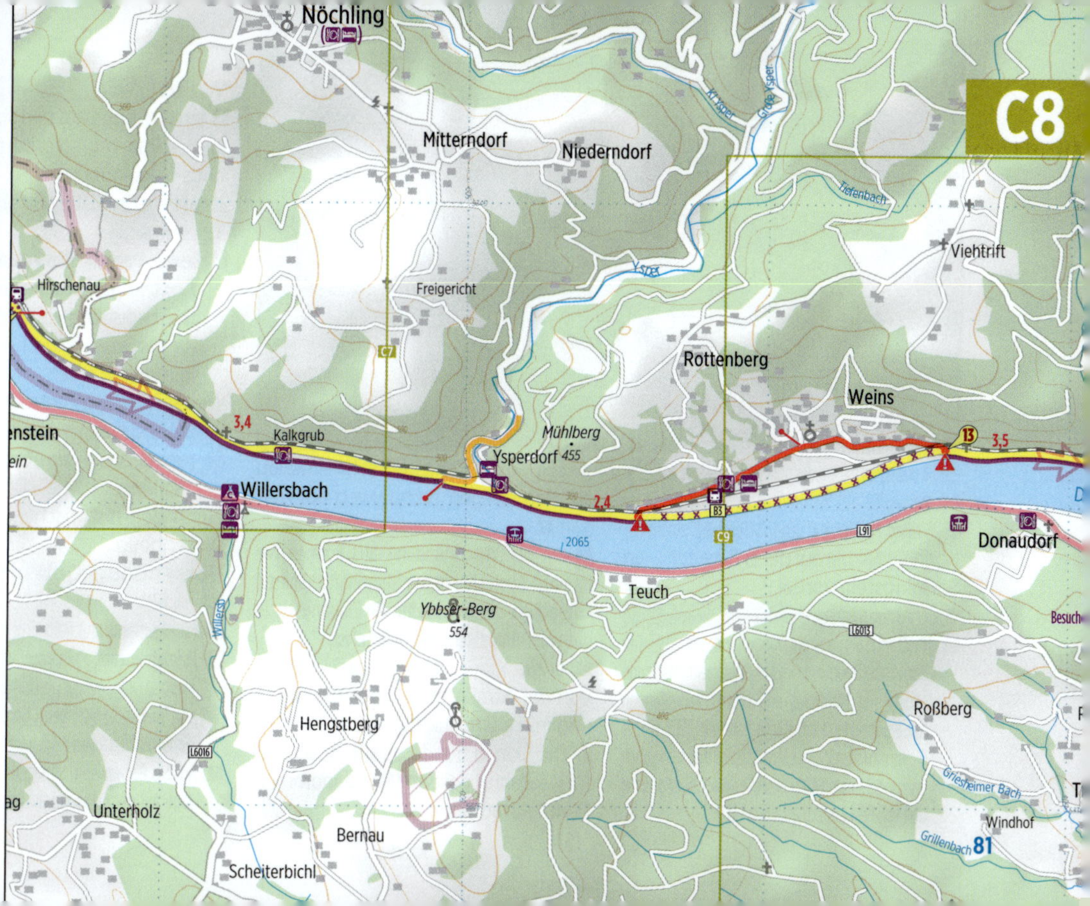

C8
Nöchling
Mitterndorf
Niederndorf
Kl. Ysper
Gr. Ysper
Tiefenbach
Viehtrift
Ysper
Hirschenau
Freigericht
C7
Rottenberg
Weins
13
3,5
3,4
Kalkgrub
Mühlberg
Ysperdorf
455
Willersbach
2,4
B3
L91
2065
C9
Donaudorf
Teuch
Ybbser-Berg
554
Besuch
L6013
Hengstberg
L6016
Roßberg
Griesheimer Bach
Unterholz
Bernau
Windhof
Grillenbach
Scheiterbichl

Schloss Persenbeug

4 gotischen Reliefs des linken Seitenaltars um 1500. @ qkb767

Freibad, Marktpl. 1, ✆ 0664/73131629, @ exn561

Nach St. Nikola auf der B 3 weiter ~ an **Sarmingstein** vorbei.

Sarmingstein (Sankt Nikola an der Donau)

Mautturm Sarmingstein, Donau Bundesstr. 28 (24) Der historische Mautturm war Teil einer Wehranlage und bildete mit Mauthaus und schräg verlaufenden Mauern eine landesfürstliche Zollstelle. 1968 wurde die Turmruine mit einer Aussichtsplattform versehen und bietet einen eindrucksvollen Blick über den Ort und den Lauf der Donau. @ bsd472

Auf Höhe der **Bahnstation Hirschenau** auf den ruhigen Treppelweg abzweigen **12**.

AUSFLUG Von der Yspermündung aus können Sie einen Abstecher in das traumhafte Ysperta machen, das gleichzeitig ein Eingangstor in das wildromantische Waldviertel ist.

Über die Ysper und nach ca. 1 km links von der Straße ab ~ über die Gleise und in die Ortschaft Weins.

⚠ Die Donau Bundesstraße ist ab hier für Radfahrer gesperrt (ausgenommen Rennfahrradfahrer)!

Weins

13 am Ortsende auf den straßenbegleitenden Radweg ~ vorbei am Kraftwerk Ybbs-Persenbeug.

Kraftwerk Ybbs-Persenbeug

(Ybbs an der Donau)

Besucherkraftwerk Ybbs-Persenbeug, Donaustr. 2, ✆ 0650/3002236 (7d) Das älteste Donaukraftwerk gibt Einblick in die faszinierende Welt der Stromerzeugung aus Wasserkraft. Tägliche Führungen am frühen Nachmittag. @ bdk821

Weiter Richtung Zentrum ~ am Schloss vorbei und danach von der Bundesstraße rechts ab ~ die Route führt über die **Schloss-** sowie die **Hauptstraße** durch den historischen Ortskern von Persenbeug.

Persenbeug-Gottsdorf

Vorwahl: 07412

Marktgemeindeamt, Rathauspl. 1, ✆ 52206, @ ibg556

Heimatmuseum, Rathauspl., ✆ 52206 (€) Gezeigt werden Exponate zur Geschichte der Gemeinde und des Schlosses Persenbeug, Geburtsstätte des letzten österr. Kaisers - Karl I. @ hnd825

Schloss Persenbeug, Schlosstr. 1, ✆ 5253196. Die Anlage auf dem steilen Felskopf erhielt ihre heutige Gestalt im Zuge des 1617-21 von Eusebius v. Hoyos durchgeführten Neubaus. Seit 1800 in habsburgischem Besitz. Besichtigung leider nicht möglich. @ qvb348

Ortskern. Unter den originellen Biedermeierhäusern befinden sich das Kleine und das Große Schiffsmeisterhaus.

Marktlinde, Rathauspl. Neben der Florianikapelle steht eine angeblich um 1300 gepflanzte riesige Linde.

Badeteich, Hagsdorfer Str., ✆ 52206, @ wjd725

Persenbeug war unter dem Schiffsmeister Matthias Feldmüller (1801-50) der bedeutendste Schiffsbauplatz an der niederösterreichischen Donau. Jährlich erbauten die „Schopper" 20 Schiffe. Während die Strömung jährlich 850

Kraftwerk Ybbs-Persenbeug

C9
Donau
Persenbeug
Ybbs
a.d. Donau
Hofamt Priel
Donaudorf
Krummnußbaum
Säusenstein
Metzling
Gottsdorf
Hagsdorf
Heimatmuseum
Stadtmuseum
Fahrradmuseum
Strommuseum
Freizeitzentrum
Besucherkraftwerk Ybbs-Persenbeug
Theresienkapelle
Hl. Donatus
Kalvarienberg
Ehem. Herrenhaus
Weins
Viehtrift
Kleinmitterberg
Großmitterberg
Eichberg
485
Doberg
460
Knogl
Fürholz
Doberg
Rottenhof
Rosenbichl
Forsthub
Loja
Granz
Annastift
Wallenbach
Diedersdorf
Neustift
Holzern
Sittenberg
340
Aigen
Ratzenberg
Wolfri
Maierhofen
Reist
Mitterndorf
Wolfsgrub
305
Kolm
Plaika
Untereichen
Obereichen
Sarling
Unterhaus
Neusarling
Thalling
Griesheim
Göttsbach
Berging
Reitering
Windhof
Theinstetten
Roßberg
Reitern
Scharlreith
Kalz
Rehberg
Holzian
Pfaffenberg
83
3,5
0,8
4,5
5,7
13
14
15
B3
B36
B25
B1
L91
L6013
C8
C10
2050
2055
2060
Ybbs
Reister Bach
Grillenbach
Griesheimer Bach
Tiefenbach
Teichbachl
Föhrenb
Lojabach

Schiffe und 25 Flöße Feldmüllers abwärts trug, wurden 350 Schiffe beim Gegenzug von Pferden auf einem Treppelweg (Traidelpfad) flussaufwärts gezogen.

Von Persenbeug nach Marbach 10,2 km

Beim Gasthof Böhm nach rechts in die **Rollfährestraße**, Melk ist als nächstes Fernziel angegeben ~ **14** dem Verlauf der **Rollfährestraße** nach rechts folgen ~ der ufernahe Weg führt aus dem Ort hinaus und über die ebene „Halbinsel", die Hagsdorfer Scheibe.

Hagsdorf

In Hagsdorf zunächst nach links und kurz darauf an der Kreuzung mit dem Bildstock nach rechts ~ dem Straßenverlauf folgen, der sich nach 1,5 km inmitten der Felder nach rechts wendet ~ bei einer Häusergruppe biegt der Weg wieder nach links ab ~ eine Kirche mit Zwiebelturm meldet die nächste Ortschaft an.

Gottsdorf

Zu Ortsbeginn mündet der Weg in eine Uferstraße ~ geradeaus weiter

entlang der **Donaustraße** ~ vor dem Feuerwehrhaus rechts ab durch **Metzling** ~ der Weg verläuft dann zwischen Ufer und Bundesstraße ~ an der Ortschaft **Granz** und im Anschluss am Hafen vorbei nach Marbach **15**.

Der Beginn des ***Nibelungengaus*** *wird hier durch eine Tafel angekündigt.*

Marbach an der Donau

Vorwahl: 07413

- **Gemeindeamt**, Marktstr. 28, ✆ 7045, @ mtr763
- **MS Marbach**, Urfahrweg, Krummnussbaum, ✆ 0664/2416274 od. 0664/3016381. Modernes Ausflugsschiff für Rundfahrten, Ausflugsfahrten, Tagescharter und Bedarfsfährbetrieb. @ kjc446
- **Herrenhaus**, Marktstr. Herrschaftshaus, entstanden 1575, mit zwei runden Ecktürmen aus habsburgischem Besitz mit dem Wappen der Familien Starhemberg-Schaumburg und Löwenstein-Wertheim.
- **Nibelungenbad**, Badg. 1, ✆ 7730, @ qqd675
- **Taxi-Sitz**, ✆ 0676/5256340. Radtaxi Marbach - Maria Taferl/Schloss Artstetten, @ rix255

AUSFLUG: Von Marbach aus können Sie einen Ausflug ins südliche Waldviertel mit den sehenswerten Stationen Maria Taferl, Schloss Artstetten und Burg Leiben in Angriff nehmen. Allerdings

C10
Artstetten
Ferdinand-Museum
Eichberg
515
Thalheimberg
585
Pargatstetten
Obersteinbach
Grub
Hasling
Trennegg
Reitern
Hilmanger
Unterthalheim
Unterbierbaum
Obererla
Untererla
Oberthalheim
Thalheimbach
Hirschensprung
515
Steinbach
Marbach
Wallfahrtskirche Maria Taferl
Am Tonberg
Rindfleischberg
390
Klosterberg
355
Bienenpark
Klein-Pöchlarn
Auratsberg
Marbach
a.d. Donau
Friesenegg
Krummnußbaum
a.d. Donauuferbahn
Saulackenberg
360
Großer Mühlberg
508
Kracking
Granz
Steinbach
Kalvarienberg
Ehem. Herrenhaus
Pfarrkirche
Ofenkachelmanufaktur
Donau
Donau
Nibelungendenkmal
Stadtwehr
Welserturm
Schlosspark
Oskar-Kokoschka-Geburtshaus
Krummnußbaum
Am Rechen
Pöchlarn
Annastift
Wallenbach
Loja
Brunn
a.d. Erlauf
Neuda
Erlauf
Diedersdorf
Neustift
Hinterleiten
Kellerhäuser
Neu-Pöchlarn
Steinwand
Metzling
0,6
0,8
6,5
5,5
3,2
2
5
1,2
0,6
4,5
15
16
85
B3
C9
2050

wird diese Tour auf kleinen Landstraßen nur Radlern mit genügend Ausdauer für den Anstieg und einer funktionierenden Gangschaltung wirklich Spaß machen. Nach Maria Taferl gelangen Sie auch per Rad-Taxi, welches Sie mit Ihrem Fahrrad inklusive Gepäck in den Wallfahrtsort bringt. Zur Hauptroute gelangen Sie dann entweder bei Klein-Pöchlarn oder bei Weitenegg, kurz vor Emmersdorf, zurück. Die Strecke ist in der Karte in Orange dargestellt.

Maria Taferl

Vorwahl: 07413

Marktgemeindeamt, Nr. 35, 7040, @ efv133

Maria Taferl

Wallfahrtsbasilika, Nr. 1, 278 Die Grundsteinlegung zur Wallfahrtskirche erfolgt 1660, nach wundersamen Heilungen und Lichterscheinungen. Das Erscheinungsbild ist geprägt von den Baumeistern Georg Gerstenbrand, Carlo Lurago und Jakob Prandtauer. Im 18. Jh. wurde die Basilika mit Fresken nach Entwürfen von Antonio Beduzzi ausgestattet. @ qsi478

Alpenpanorama, Nr. 6, 340. Das mechanische Kunstwerk von 1910 hinter der Wirtsstube des Gasthof „Zum Goldenen Löwen" stellt das Alltagsleben und die Freizeitbeschäftigungen der Menschen um die Jahrhundertwende dar. @ ahx732

Artstetten-Pöbring

Vorwahl: 07413

Marktgemeindeamt, Schlossstr. 1, 8235, @ bvp151

Schloss Artstetten, Schlosspl. 1, 8006 Das Mitte des 13. Jhs. erbaute Schloss bewahrt im Museum das Andenken an die Thronfolger Erzherzog Franz Ferdinand und seiner Frau, Herzogin Sophie von Hohenberg. Tausend Pfingstrosen und seltene Obst- und Beerensorten mit aristokratischen Namen zieren die historische Garten- und Parkanlage. @ dyf737

Freibad, Schulstr. 4, 8235, @ jyu157

Leiben

Vorwahl: 02752

Marktgemeindeamt, Hauptstr. 34, 70042, @ rrp175

Europaschloss Leiben, Schlossstr. 4, 70042, 0676/9769088 Das Renaissanceschloss von 1113 beherbergt das Landtechnikmuseum mit themenbezogenen Ausstellungen wie Traktoren, Bodenbearbeitung, Waagen und Erfolgsmodelle der Technik. @ eag663

Von Marbach nach Emmersdorf *16,2 km*

15 Ab Marbach folgt der **Donau-Radweg** dem Treppelweg wenn sich die Bundesstraße vom Ufer entfernt, entweder oben am Damm oder rechts davon am Treppelweg weiter zur Linken liegt die Klein-Pöchlarn.

Klein-Pöchlarn

Vorwahl: 07413

Marktgemeindeamt, Artstettner Str. 7, 8300, @ fqt154

Pfarrkirche, Kirchenstr. 10, 8298. Die erstmals 1391 urkundl. erwähnte Kirche ist dem Hl. Otmar geweiht. @ dlv161

Bienenpark, Ötscherblick 12, 81627, 0664/1502840 Der Bienenpark, der das Ziel hat, das Leben einer Biene mit allen Sinnen erleben zu können, wurde 2018 um den Bienenpavillon erweitert. Dabei stehen Bienenschutz sowie die Wissens- und Bewusstseinsvermittlung des Bienenthemas im Vordergrund. @ lcb623

Ofenkachelmanufaktur, Wachauerstr. 10, 8292. Der ehem. K&K Hoflieferant bietet Einblick in die traditionelle Handwerkskunst des Formens, Glasierens und Brennens von Ofenkacheln. @ upu576

Schwibbögen, Hufschmiedg. Zwei Bögen aus dem 15. Jh. mit Wappen und Zahnschnittfries.

Spiegelskulptur, Dammkrone. Gestaltet vom ortsansässigen Künstler Herbert Golser. @ ajj282

Klein-Pöchlarn liegt im Herzen des idyllischen Nibelungengaus. Durch die zahlreichen Ton- und Lehmvorkommen erlebte Klein-Pöchlarn einen rasanten wirtschaftlichen Aufschwung. Die

C11
Emmersdorf
Leiben
Schloss Leiben
Langthaler
Payerstetten
Hart
Trennegg
Hasling
Losau
Weinzierl
Neuweinzierl
Unterbierbaum
Mampasberg
Kaumberg
Henzing
Weitenegg
Ebersdorf
Lehen
Urfahr
Rindfleischberg
Klosterberg
ein-Pöchlarn
manufaktur
chlarn
Sankt Georgen
Hain
Luberegg
Schloss Luberegg
Signalturm
Freizeitzentrum
Kraftwerk Melk
Donau
Haidhof
Rantenberg
Dachberg
Reith
Schallemmersdorf
Hofamt
Ortsensemble
Hub
Seegarten
Stadelau
Melk
Stift Melk
Spielberg
Weyerbach
KZ-Gedenkstätte
Pielach
Freiningau
Neuwinden
Maierhöfen
Winden
Bergern
Wachauring
Pöverding
Schrattenbruck
Orndinq
Großpriel
Kollapriel
Matzleinsdorf
87

damalige Ortschaft blühte durch die sogenannte „Schwarzhafnerei" auf. Dabei wurde dem Ton ebenfalls in der Umgebung gewonnenes Graphit beigemischt, was dem Geschirr Härte und Glanz verlieh. Eine weitere Erwerbsquelle war damals der Verkauf von Tonerde, die man mit Schiffen die Donau abwärts nach Wien, Budapest und Belgrad transportierte.

16 Unter der **Donaubrücke** nach Pöchlarn hindurch ~ auf der Dammkrone weiter.

17 Bei **Ebersdorf** an der Weggabelung links vom Damm abzweigen.

AUSFLUG: Möchten Sie das Benediktinerstift Melk am anderen Ufer besichtigen, so bleiben Sie am Damm, um über das Kraftwerk Melk überzusetzen.

Auf dem Radweg neben der Hauptstraße entlang des Donausees nach Weitenegg.

TIPP: Im Donausee, einem Altarm der Donau, kann man auch wunderbar baden. Die Wassertemperatur kommt nicht über erfrischende 23 Grad.

Weitenegg (Leiben)

Vorwahl: 02752

Burgruine Weitenegg, Weitenegg 1 Die Burg (12. Jh.) wurde im 16. Jh. noch einmal zur Festung ausgebaut und bot der Bevölkerung während der Türkenkriege Zuflucht. Auch eine Belagerung durch schwedische Truppen konnte sie 1645 erfolgreich abwehren. Heute ist die Ruine in Privatbesitz und kann nur von außen besichtigt werden.

Freizeitzentrum, Weitenegg 8, ✆ 70042. Badestrand mit Tretbootverleih, Aquajump, Surfmöglichkeiten uvm. @ iyk842

Als nächstes Fernziel wird Krems mit 36 km angegeben ~ weiter Richtung Luberegg.

St. Georgen (Emmersdorf a. d. Donau)

Teddybärenwerkstatt, St. Georgen 4, ✆ 02752/71726, ✆ 0664/2786452. Gegen telef. Anmeldung kann man die Entstehung eines Teddybären miterleben. @ soy723

Luberegg (Emmersdorf a. d. Donau)

Vorwahl: 02752

Schloss Luberegg, Luberegg 20. Errichtet 1780, diente das Schlösschen in der Folge als Lieblingssitz von Kaiser Franz II. Das spätbarocke Erscheinungsbild außen wird innen durch frühklassizistische Leinwandtapeten ergänzt. Seit 2002 in Privatbesitz. @ ikq333

Feuerturm Luberegg. Diese zwei altertümlichen Rundtürme dienten einst als Leucht- und Signaltürme zur Orientierung der Flößer.

Badestrand, ✆ 70010, @ agr272

Direkt entlang der Donau weiter ~ bei Seegarten kurz nach links und dann gleich wieder rechts auf dem Radweg neben der Donaustraße weiter.

TIPP: Der Radweg führt zwar außen an Emmersdorf vorbei, jedoch lohnt sich ein Abstecher in den Ortskern mit seinen schmucken Bürgerhäusern allemal. Wer den Film „Der Hofrat Geiger" oder „Mariandl" gesehen hat, der erkennt vielleicht in Emmersdorf und in der gesamten Wachau einige Drehorte wieder.

18 Emmersdorf a. d. Donau

Vorwahl: 02752

Infostelle, Beim Kreisverkehr, ✆ 70010, @ gxd877

Marktgemeindeamt, Nr. 22, ✆ 71469, @ sae631

Brandner Schiffahrt, DST Nr. 38, ✆ 07433/259021 Tägl. Linienfahrten durch die Wachau zwischen Melk und Krems, Fahrradtransport ca. 2 Euro. Zustiegs- bzw. Ausstiegsmöglichkeit bei Bedarf nur für Gruppen. @ sxl518

DDSG Blue Danube, Donaustr., DST Nr. 38, ✆ 01/58880 Linienverkehr zwischen Melk und Krems, Fahrradtransport ca. 2 Euro. Tickets an Board. @ jey518

Kramurigwölb, Nr. 31, ✆ 71764 Über 2000 handwerkliche Geräte und Gebrauchsgegenstände, darunter skurrile Exponate wie Fußfesseln, Holz-Kühlschränke und eine alte Nudelpresse, geben Einblick ins 17. bis 19. Jh. @ ywn617

Ortsensemble. Der reizvolle, langgestreckte Straßenplatz wird von charakteristischen Häusern des 16. bis frühen 19. Jhs. gesäumt.

Wachaubahn, Bahnzeile, ✆ 02742/360990-1000 Zwischen Weingärten, uraltem Gemäuer und dem mächtigen Donaustrom fährt man mit der Lokalbahn stress- und staufrei zwischen Krems und Emmersdorf und erlebt tolle Ausblicke auf die Schönheit des Weltkulturerbes. Fahrradmitnahme ist kostenlos möglich. @ qul637

TIPP Das Nordufer dient von nun an durch die **Wachau** als Hauptroute. Hier reihen sich zudem die schönsten und berühmtesten Orte der Wachau aneinander.

VARIANTE Wen es hingegen mehr zu den beschaulichen, kleineren Winzerdörfern hinzieht, wechselt über die Brücke zur Variante am rechten Ufer.

Von Emmersdorf aus gelangen Sie über die Donaubrücke nach Melk. Dazu überqueren Sie auf Höhe des Infopavillons noch vor dem Kreisverkehr auf dem Radweg die Straße und fahren dann auf dem linksseitig straßenbegleitenden Radweg über die Brücke. Am rechten Donauufer angekommen, links dem Radweg zur **Pielamunder-Allee** folgen ~ weiter links auf der **Wachauer** Straße in den Ort.

TIPP Zum Stift gelangen Sie am Besten durch das Zentrum. Sie können Ihr Fahrrad entweder im Radschuppen (mit Schließfächern) beim Wachau Info Center oder in der Abt-Dietmayr-Straße abstellen und zu Fuß den Weg zum Stift zurücklegen.

Melk s. S. 112

Stift Melk

Von Linz nach Melk am Südufer

117,2 km

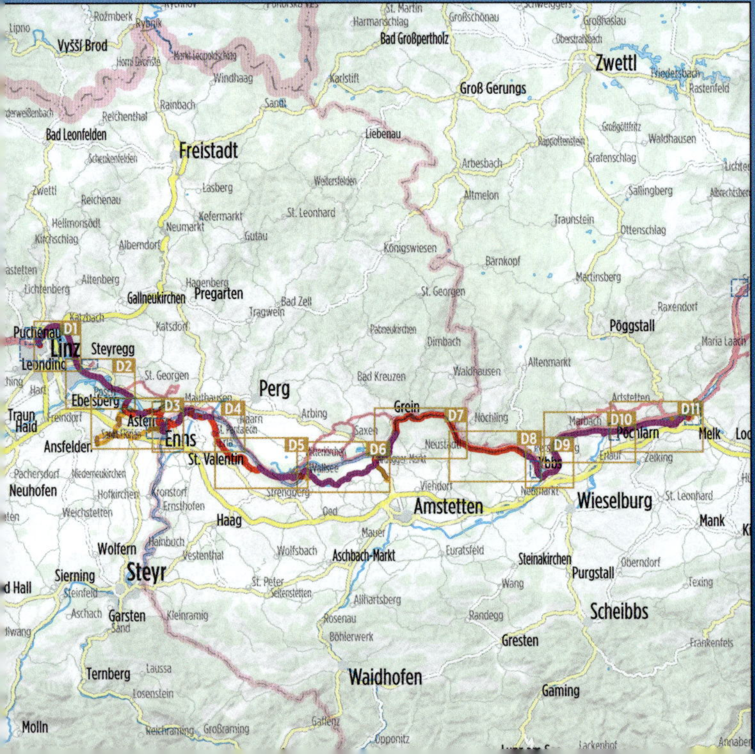

HM/km: ↗ 0,7 (81m) ↘ 1,2 (135m) **Radweg:** 57 % **Unbefestigt:** 0 % **Verkehr:** 0 %

Nach der oberösterreichischen Hauptstadt Linz führt der Donau-Radweg ins Machland. Besonders sehenswert ist hier das Stift St. Florian und selbstverständlich die älteste Stadt Österreichs – das schmucke Städtchen Enns. Der weitere Weg führt entlang des zauberhaften Mostviertels mit seinen beeindruckenden Vierkanthöfen weiter. Vor Grein verengt sich das Donautal wieder, die Donau fließt hier durch die faszinierende Landschaft des Strudengaus. Krönender Abschluss ist Melk mit seinem weltweit berühmten Benediktinerstift.

Von Linz bis nach Abwinden verläuft der Donau-Radweg nur am Nordufer. Erst in Abwinden wechseln Sie aufs Südufer. Die Route verläuft dann auf ruhigen Nebenstraßen, auf Wirtschafts- und Radwegen. Verkehrsreiche Strecken und Steigungen kommen auf diesem Teilabschnitt nicht vor.

Linz s. S. 59

Von Linz nach Abwinden — *15,9 km*

Von Linz bis zu Wegpunkt **3** (ca. 1 km vor dem Kraftwerk Abwinden-Asten) verläuft der Donau-Radweg ausschließlich am Nordufer.

TIPP: Die Beschreibung dieser Wegstrecke finden Sie im vorherigen Abschnitt von S. 65 bis S. 68.

Ausee (Luftenberg an der Donau)

Vorwahl: 07223

Hohenlohe Ausee, Auseestr., ✆ 81802. Tretboote, Stand-Up-Paddeln, Sandstrand, Aquapark uvm. @ klb353

Pichling (Linz)

Vorwahl: 0732

Cowboy-Museum-Fatsy, Traundorfer Str. 266, Pichling, ✆ 791855, ✆ 0680/1404077 Eine Zeitreise durch „Little Amerika“ und den „Wilden Westen“ - Cowboys, Indianer und Pioniere. @ hej122

Pichlinger See, Raffelsstettnerstr., ✆ 3400-6000, @ rjk712

Weikerlsee, ✆ 3400-6000, @ vtk166

Von Abwinden nach Enns — *10,2 km*

Am Südufer auf der breiten Asphaltstraße zunächst geradeaus ~ **4** links auf den schmalen Weg, der als Radweg nach Enns beschildert ist.

AUSFLUG: Geradeaus führt ein mit grünen Schildern gekennzeichneter Weg nach St. Florian.

Ausflug nach St. Florian — *16,2 km*

Neben dem prächtigen Barockstift von St. Florian erwartet Sie auf diesem Ausflug ein großartiges Bauernhof-museum.

Bei Wegpunkt **4** geradeaus, also vorbei an der Abbiegung nach Enns ~ links über die Bahnbrücke ~ nach 500 m rechts in die Nebenstraße ~ gleich darauf links in den Radweg ~ nach der Unterführung rechts weiter ~ am Ipfbach entlang ins Zentrum von Asten.

Asten

Vorwahl: 07224

Gemeindeamt, Marktpl. 2, ✆ 663810, @ ejo475

Bei der Kirche die B 1 überqueren und geradeaus in die **Ipfbachstraße** ~ vorbei an einigen Vierkanthöfen und links über die Brücke ~ danach rechts ~ die Autobahn unterqueren ~ nach

dem Firmengelände (Backaldrin) links zum Freilichtmuseum Sumerauerhof.

Samesleiten (St. Florian)

Freilichtmuseum Sumerauerhof, Samesleiten 15, 07224/8031 In einem der schönsten Vierkanthöfe (13. Jh.) sind neben der einzigartigen Bauernmöbelsammlung, Gasselschlitten, Zimmermannsmalerei und die bäuerl. Arbeiten wie Backen, Schlachten, Mosterzeugung, originalgetreu dargestellt. @ jre445

Dort rechts und auf einem Fahrradweg die Straße entlang ~ die Schnellstraße queren bis zum Technologiezentrum (ehem. Glockengießerei), dort links weiter ~ diese Straße führt nach St. Florian hinein ~ vorbei am **Marktplatz** führt die erste Straße nach rechts zum Stift.

St. Florian

Vorwahl: 07224

Marktgemeinde, Leopold-Kotzmann-Str. 1, 42550, @ pix823

Feuerwehrmuseum St. Florian, Stiftstr. 2, 4219 Im barocken Meierhof des Stiftes St. Florian befindet sich das Feuerwehrmuseum, das die Entwicklung des Feuerwehrwesens, sowohl als technische als auch gesellschaftliche Einrichtung, zeigt. @ tha648

Jagdmuseum Schloss Hohenbrunn, Hohenbrunn 1, 20083 Im 1722-32 erbauten Barockschloss wird – mehr traditionspflegerisch als hinterfragend – die Entwicklung des Weidwerks besonders in Oberösterreich dargestellt. @ kxh158

Stift-Kunstsammlung und Bruckner-Gedächtniszimmer, Stiftstr. 1, 8902 Neben den sog. Kaiserzimmern, noch so eingerichtet wie vor 250 Jahren, das bescheidene Mobiliar des Tonkünstlers und Werke namhafter bildender Künstler wie Altdorfer, B. und M. Altomonte, Gran u. a. @ olt725

Stiftsbasilika Mariä Himmelfahrt, Stiftstr. 1. Die Barockkirche mit ihrer vollendeten, festlichen Wirkung ist das Hauptwerk von C. A. Carlone, die sog. Bruckner-Orgel von Franz Xaver Krismann 1770-74 gehört zu den berühmtesten Orgeln ihrer Zeit. @ iqd378

Augustiner-Chorherrenstift, Stiftstr. 1, 890210. Bereits in karolingischer Zeit ein Kloster, wurde es 1071 den Chorherren übergeben. Der große Klosterhof, Teil des Neubaus um die Wende des 17./18. Jhs., gehört zu den schönsten Schöpfungen des süddeutschen Barock (Carlone und Prandtauer). Besonders sehenswert der Sebastiansaltar von A. Altdorfer 1518. @ hxn666

Orgelkonzerte, in der Stiftsbasilika, Ende Mai-Anfang Okt. tägl. außer Di und Sa um 14:30. „Hörerlebnis Brucknerorgel" - Orgelkurzkonzert, @ uxm177

Literaturgarten, Stiftstr. 1, 8346. Tontafeln mit Sprüchen und Zitaten von Schriftstellern begleiten die Besucher durch den ehem. Küchengarten des Meierhofes. @ qvo123

Freibad, Badstr. 1, 8118, @ slg125

Im Mittelalter entwickelte sich das Stift zum geistigen und wirtschaftlichen Zentrum der Region. Die Schreib- und Malschule war hochberühmt, durch das Wirken von Anton Bruckner als Stiftsorganist (1845-55) errang St. Florian zusätzliche Bedeutung.

Vom Stiftshügel über die Straße Speiserberg zur Thann Straße, dort rechts ~ den Kreisverkehr überqueren bis zur Landwirtschaftsschule ~ davor links in den Güterweg Weilling ~ diesem stetig bis zum Freilichtmuseum folgen, dort rechts abbiegen.

Weiter nach **Samesleiten** ~ dort die Vorfahrtsstraße überqueren ~ der Straßenverlauf bringt Sie nach Ortsende zu einer T-Kreuzung, dort links ~ die Hauptstraße unterqueren ~ an

Stift St. Florian

der nächsten Möglichkeit rechts abbiegen ~ anschließend unter der Autobahn hindurch ~ bald ist der Stadtrand von Enns erreicht ~ dem Radweg, der die Hauptstraße begleitet, nun folgen ~ an der Kreuzung zur Innenstadt halblinks in die **Stadlgasse** ~ weiter bis zur **Mauthausener Straße** ~ dort nach rechts zum **Hauptplatz** abzweigen.

TIPP Vom anderen Ende des Hauptplatzes gelangen Sie über die **Stiegengasse** zu einer Terrasse, von der aus man eine herrliche Aussicht auf die Donauebene und das Voralpenvorland genießt.

Die Hauptroute der Südufervariante hingegen folgt einfach den Schildern des Donauradweges ~ an der T-Kreuzung links über **Kronau** ~ auf dem Radweg am Kiesweg vorbei ~ links zu Donau ~ bis nach Enghagen. **5**

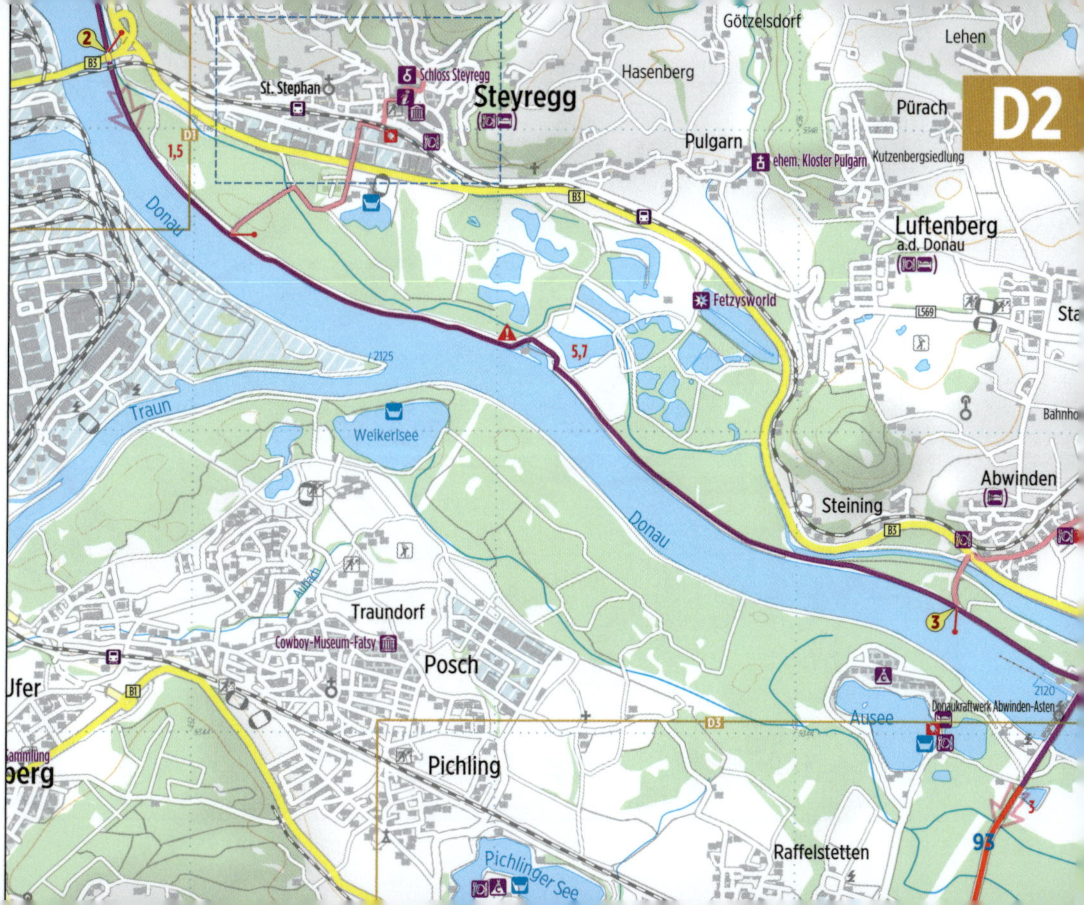

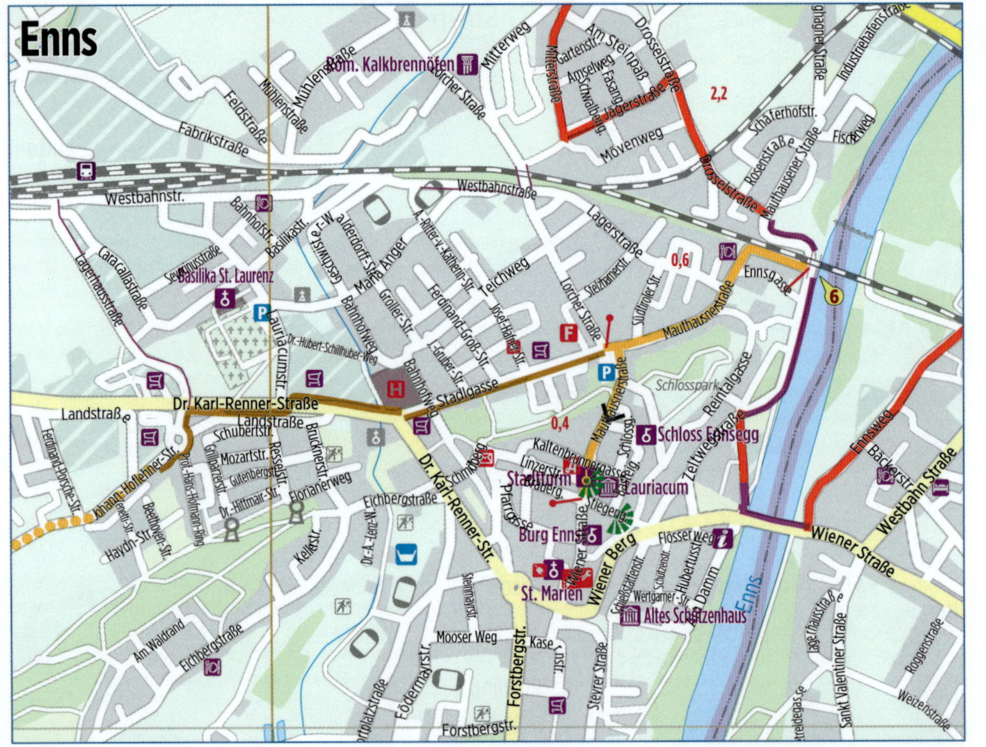

TIPP Im Zuge des Hochwasserschutzprojekts Enns-Enghagen gab es in den Ortschaften Kronau, Erlengraben und Lorch freiwillige Absiedlungen (2013-2018), alle Gebäude wurden entfernt und die Grundstücke rekultiviert.

Enghagen (Enns)

Donauradfähre Enns-Mauthausen-Pyburg, Ennshafen, ✆ 07223/82777, ✆ 0650/3915034, Mai, Sept. 9–18 Uhr, Juni-Aug. 9–19 Uhr. Die Radfähre hat Platz für 12 Pers. inkl. Rad und bringt Sie zum gewünschten Zielufer. Prinzipiell verkehrt die Fähre im Dreieck über Donau und Enns im Abstand von 5-10 Min. @ ptw721

PLANUNG Dort können Sie entweder weiter zur Radfähre nach Mauthausen fahren, um ans andere Ufer zu wechseln, oder der sehenswerten historischen Stadt Enns einen Besuch abstatten.

Zur Fähre

Um zur Fähre zu gelangen, gegen Ortsende von Enghagen links zur Donau und dem Verlauf des Weges bis zur Fähre folgen.

Nach Enns

Auf der Route Richtung Enns Enghagen verlassen ~ an der Vorfahrtsstraße rechts ~ die Autobahn unterqueren ~ auf der **Mitterstraße** leicht bergauf ~ der Mitterstraße, die vor den Häusern links abzweigt, folgen ~ an der großen Kreuzung links in die **Jägerstraße** durch die Siedlung ~ in der **Drosselstraße** rechts bis an die **Mauthausner Straße** ~ weiter nach

D3
Donaukraftwerk Abwinden-Asten
Brunngraben
Ruine Spielberg
Pichlinger See
Raffelstetten
Kronau
Enghagen
Ipfdorf
Erlengraben
Wiener Bundesstraße
Bruck bei Tödling
Einsiedl
Lorch
Fisching
Röm. Kalkbrennöfen
Asten
Enns
Windpassing
Westbahnstr.
Basilika St. Laurenz
Lagerhausstraße
Norikum
Traunleiten
Kristein
Stadtturm
Burg Enns
Ennsdorf
Samesleiten
Altes Schützenhaus
Mooser Weg
Wiener Straße
Samesleitner Str.
Freilichtmuseum Sumerauerhof
Ental
St. Florian
Sankt Florian
Johann-Hoflehner-Str.
Am Seisberg
Weilling
Oberndorf
Rabenberg
Tillysburg
Kötting
Volkersdorf
Aichet
Enns
Ipfbach
Kristeinbach
Mitterstr.
Pichler Straße

rechts dem Radweg folgen ~ die Eisenbahnbrück unterqueren. **6**

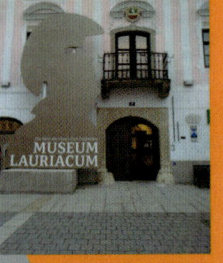

INS ZENTRUM Um in die Innenstadt zu gelangen, der **Mauthausner Straße** weiter nach rechts folgen.

Enns

Vorwahl: 07223

Tourismus & Stadtmarketing, Hauptpl. 19, ✆ 82777, @ ydv788

Historisches Schützenhaus, Schießstättenstr. 17, ✆ 83681, ✆ 0680/3077459 Ⓒ Die 1807 erbaute bürgerliche Schießstätte zeigt über 200 bemalte Scheiben, die Älteste stammt von 1695. @ skt451

Museum Lauriacum, Hauptpl. 19, ✆ 85362 Ⓒ Gezeigt wird die II. Italische Römerlegion, Staatskult und Stadtrecht, Leben in der Zivilstadt, Landwirtschaft, Gewerbe, Begräbniskultur und Raumkunst. @ bph611

Basilika St. Laurenz, Lauriacumstr. 4, ✆ 84010 Ⓒ Die Basilika St. Laurenz entstand im 4./5. Jh. als frühchristliche Kirche auf den Mauerresten römischer Vorgängerbauten. In ihr mischen sich seit frühchristlicher Zeit die verschiedensten architektonischen Stile. Um 1300 entstand die heute in dieser Form noch bestehende Kirche im gotischen Stil. Die archäologischen Ausgrabungen unter der Basilika und zahlreiche Funde aus der römischen Zeit erzählen vom Entstehen und der Ausbreitung des frühen Christentums in der Provinz Noricum. @ rxx327

Stadtpfarrkirche St. Marien, Kirchenpl. 6, ✆ 82855. Es handelt sich um eine malerische Baugruppe der Gotik, im Wesentlichen um 1270 errichtet, bestehend aus Hauptkirche, Wallseer Kapelle, Kreuzgang und Franziskanerkloster.

Johanniter-Kapelle, Mauthausner Str., ✆ 82777. Die Kapelle neben dem Frauenturm besticht durch ihre Wandmalereien, datiert um 1320. Besichtigung im Rahmen einer Stadtführung. @ tad226

Schloss Ennsegg, Schlossg. 4, ✆ 82777, Besichtigung sind im Rahmen einer Stadtführung möglich. Das Schloss wurde seit dem 15. Jh. mehrmals umgebaut. Im 16. Jh. vom Kaiserlichen Rat Dr. Gienger komplett saniert und zum heutigen Schloss Ennsegg umgestaltet, wurde das Bauwerk im 17. Jh. noch einmal erweitert. Sehenswert und beliebt ist der Trauungssaal im Rokokostil, der gerne für Hochzeiten genutzt wird. Der Schlosspark lädt zum entspannten Spaziergang ein. @ dde624

Calcaria - Römische Kalkbrennöfen, Lorcher Str. 62, ✆ 85362 In der Nähe der Nordecke des Legionslagers liegt die größte bekannte römische Kalkbrennofen-Anlage des Imperium Romanum. Der am besten erhaltene Ofen kann in einem Schutzbau besichtigt werden. @ wsy181

Stadtturm, Hauptpl. 1 Erbaut 1564 aus Steinen der Ennser Scheiblingkirche. Über vierhundert Jahre diente der Stadtturm als Kirchenturm, Brandmeldeposten, Uhrturm und Stadtwache, heute befindet sich darin auch ein außergewöhnliches Hotelzimmer. Der Aufstieg in den Turm wird mit einem wunderbaren Ausblick belohnt. @ jlu517

Hauptplatz. Um den Stadtturm gruppieren sich viele gut erhaltene Häuser, im Kern gotisch, jedoch mit Renaissance- und Barockfassaden, und zeugen insgesamt von einer beachtlichen Leistung österreichischen Städtebaus.

Stadtführungen, Hauptpl. 19, ✆ 82777 Es werden verschiedene Stadtführungen (3 Türme Führung, Lauriosführung, Mittelalterliche Stadtführung usw.) angeboten. @ kdn846

Erlebnisfreibad, Födermayr-Str. 4, ✆ 82181232, @ cvy585

Die Bezeichnung von Enns als ältester Stadt Österreichs gründet sich auf zwei Dokumente. Die römische Zivilstadt Lauriacum erhielt bereits 212 das Stadtrecht, was durch Bronzetafelfragmente mit diesbezüglicher Aufschrift belegt werden kann. Genau 1.000 Jahre später wurde der mittelalterlichen Stadt dieses Privileg von Leopold VI. wieder verliehen. Der Ort war jedoch bereits während der Steinzeit und von den Kelten besiedelt worden.

Die Römer errichteten an der strategisch wichtigen Stelle an der Ennsmündung ein großes Standlager für die zweite italische Legion. Teile des Umfassungsgrabens sind heute noch erkenntlich, die Porta principalis dextra und die Porta decumana sind noch markiert. Westlich des Lagers erstreckte sich die Zivilstadt Lauriacum in Richtung Kristein und zu den Hängen des Eichbergs, die seit 1951 erschlossen wird. Das Lager wurde unter Karl dem Großen zur Pfalz Lorch.

Geistiges Zentrum der Römerstadt war ein Vorgängerbau der heutigen St. Laurenz-Ba-

Enns, Stadtturm

silika. Ausgrabungen während der 60er Jahre haben ergeben, dass diese Kultstätte seit dem 2. Jahrhundert kontinuierlich benutzt wurde. Auf den keltisch-römischen Tempel folgte im 4. Jahrhundert ein frühchristlicher heizbarer Bau. Die heutige Basilika stammt aus dem ersten Viertel des 14. Jahrhunderts. Es handelt sich um eine dreischiffige gotische Pfeilerbasilika mit gerade geschlossenem Chor. Die bei der Restaurierung der Kirche freigelegten römischen und romanischen Mauerzüge sind in einer Krypta zugänglich gemacht worden. Auch die mittelalterliche Stadtummauerung blieb mit verschiedenen Türmen erhalten. Im Stadtkern existieren noch gotische Häuser mit stillen Innenhöfen, die jedoch vielfach barockisierte Schauseiten erhalten haben.

Von Enns nach Wallsee 27,1 km

6 Geradeaus auf die **Zeltwegstraße** ⇝ am Ende des Radweges bei der Abzweigung links, **Ennslände** ⇝ links über die Enns ⇝ gleich darauf wieder links in den **Ennsweg** ⇝ an **Ennsdorf** vorbei und unter der Bahn hindurch ⇝ geradeaus weiter ⇝ vor den Bahngleisen links halten und Bahn und Straße unterqueren ⇝ nach der Unterquerung rechts parallel zur Straße weiter ⇝ mit einem Linksbogen zu einer Vorfahrtsstraße ⇝ dort rechts ⇝ an der nächsten Straße links abbiegen ⇝ **7** an der T-Kreuzung links ⇝ danach rechts in den Radweg, der entlang der Umfahrung führt, einbiegen ⇝ bei der Unterführung der B 123 rechts Richtung Wallsee abbiegen.

TIPP: Wenn Sie hier dem Radweg weiter folgen, dann können Sie ans Nordufer wechseln.

Links auf die Straße ⇝ die Querstraße kreuzen und unter der Bahn hindurch ⇝ geradeaus auf dem Weg ⇝ nach dem Oberwasserkanal links Richtung Wallsee.

TIPP: Über den Kanal führt eine Rundholzbrücke – die längste Europas mit 88 m auf vier Brückenpfeilern.

Der Güterweg folgt zunächst dem Kanalverlauf und führt danach an der Siedlung **Albing** vorbei ⇝ bei der Einmündung des Kanals in die Donau streift die Route kurz das Donauufer und verläuft am Damm.

TIPP: Obwohl der Weg am Fluss verlockend dahinzieht, handelt es sich bei den folgenden 8 Dammkilometern um eine Überströmstrecke, welche die Wasserversorgung der Au sicherstellt. Sie ist in der Mitte auch bei trockenem Wetter schlecht befahrbar. Dem Augebiet weicht die Tour durch das Umland aus, was eine angenehme Abwechslung bedeutet.

8 Beim **Sportplatz** den Dammweg verlassen ⇝ dem Verlauf bis zur nächsten Straße folgen ⇝ hier nach links und durch das Dorf **Stein** ⇝ weiter nach **St. Pantaleon.**

St. Pantaleon-Erla

Vorwahl: 07435

Gemeindeamt, Ringstr. 13, ☎ 7271, @ ylh475

Zunächst geradeaus ⇝ bei der Weggabelung nach der Kirche den Wegweisern des **Donauradwegs** nach links folgen ⇝ an **Erla** vorbei und über eine kleine Anhöhe ⇝ über ein Brücklein ⇝ der Ausschilderung nach links folgen ⇝ einen großen Rechtsbogen fahren ⇝ **9** an der Vorfahrtsstraße links ⇝ vorbei an den Gehöften von **Au** ⇝ kurz vor der Donau über den zweiten Schutzdeich und wieder hinauf zum Radweg auf der äußeren Dammkrone.

Am Ende der geraden Dammstrecke ist schon die Silhouette der mächtigen Burganlage vom Habsburger-Schloss und der Marktgemeinde Wallsee-Sindelburg erkennbar.

An der Donau zum **Kraftwerk Wallsee-Mitterkirchen** radeln ⇝ das umzäunte Kraftwerkgelände umfahren ⇝ geradeaus über den Altarm der Donau.

D4
Heimatmuseum
St. Nikolaus
Vormarkt
Heinrichsbrunn
Haid
Niedersebern
Schloss Pragstein
Reiferdorf
Albern
Obersebern
Brand
Donau
Enghagen
Au
a.d. Donau
Hainbuchen
Rundholzbrücke
Enns
Pyburg
Albing
Stein
orch
Enns
Windpassing
Aist-Mühlbach
Aulehrpfad
Naarn
im Machland
Fischtreppe
Arthof
Marksee
adtturm
urg Enns
Ennsdorf
Altes Schützenhaus
ooser Weg
St. Pantaleon
Raad
Wagram
Erla
Oberwasserkanal
Stögen
Rems
Weingarten
Erla
Kötting
Aichet
Breitfeld
Oberwasserkanal
Wimm
99

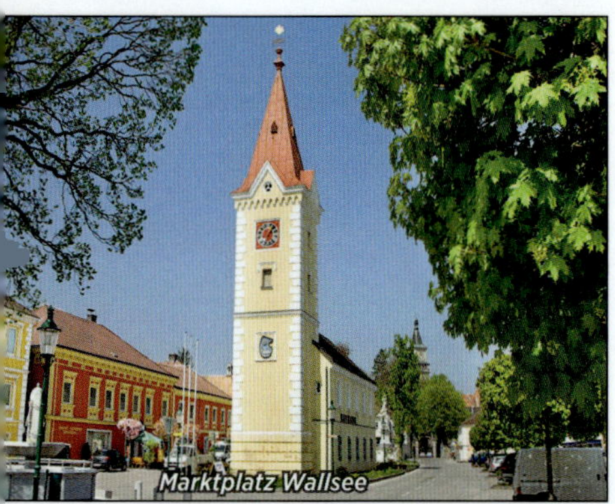

Marktplatz Wallsee

VARIANTE **10** Hier besteht die Möglichkeit, eine Alternativroute durch den Ort Wallsee zu fahren.

Variante durch Wallsee 2,2 km

10 In der Linkskurve rechts ab in die **Josefstraße** ~ den Kurven der Straße folgen ~ rechts auf die Straße **Donauberg** und weiter zum **Marktplatz**.

Der Marktplatz von Wallsee gilt mit den Hausfassaden und Denkmälern aus dem 17. Jh. als einer der schönsten gepflegten historischen Marktplätze an der Donau.

Über die **St. Severin-Straße** gelangen Sie zur **Ardaggerstraße** ~ an dieser links und somit wieder zur Hauptroute.

Wallsee-Sindelburg

Vorwahl: 07433

Gemeindeamt, Marktpl. 2, ✆ 22160, @ jjs676

Römermuseum, Donauberg 1, ✆ 2380, ✆ 2270 Hier erfahren Sie alles über das Leben der röm. Soldaten sowie der röm. Hausfrauen. Außerdem können Sie die größten Schüsseln des römischen Reiches bestaunen. @ iqe181

bett+bike
Landgasthof & Fleischerei
Sengstbratl
★★★
Marktplatz 21, A-3313 Wallsee
Tel. +43.7433.2203
www.sengstbratl.at
LANDGASTHOF@SENGSTBRATL.AT
HHH Komfortzimmer • DU/WC/TV/WLAN/Fön
• sonniger Schanigarten • regionale Spezialitäten
• Radabstellplätze im Haus • Frühstücksbuffet
• Kinderermäßigung

Pfarrkirche Sindelburg, Sindelburg 1. Im Stil gotisch-barock mit den beiden Seitenaltarbildern vom „Kremser Schmidt". Hier befindet sich auch die Grabstätte der Kaisertochter Marie Valerie. In unmittelbarer Nähe der Pfarrkirche können Sie einen großartigen Rundblick ins Mühlviertel als auch ins Donautal und bis zum Ötscher genießen. @ cei747

Schloss Wallsee, Schloss Wallsee 1. Von Heinrich VI. von Wallsee erbaut, wurde das Schloss im 17. Jh. großzügig erweitert und im 19. Jh. renoviert. Es befindet sich im Privatbesitz der Familie Habsburg-Lothringen und steht daher für Besichtigungen nicht zur Verfügung. @ lmc318

Barocke Mariensäule. Erbaut 1710, ein Werk des Wiener Bildhauers Benedikt Stober, Kaiserdenkmal und Annakapelle. @ pxk588

Beach & Wassersportzentrum Wallsee, Altarmstr. 2, ✆ 0664/1049604, ✆ 0664/1049604. Von Wasserski und Wakeboarden über Beachvolleyball bis hin zu weniger bekannten Sportgeräten im Fun Corner. @ pns875

Von Wallsee nach Ardagger 11,5 km

10 Für die Hauptroute der Linkskurve folgen ~ in der Rechtskurve linksgeradeaus und am Waldrand entlang ~ am Querweg rechts zurück zur Hauptstraße ~ hier links und Wallsee auf dem Radweg verlassen, der bald darauf die Straßenseite wechselt ~ in **Sommerau** über ein Gerinne und dann geradeaus ~ beim Ortsende knickt die Straße nach links ab ~ durch die Ortschaft Leitzing.

Leitzing (Ardagger)

Riesenmostbirne, Leitzing 1, ✆ 07479/6351. Die hölzerne 6 m hohe und 4,5 m breite Birne wird das „Tor zum Mostviertel" genannt. Im Inneren veranschaulicht sie die Entwicklung der Mostbirne im Jahresverlauf. @ bcd714

11 Links Richtung Grein und Ardagger Markt ~ dem Verlauf bis Ardagger Markt folgen ~ die Umfahrungsstraße überqueren ~ im Ortsgebiet an der Hauptstraße nach links.

AUSFLUG Bevor Sie in den Strudengau weiterfahren, ist es empfehlenswert, einen kurzen Abstecher zur Stiftskirche mit dem einzigartigen Margarethenfenster zu unternehmen und das MostBirnHaus, eine Erlebniswelt rund um Mostbirne und Most, zu besichtigen. Der Weg ist in Orange dargestellt.

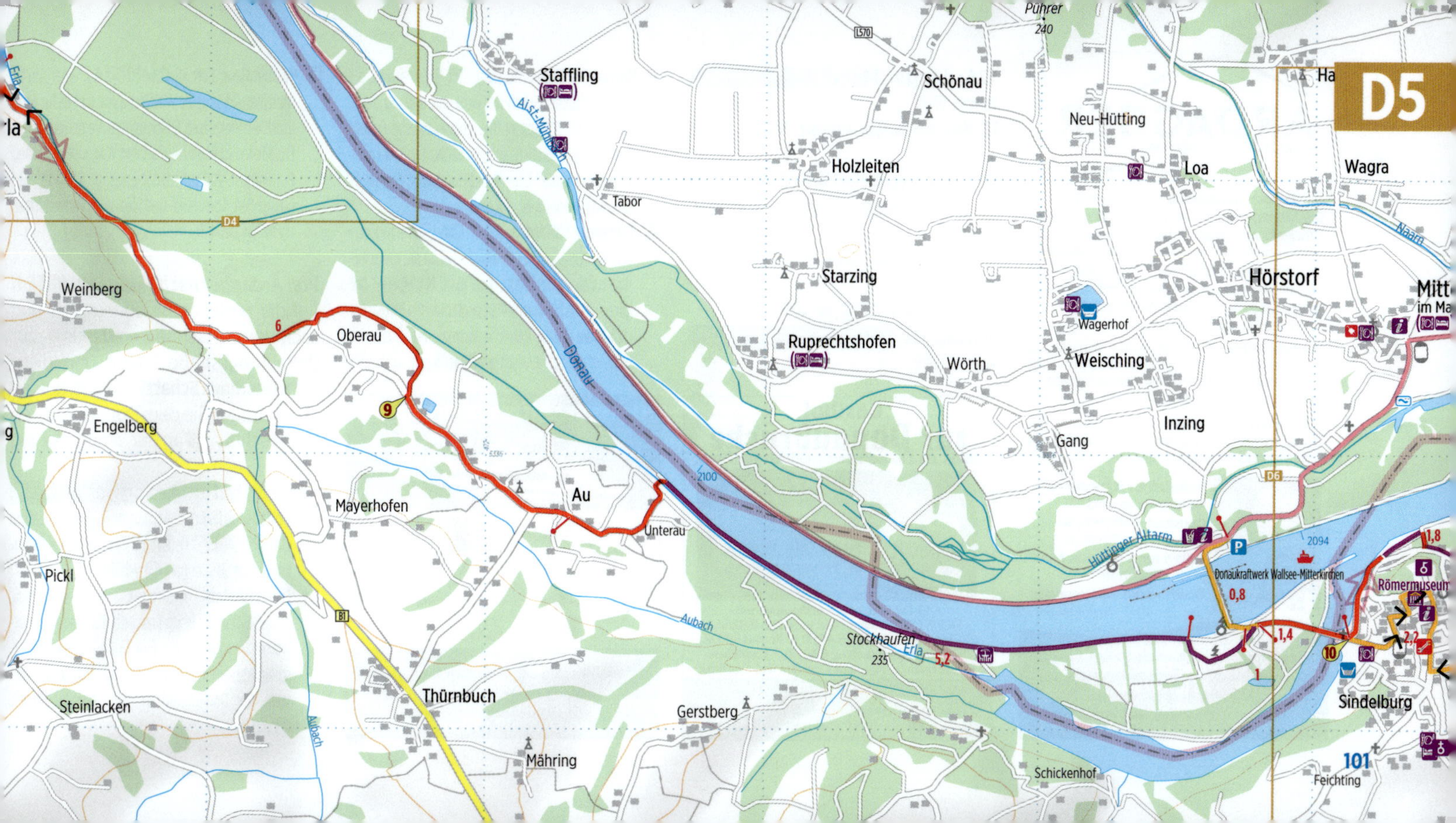
D5
Staffling
Schönau
Pührer
240
L570
Neu-Hütting
Holzleiten
Loa
Wagra
Tabor
Aist-Mühlbach
D4
Naarn
Erla
Starzing
Hörstorf
Weinberg
Oberau
6
Ruprechtshofen
Wagerhof
Wörth
Weisching
Donau
9
Engelberg
Inzing
Gang
D6
2100
Au
Mayerhofen
Unterau
Hüttinger Altarm
2094
Donaukraftwerk Wallsee-Mitterkirchen
Pickl
0,8
1,8
Römermuseum
B1
Aubach
1,4
Stockhaufen
235
Erla
5,2
10
2,2
1
Thürnbuch
Steinlacken
Gerstberg
Sindelburg
Aubach
Mähring
Schickenhof
101
Feichting

12 Ardagger Markt (Ardagger)

Vorwahl: 07479

- **Marktgemeindeamt Ardagger**, Markt 55, ✆ 7312, @ kln518
- **Donauwellenpark**, Markt 58, ✆ 7312. In Form eines Schiffes gestalteter Freizeitpark mit Beachvolleyballplatz, Riesenschaukel, Skater-Anlage uvm., umgeben mit aus Erde geformten „Donauwellen". @ kdb221
- **Donaustrand**, ✆ 7312 (24), @ cie755

Ardagger Stift (Ardagger)

Vorwahl: 07479

- **Mostviertler Bauernmuseum**, Stift-Gigerreith 39, einige Kilometer südlich der Ortschaft entlang der B 119, ✆ 73341 Ⓒ Die größte volkskundliche Privatsammlung Österreichs veranschaulicht mit mehr als 22.000 Exponaten bäuerliches Handwerk, Wohnkultur und Erfindergeist. @ cyx875
- **Stiftskirche**, Stift Ardagger 3, ✆ 7246, ⏲ frei zugänglich, Führungen n.V. Der älteste Teil ist die dreischiffige romanische Krypta von 1049. Mittelpunkt der Kirche ist das berühmte Margaretenfenster im Ostchor (1240), die älteste figürliche Glasmalerei in Österreich und vielleicht im deutschsprachigen Raum. @ tns243

- **MostBirnHaus**, Stift 14, ✆ 6400 Auf einer multimedialen Reise in die Welt der Birne gibt es für Groß und Klein Vieles zum Ausprobieren. Begleiten Sie das Früchtchen schließlich auf seinem Weg zum köstlichen Birnenmost. 700 m² Indoor-Erlebnis, 4.500 m² Genussgarten, Abenteuer- und Spielareal, Verkostungen u.v.m. @ bvp471

Von Ardagger nach Hößgang 8,8 km

Auf der Hauptstraße donauwärts und nach dem Ortsende geradeaus ~ zur Umfahrungsstraße hinauf und diese beim **Gasthaus Schatzkastl** überqueren ~ dort folgen Sie dem Donau-Radweg nach rechts ~ **13** an der Weggabelung links.

Freizeithafen Ardagger (Ardagger)

- **Donauschifffahrt Ardagger**, Freizeithafen, ✆ 07479/6464, ⏲ Ostern-26. Okt., Sa, So/Fei. Rundfahrten im Strudengau, @ ysb887
- **Freizeithafen Ardagger**, Felleismühle 6, ✆ 0664/4137931. Beim Freizeithafen Ardagger erwartet Sie reges Leben. Eine Grillhütte, ein Kinderspielplatz, ein Informationsstand und die Anlegestelle der Donauschifffahrt sind hier zu finden. @ uiq264

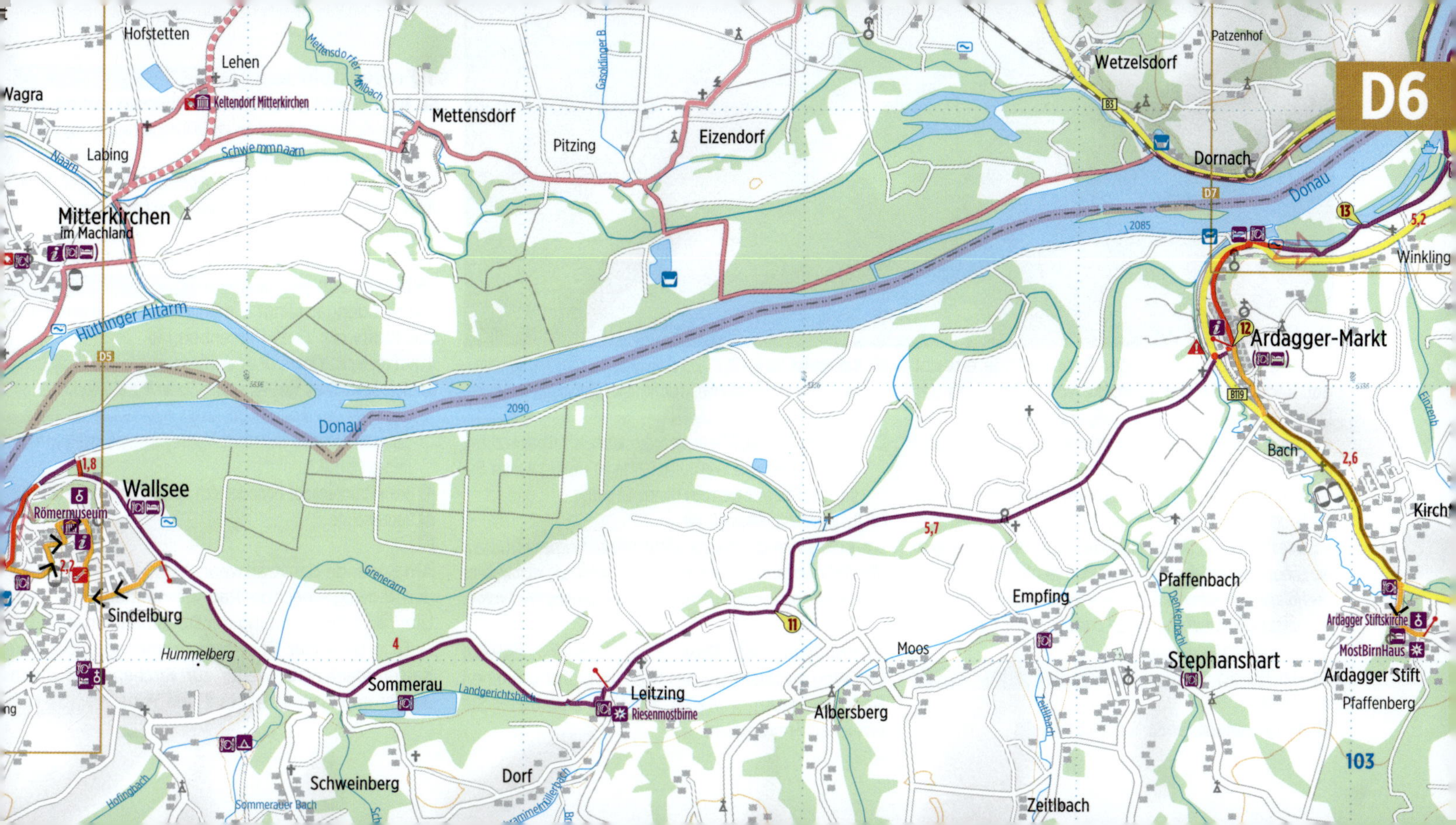
D6
Hofstetten
Lehen
Wagra
Keltendorf Mitterkirchen
Mettensdorf
Pitzing
Eizendorf
Wetzelsdorf
Patzenhof
Dornach
Labing
Schwemmnaarn
Mitterkirchen
im Machland
Hütinger Altarm
Donau
2085
2090
Winkling
Ardagger-Markt
Wallsee
Römermuseum
Sindelburg
Hummelberg
Sommerau
Leitzing
Riesenmostbirne
Albersberg
Moos
Empfing
Pfaffenbach
Stephanshart
Bach
Kirch
Ardagger Stiftskirche
MostBirnHaus
Ardagger Stift
Pfaffenberg
Schweinberg
Dorf
Zeitlbach
Grenerarm
Landgerichtsbach
Sommerauer Bach
Hofingbach
Denkenbach
Zeitlbach
Einzenb
Gasoldinger B.
Mettensdorfer Mühlbach
Naarn
B3
B119
D5
D7
1,8
2,2
4
5,7
2,6
5,2
11
12
13

Entlang der Donau und der Bundesstraße erreicht der Radweg die Donaubrücke vor Grein ~ ab der Donaubrücke auf einer Anliegerstraße in den Strudengau ~ ab der Siedlung **Wiesen** wird das Tal und der Weg enger.

Sie nähern sich dem einst von den Schiffern gefürchteten Engpass bei Struden. Auf der Höhe der Insel Wörth verursachte einst der Haussteinfels den berüchtigten „Wirbel". Schon früh wurde durch die Landzunge, die den Felsen mit dem rechten Ufer verband, der Hößgang gegraben, auf den die Schiffe bei genügend hohem Wasserstand ausweichen konnten. Dadurch erhielt auch das Dorf Hößgang seinen Namen.

14 Hößgang (Neustadtl an der Donau)

Vorwahl: 07471

Marktgemeindeamt, Marktstr. 16, ✆ 22400, @ eeo325

Nadlingerhof, Nabegg 21, ✆ 2273, ✆ 0676/4867534 Im Heimatmuseum erleben Sie die bäuerliche Tradition und Kultur von der Vergangenheit bis zur Gegenwart. @ uuq874

Insel Wörth, ✆ 22400 Die einzige noch erhaltene echte Donauinsel steht unter Naturschutz und kann mittels Führungen erkundet werden. Einstiegstelle Fährschiff: Grein oder Wiesen, @ pwt154

Naturbadeteich, Hößgang 65 (24)

Das Donautal verengt sich weiter, die Granitfelsen reichen jetzt bis ans Ufer. Zur Linken hat man einen herrlichen Blick auf die sagenumwobene Insel Wörth am ehemaligen Donaustrudel und die Burg Werfenstein.

Von Hößgang nach Ybbs 18,9 km

Der Weg verlässt kurz das Ufer und führt um einen Badesee herum ~ weiter am Ufer entlang ~ Sie erreichen Freyenstein.

15 Freyenstein (Neustadtl an der Donau)

Ruine Freyenstein (24) Oberhalb der Ortschaft thront auf einem bewaldeten Hügel die Burgruine, die um das Jahr 1200 errichtet wurde - angeblich auf einem alten keltischen Kultplatz.

Hier soll am Grund des Flusses der legendäre Donaufürst „Nöck" leben, der sich allerdings ganz selten und immer nur in Vollmondnächten zeigt.

Weiter geht's am Ufer durch Willersbach.

Willersbach (Neustadtl an der Donau)

Der Strudengau klingt allmählich aus ~ Sie erreichen das Kraftwerk Ybbs-Persenbeug **16**.

Kraftwerk Ybbs-Persenbeug (Ybbs an der Donau)

Besucherkraftwerk Ybbs-Persenbeug, Donaustr. 2, ✆ 0650/3002236 (7d) Das älteste Donaukraftwerk gibt Einblick in die faszinierende Welt der Stromerzeugung aus Wasserkraft. Tägliche Führungen am frühen Nachmittag. @ bdk821

TIPP: **Beim Brückenkopf befindet sich eine Informationsstelle für Radreisende.**

Am Südende des Kraftwerks Ybbs-Persenbeug auf den Radweg ~ nach der **Rad-Information** links ~ zum Ufer hinunter ~ entlang der **Donaulände** nach Ybbs ~ **17** in die **Peter Rosegger Promenade** über den **Kaiser-Josef-Platz** weiter zur **Kirchengasse** durch die stimmungsvolle Altstadt von Ybbs.

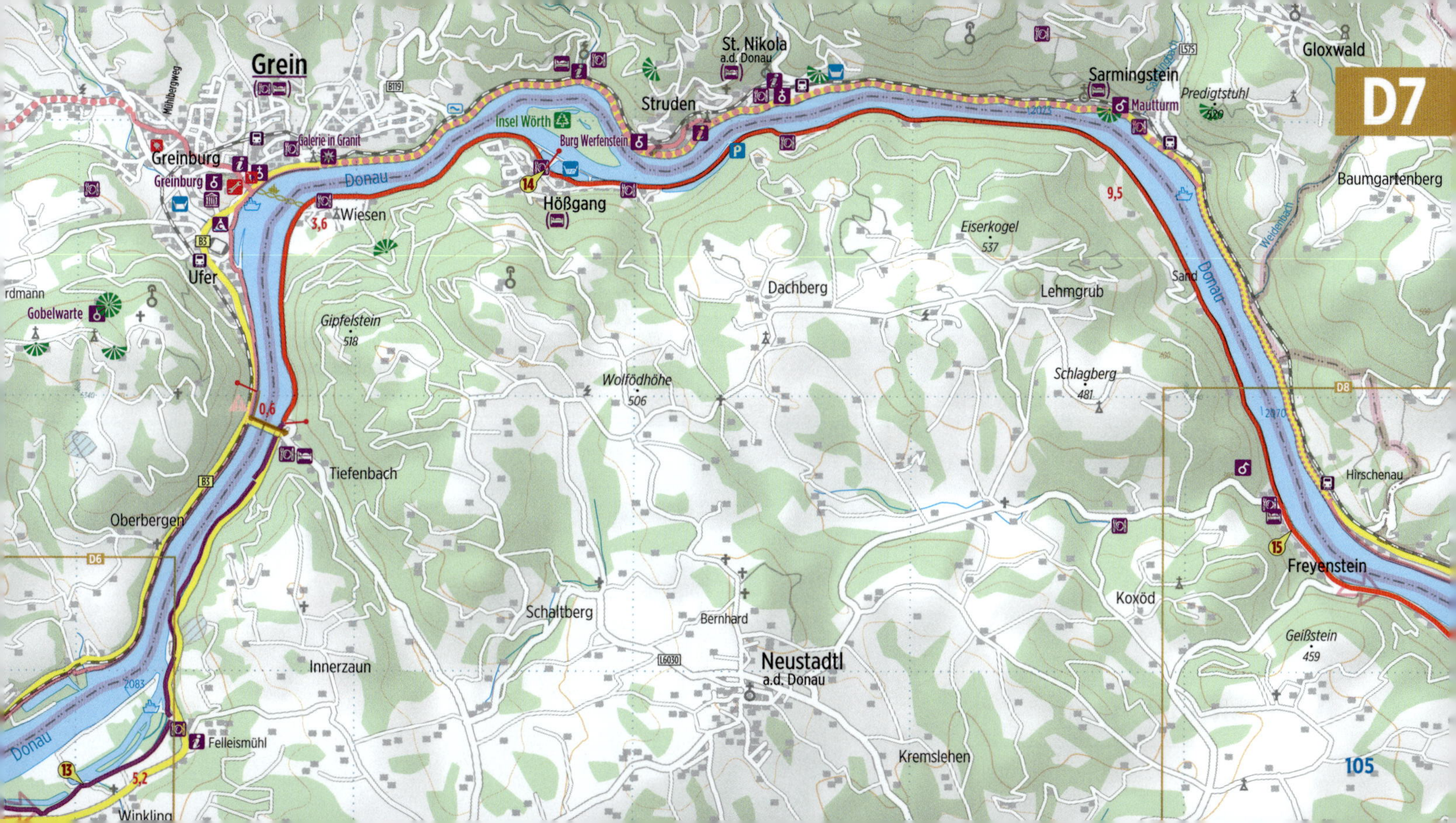

D7
Grein
Greinburg
St. Nikola
a.d. Donau
Struden
Sarmingstein
Mautturm
Predigtstuhl
Gloxwald
Baumgartenberg
Galerie in Granit
Insel Wörth
Burg Werfenstein
Donau
Wiesen
Hößgang
Ufer
Gobelwarte
Gipfelstein
518
Eiserkogel
537
Dachberg
Lehmgrub
Sand
Wolfödhöhe
506
Schlagberg
481
Tiefenbach
Oberbergen
Hirschenau
Freyenstein
Koxöd
Schaltberg
Bernhard
Neustadtl
a.d. Donau
Geißstein
459
Innerzaun
Felleismühl
Kremslehen
Winkling
3,6
0,6
9,5
5,2
13
14
15
D6
D8
B119
B3
L575
L6030
Mühlbergweg
Weidenbach

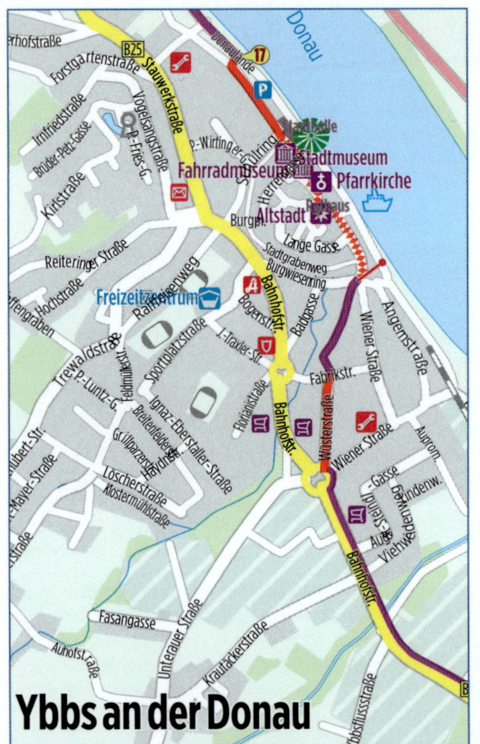

Ybbs an der Donau

Vorwahl: 07412

Nibelungengau Info-Center, Stauwerkstr. 86, ✆ 55233, Juni-Sept. @ osj475

Fahrradmuseum, Herreng. 12, ✆ 52612 Das Museum führt den Besucher auf eine Zeitreise durch die Geschichte des Fahrrades. Es gibt u. a. hölzerne Laufräder, Tretkurbelräder sowie Hochräder zu besichtigen und teilweise auch auszuprobieren. @ lwi262

Stadtmuseum, Herreng. 23, ✆ 0676/6173933 Hier werden die geschichtliche Entwicklung, die Donauschifffahrt und Schiffsmeisterei sowie römische Funde veranschaulicht. @ rpa816

Pfarrkirche St. Lorenz, Kirchenpl., ✆ 52654. Die dreischiffige Staffelkirche mit dem Netzgewölbe entstand um 1500. Kanzel, Orgel und der

Ybbs an der Donau

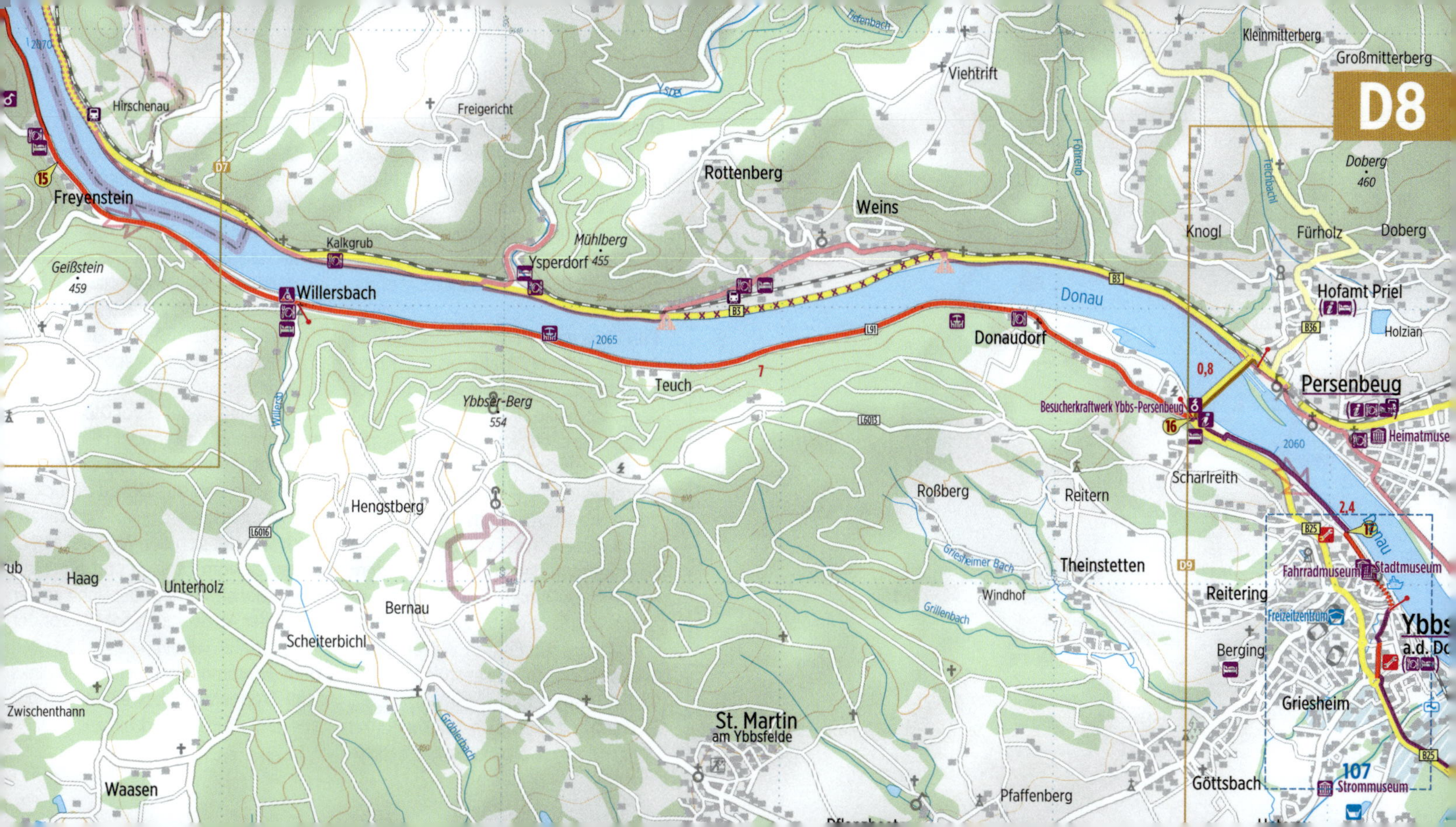
D8
Freyenstein
Hirschenau
Freigericht
Viehtrift
Kleinmitterberg
Großmitterberg
Rottenberg
Weins
Kalkgrub
Ysperdorf
Mühlberg
455
Willersbach
Geißstein
459
Donau
Donaudorf
Teuch
Ybbser-Berg
554
Knogl
Fürholz
Doberg
Doberg
460
Hofamt Priel
Holzian
Persenbeug
Heimatmuseum
Besucherkraftwerk Ybbs-Persenbeug
Scharlreith
Reitern
Roßberg
Hengstberg
Theinstetten
Windhof
Reitering
Fahrradmuseum
Stadtmuseum
Freizeitzentrum
Berging
Griesheim
Göttsbach
Strommuseum
107
Haag
Unterholz
Bernau
Scheiterbichl
Zwischenthann
Waasen
St. Martin
am Ybbsfelde
Pfaffenberg
Griesheimer Bach
Grillenbach
Gröblerbach
Willersb.
Ysper
Tiefenbach
Föhrenb.
Teichbach
0,8
2,4
7
15
16
17
2065
2060
2070
B3
B25
B36
L91
L6013
L6016
D7
D9

schöne, reich vergoldete Hochaltar sind von 1730. @ kiv748

Altstadt, Hauptpl. Die Sanierung der Bürgerhäuser aus der Renaissance und der teilweise erhaltenen Stadtbefestigung wurde zu einem Beispiel mit österreichischem Modellcharakter.

Freizeitzentrum & Hallenbad, Sportplatzstr. 6, ✆ 52525. Hallenbad, Sporthalle, Solarien, Saunalandschaft, Massage und diverse Kurse. @ osf174

Von Ybbs nach Pöchlarn *15,4 km*

Auf der **Wiener Straße** bis zur Kreuzung mit dem Burgwiesenring ~ auf dem schmalen Weg zwischen den beiden Straßen weiterfahren ~ die Fabrikstraße überqueren ~ geradeaus weiter bis zum Kreisverkehr ~ dort auf den linksseitigen Radweg wechseln ~ auf diesem Ybbs verlassen ~ nach Überquerung der Ybbs links auf dem Radweg zur Donau ~ vor der Bahnunterführung links weiter zwischen Fluss und Bahn ~ durch den Weiler **Aigen** und weiter nach Säusenstein.

19 Säusenstein (Ybbs an der Donau)

Pfarrkirche Hl. Donatus, Kirchenberg. Der hoch über dem Ort gelegene spätbarocke Bau birgt sehenswerte Gewölbemalereien und ein Altarbild von Paul Troger (1746).

Theresienkapelle, Säusensteiner Str. Sie ist als letzter Überrest eines ehem. Zisterzienserklosters (14. Jh.) erhalten. Ein einjochiger, kreuzrippengewölbter Raum, der an ein erneuertes sog. Barockschloss anschließt. @ ebp624

Stift Säusenstein, Schlossstr. 14. Türkenkriege, ein Abt, der mit der Klosterkasse verschwand und Plünderungen durch entlassene Soldaten bedrohten seit der Gründung des Stifts 1336 dessen Existenz bis das Kloster Ende des 18. Jhs. aufgehoben wurde. In Privatbesitz. @ wrg517

Am Uferweg weiter ~ vor **Diedersdorf** in Bahnnähe weiterradeln ~ bei der Bahnunterführung von der Dorfstraße abzweigen und zur Donau zurück ~ weiter entlang der Donau ~ in **Wallenbach** wendet sich der Weg bei einem Bildstock vom Ufer ab und führt auf der Nebenstraße links der Bahn weiter ~ bei der Abzweigung links ~ vor der Hauptstraße wieder links ~ **20** nach dem Krummnußbaumer Hafen links zum Treppelweg abzweigen, geradeaus geht es in den Ort hinein.

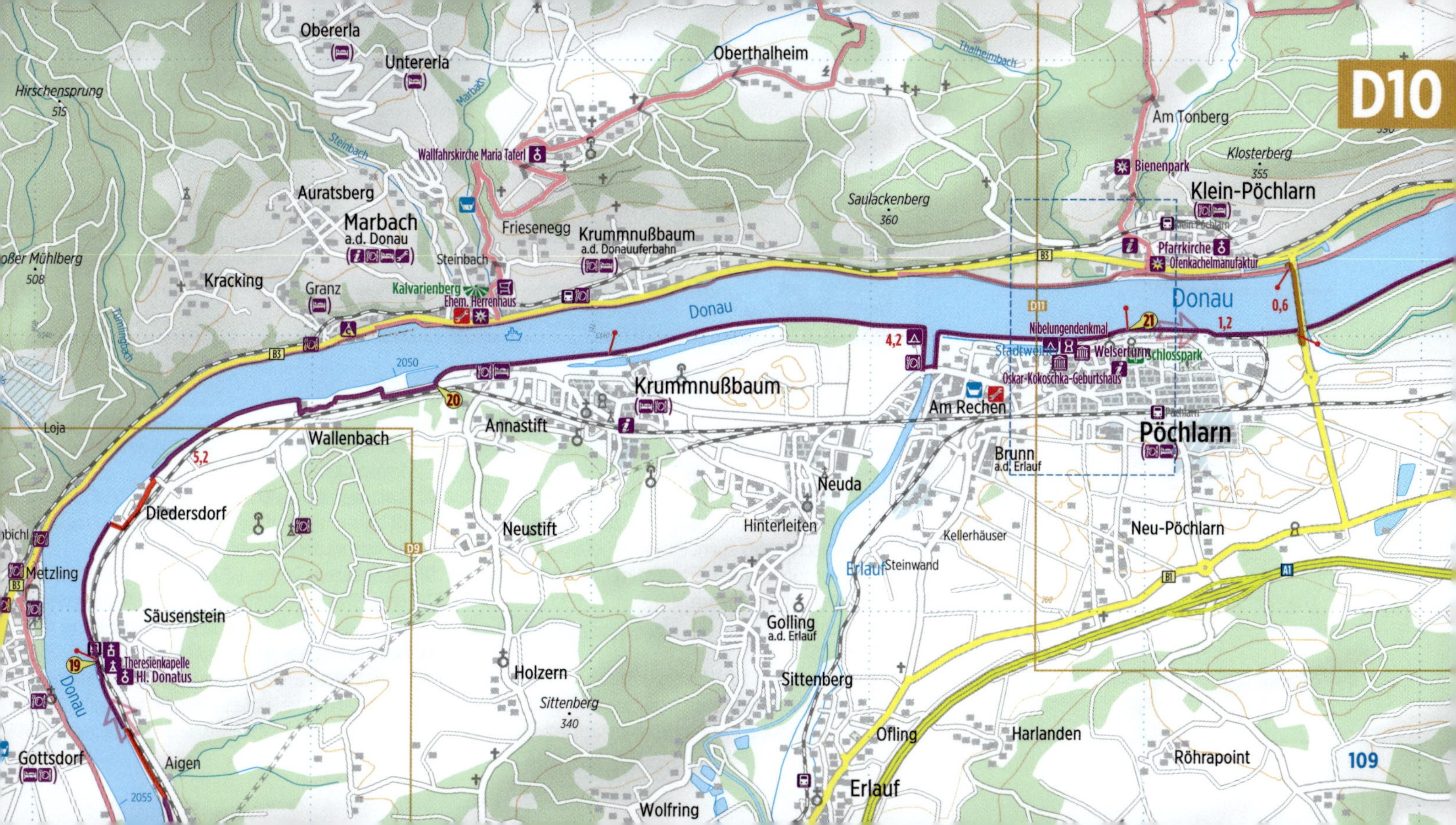
D10
Obererla
Untererla
Oberthalheim
Thalheimbach
Hirschensprung
515
Marbach
Steinbach
Wallfahrtskirche Maria Taferl
Am Tonberg
Klosterberg
355
Bienenpark
Klein-Pöchlarn
Saulackenberg
360
Auratsberg
Marbach
a.d. Donau
Friesenegg
Krummnußbaum
a.d. Donauuferbahn
Pfarrkirche
Ofenkachelmanufaktur
Großer Mühlberg
508
Kracking
Granz
Steinbach
Kalvarienberg
Ehem. Herrenhaus
Donau
Donau
0,6
B3
D11
Nibelungendenkmal
21
1,2
4,2
Stadtweiher
Welserturm
Schlosspark
Oskar-Kokoschka-Geburtshaus
2050
Krummnußbaum
Am Rechen
20
Annastift
Pöchlarn
Loja
Wallenbach
Brunn
a.d. Erlauf
5,2
Neuda
Diedersdorf
Hinterleiten
Kellerhäuser
Neu-Pöchlarn
Neustift
D9
Metzling
Erlauf
Steinwand
B1
A1
Säusenstein
Golling
a.d. Erlauf
19
Theresienkapelle
Hl. Donatus
Holzern
Sittenberg
Sittenberg
340
Donau
Ofling
Harlanden
Röhrapoint
Gottsdorf
Aigen
2055
Erlauf
Wolfring

Pöchlarn

Krummnußbaum

Vorwahl: 02757

Gemeindeamt, Rathausstr. 8, ✆ 2403, @ yug781

Sie fahren links vom Damm bis zur Erlaufmündung ⤳ dort nach rechts zur nächsten Brücke ⤳ gleich nach der Überquerung der Erlauf zum Donauufer zurück ⤳ weiter nach **Pöchlarn**.

21 Pöchlarn

Vorwahl: 02757

Stadtamt, Kirchenpl. 1, ✆ 231025, @ pkp734

Oskar-Kokoschka-Geburtshaus, Regensburgerstr. 29, ✆ 7656, ✆ 231014 Das Geburtshaus des 1886 hier geborenen Malers zeigt das Leben und Werken des Künstlers. Alljährlich finden in den Monaten Mai bis Oktober Sonderausstellungen statt. @ cjy313

Stadtmuseum im Welserturm, Regensbuger Str., ✆ 2310, ✆ 0664/4821090 Dauerausstellung: „ARELAPE – das römische Pöchlarn" und Funde aus der Römerzeit. Jährliche Sonderausstellungen. @ aiq588

Tischlereimuseum, Sandtorg. 9, ✆ 2310, ✆ 0664/4821090 Alte Maschinen aus Tischlerwerkstätten und handgefertigte Werkzeuge werden in diesem einzigartigen Museum im Stadtzentrum ausgestellt. @ nab382

Pfarrkirche Maria Himmelfahrt, Pfarrpl. 1, ✆ 2251, ✆ 0676/826633304. Die Außengestalt der 1389-1429 errichteten und nach 1766 barockisierten Kirche wird von eingelassenen Grabplatten und Römersteinen geprägt. Im Inneren sind Bilder des Martin Johann Schmidt (Kremser-Schmidt) zu sehen. @ olw471

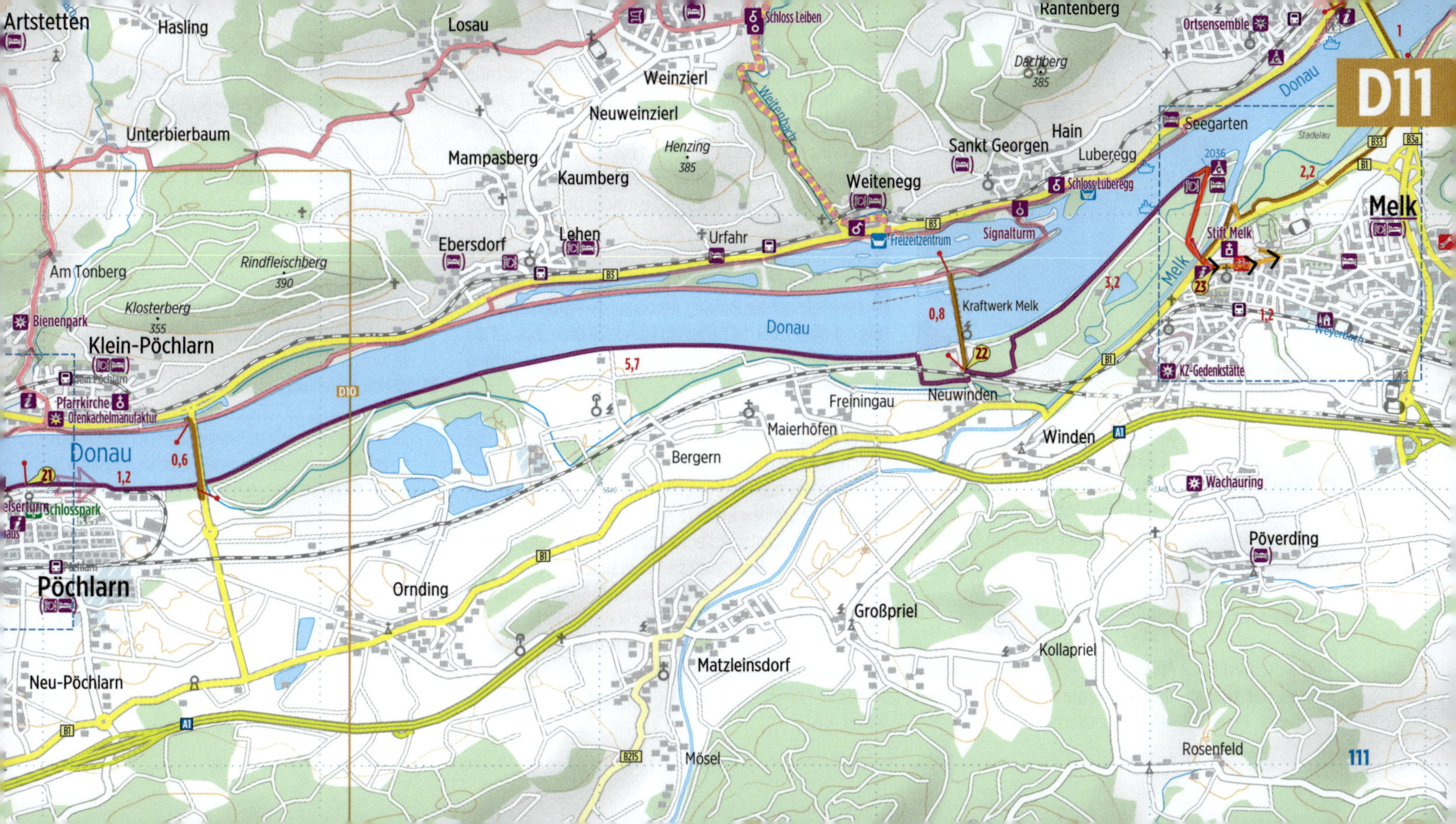
D11
Artstetten
Hasling
Losau
Schloss Leiben
Rantenberg
Ortsensemble
Weinzierl
Neuweinzierl
Dachberg
385
Donau
Unterbierbaum
Mampasberg
Henzing
385
Sankt Georgen
Hain
Seegarten
Luberegg
Kaumberg
Weitenegg
Schloss Luberegg
2,2
Melk
Ebersdorf
Lehen
Urfahr
Freizeitzentrum
Signalturm
Stift Melk
Am Tonberg
Rindfleischberg
390
Klosterberg
355
Kraftwerk Melk
3,2
Bienenpark
Donau
0,8
1,2
Klein-Pöchlarn
5,7
22
KZ-Gedenkstätte
Pfarrkirche
Ofenkachelmanufaktur
Freiningau
Neuwinden
Maierhöfen
Winden
Donau
0,6
21
1,2
Bergern
Schlosspark
Wachauring
Pöchlarn
Ornding
Pöverding
Großpriel
Neu-Pöchlarn
Matzleinsdorf
Kollapriel
Mösel
Rosenfeld

Benediktinerstift Melk

Nibelungendenkmal, Donaulände, ✆ 231030. Monument mit 16 Mosaikwappen von wichtigen Handlungsorten des Nibelungenliedes von Worms über Esztergom bis Verona. @ pxb267

Welser Turm, Regensburger Str. , ✆ 2310 Im Jahr 1484 erbaut, diente die Anlage anfangs als Befestigung gegen Matthias Corvinus von Ungarn, später als Niederlassung der Welser Kaufleute (Salzhandel). @ nrq643

Schlosspark, Nibelungenstr. Jahrhunderte alter Baumbestand, Kulturpavillon, Erlebnisspielpark.

Stadtbad, Rechenstr. 9, ✆ 7706, ✆ 0676/7738750, @ akg811

Von Pöchlarn nach Melk 10,1 km

Neben der Donau Melk entgegen ~ kurz vor dem Kraftwerk Melk das Ufer verlassen ~ die Bahngleise unterqueren und links weiter ~ an der Vorfahrtsstraße links und erneut unter der Bahn hindurch ~ **22** gleich danach rechts abbiegen ~ nach der Kraftwerkseinfahrt links ab und anschließend bis zum Fährhaus bei Melk wieder am Donauufer ~ beim Fährhaus wendet sich der Weg nach rechts und erreicht über den Fluss Melk die Stadt.

TIPP Wenn Sie Melk nicht besichtigen, sondern gleich die Radtour fortsetzen möchten, fahren Sie nach Überquerung der Melk gleich links auf den Radweg. Rechts auf die Pionierstraße und links auf die B 1. Bei der Gabelung fahren Sie dann links auf die B 33, die Wachauerstraße. Entlang der Straße führt der Radweg Sie nun Richtung Schönbühel.

Den **Ortskern** von Melk erreichen Sie geradeaus über die **Kremser Straße** ~ **23** am Hauptplatz können Sie gleich links in die Fußgängerzone abbiegen.

TIPP Um das Stift zu besichtigen, gibt es verschiedene Möglichkeiten. Die empfehlenswerteste Variante ist es, das Fahrrad beim Wachau Info Center im Radschuppen (mit Schließfächern für das Gepäck) bzw. Abstellplatz stehen zu lassen und zu Fuß zum Stift hinaufzugehen. Dann sparen Sie sich den Anstieg und fahren nachher einfach am Ufer weiter. Wer mit dem Fahrrad näher an das Stift heranfahren möchte, kann die Alternativroute nehmen, muss aber in der Fußgängerzone das Fahrrad schieben.

Melk

Vorwahl: 02752

Wachau Info Center, Kremser Str. 5, ✆ 51160, @ gbh486

Brandner Schiffahrt, Pionierstr., DST Nr. 10, ✆ 07433/259021. Tägl. Linienfahrten durch die Wachau zwischen Melk und Krems, Fahrradtransport ca. 2 Euro. @ ylp658

DDSG Blue Danube, Räcking 1, DST Nr. 11, ✆ 01/58880. Tägl. Linienverkehr zwischen Melk und Krems, Fahrradtransport um 2 Euro. @ cat118

Stiftskirche Hl. Peter und Paul. Der Barockbau aus der 1. Hälfte des 18. Jhs. birgt einen einzigartigen Innenraum mit Deckenfresken von Johann Michael Rottmayr, einer Kuppelhöhe von 64 m, raffinierten Lichteffekten, Bildern von Troger in den Seitenkapellen und einer beeindruckenden Anordnung von Säulen, Freiraum, Kronen, Baldachin und Medaillon. @ afx214

Stift Melk, Abt-Berthold-Dietmayr-Str. 1, ✆ 5550. Der Bau dieses großartigen Barockkomplexes von europäischem Rang erfolgte unter Baumeister Jakob Prandtauer anstelle des früheren Klosters von 1702-38. Die Deckenfresken des Marmorsaales und die 100.000 Bände umfassende Stiftsbibliothek stellen die eindrucksvollsten Kostbarkeiten der Anlage dar. @ ccw273

KZ-Gedenkstätte (Melk Memorial), Schießstattweg 2, ✆ 0676/7336400, Besuch grundsätzlich jederzeit möglich, Schlüssel bei der Wache der Biragokaserne, Prinzlstr. 22 entlehnbar. Im Zuge der verstärkten Rüstungsanstrengungen im Dritten Reich wurde 1944 das Lager in Melk als ein Außenlager des KZ Mauthausen gegründet. Insgesamt waren über 14.390 Häftlinge hier interniert, die neben dem Auf- und Ausbau des Lagers u. a. auch zum Bau der Stollenanlage in Roggendorf eingesetzt wurden. Seit 1992 ist in dem ehemaligen Krematoriumsgebäude eine Ausstellung über die Geschichte des KZ-Außenlagers zu sehen. @ nrq178

- **Rathausplatz.** Neben dem ehemaligen Lebzelterhaus (1657) findet sich auch mittelalterliche profane Baukunst. @ xoa631
- **Wachauring,** Am Wachauring 2, ✆ 0699/11510348. Auf einer Fläche von über 12 ha eröffnet der Wachauring ein vielseitiges Angebot vom Sicherheitstraining über Rallycross, Kartfahren, Rennveranstaltungen bis hin zu Seminaren. @ hct415
- **Wachaubad,** Fürnbergstr. 12, ✆ 21100-8144, @ icr577

Das Benediktinerstift Melk markiert malerisch ein seltenes Zusammenspiel von Landschaft, Bauwerk und Strom.

Nach Jahrhunderten wechselvoller Geschichte erlebte das Kloster zu Beginn des 18. Jahrhunderts unter dem Abt Berthold Dietmayer eine glanzvolle Blüte. Der Abt hatte im St. Pöltener Baumeister Jakob Prandtauer einen kongenialen und auch ökonomisch denkenden Partner gefunden. Dieser schuf den monumentalen barocken Prachtbau nach den Türkenkriegen und der gelungenen Gegenreformation als Ausdruck eines neuen Lebensgefühls, eines gestärkten Herrschaftswillens sowohl der Kirche als auch der Habsburger.

Zum Benediktinerstift per Rad geht es weiter bergan durch die Altstadt ⁓ in die **Wienerstraße**, diese Einbahnstraße ist für Radfahrer freigegeben ⁓ an der Kreuzung mit der **Jakob-Prandtauer-Straße** links in die **Abt-B.-Dietmayr-Straße** bis zur Schranke ⁓ das Rad zum überdachten Radabstellplatz (mit Schließfächern) schieben.

Melk

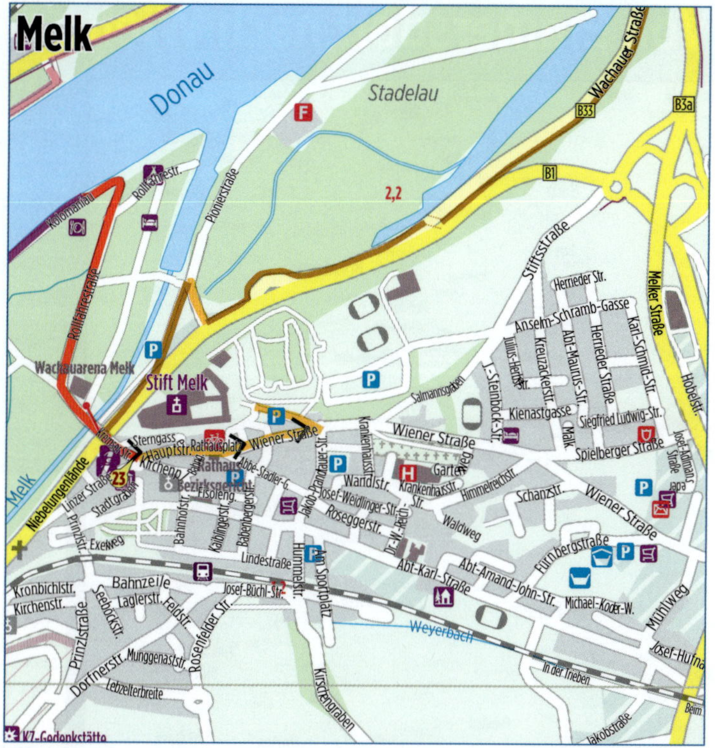

Von Emmersdorf nach Wien am Nordufer

120 km

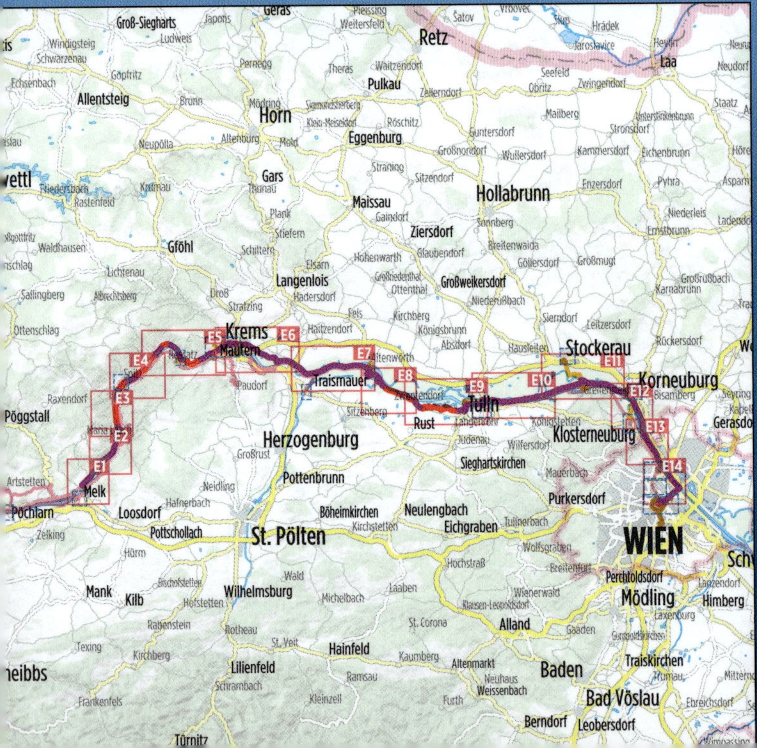

HM/km: ↗ 0,9 (112m) ↘ 1,2 (139m) **Radweg:** 70 % **Unbefestigt:** 0 % **Verkehr:** 0 %

In dieser Etappe erreicht die Reise für viele ihren Höhepunkt: Mit der Milde und der Heiterkeit der Wachau kann kaum eine andere Landschaft an der Donau konkurrieren. Eine jahrhundertealte Winzerkultur ließ ihre Weinterrassen an steilen Südhängen zu „Himmelsstiegen" werden und verlieh diesem Tal ihre typische Gestalt. Hinter Krems präsentiert sich das Donautal dann mit den weitläufigen Auen des Tullner Feldes wiederum ganz anders. Und nachdem die Donau letztendlich die Wiener Pforte passiert hat, geht die lange Reise zwischen den Ausläufern des Wiener Waldes in der charmanten Donaumetropole Wien zu Ende.

Von Emmersdorf bis nach Altenwörth fahren Sie auf Radwegen und ruhigen Wirtschaftswegen. Zwischen Altenwörth und Tulln verläuft der Donau-Radweg ausschließlich am Südufer, dieser Bereich ist im Text gekennzeichnet. Von Tulln aus geht es dann wieder am Nordufer auf einem donaunahen Radweg bis in die österreichische Hauptstadt.

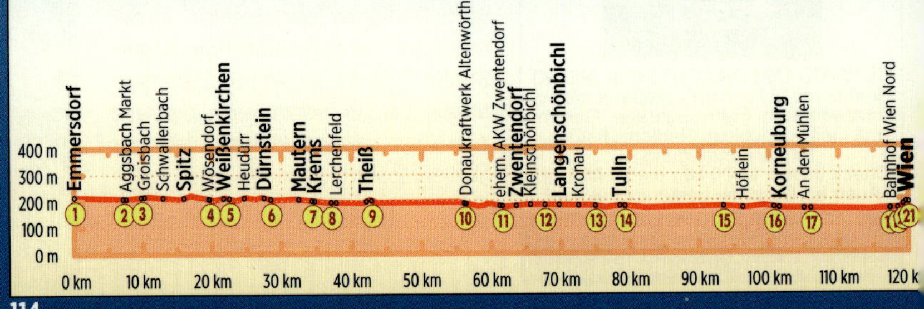

Von Emmersdorf nach Spitz 15,6 km

1 Unter der Donaubrücke hindurch und dem Radweg entlang der Straße folgen ⁓ ⚠ nach der Ortstafel von **Schallemmersdorf** über die Uferstraße ⁓ weiter auf der linksseitigen Nebenfahrbahn zwischen Straße und Bahn dahin ⁓ bei **Grimsing** führt die Route ein wenig von der Bundesstraße weg ⁓ 1,5 km nach Grimsing mündet der Güterweg in die Hauptstraße, die Route wechselt auf den schmalen Radweg, der zwischen Straße und Bahn verläuft ⁓ **2** in Aggsbach-Markt links in die **Dorfstraße**.

Aggsbach Markt

Vorwahl: 02712

Emmersdorf, Kirche

Marktgemeindeamt, Aggsbach 48, ✆ 214, @ ype663

Pfarrkirche, Nr. 12, ✆ 213. Spätromanische Pfeilerbasilika aus dem 13. Jh.

Hinter Aggsbach-Markt weiter entlang der Bundesstraße auf dem stellenweise sehr schmalen Radweg ⁓ **3** ungefähr auf Höhe der Ruine Aggstein links von der Uferstraße nach Groisbach abzweigen ⁓ rechts der Bahn nach Willendorf in der Wachau folgen.

TIPP **Zum Venusium und zur Fundstelle der Venus von Willendorf biegen Sie bei der Kapelle links ab und finden gleich links das Museum. Nach der Bahnunterführung rechts verläuft der Fußweg zur Fundstelle mit einem Denkmal und freigelegten Kulturschichten. Von der Route, die Willendorf geradeaus durchquert, ist die nachgebildete Statue allerdings auch zu sehen.**

Willendorf (Aggsbach Markt)

Vorwahl: 02712

Venusium, Nr. 68, ✆ 214, ✆ 0676/5174546 Im Museum erfahren Sie Wissenswertes über die Fundstücke der Ausgrabungsarbeiten der bekannten Statuette. @ rjn261

Im Zuge der Errichtung der Donauuferbahn 1908 wurde im eiszeitlichen Löss bei Willendorf eine 11 Zentimeter hohe, aus Kalkstein

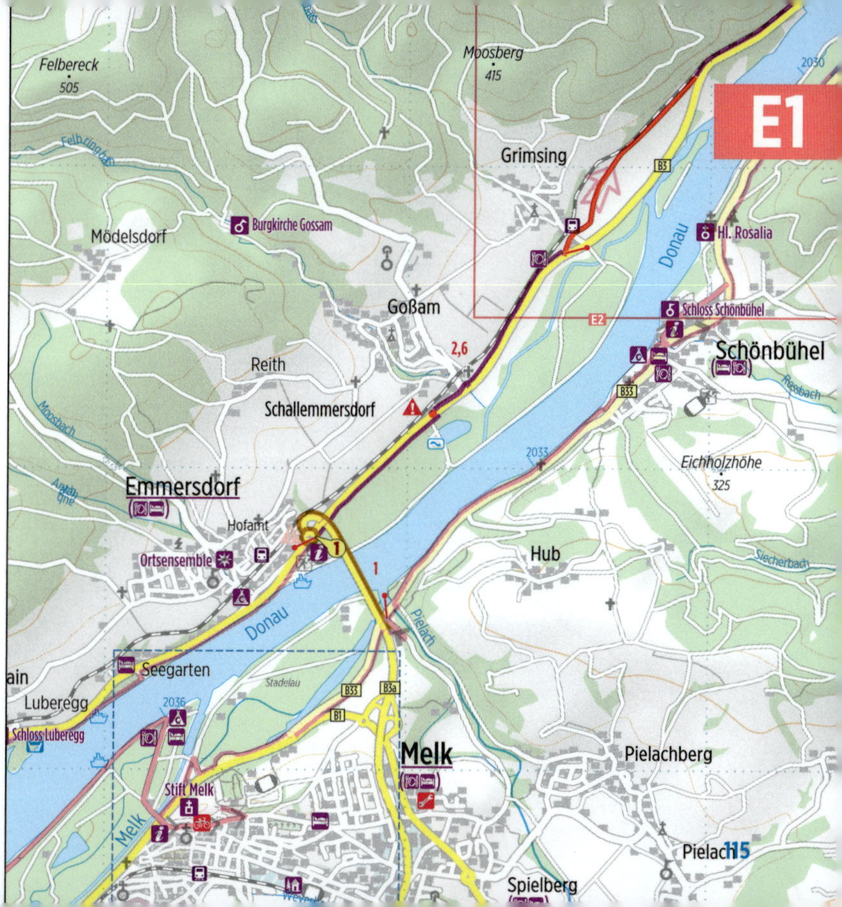

herausgearbeitete Statuette gefunden, die eine unbekleidete, üppige Frauenfigur darstellt. Ihre Auffindung war eine wissenschaftliche Sensation. Sie gilt als Ausdruck eines Fruchtbarkeitskultes, beziehungsweise als Symbol der „Magna Mater", einer Muttergöttin. Daher die Bezeichnung „Venus von Willendorf". Unter allen bislang aufgefundenen, vergleichbaren figürlichen Darstellungen aus dem Paläolithikum (=Altsteinzeit) – das sind immerhin über 130 Objekte von Südwestfrankreich bis nach Sibirien – soll die Willendorfer Skulptur die formschönste sein.

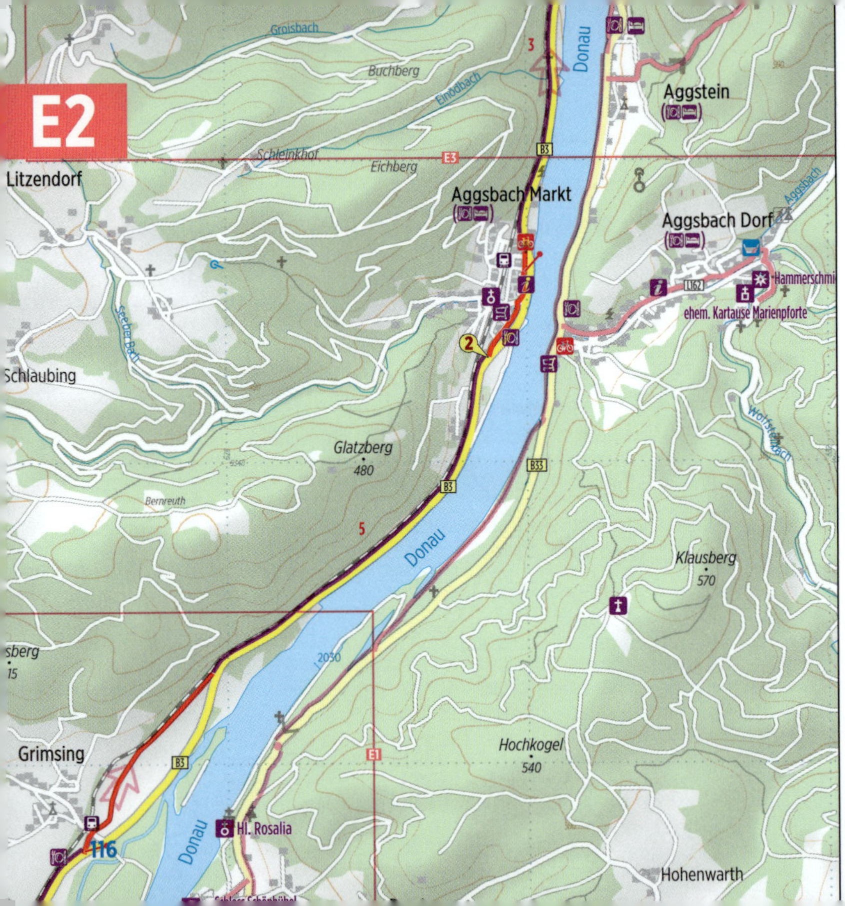

Weiter nach **Schwallenbach** nach dem Ortsende auf einer ruhigen Anrainerstraße durch Weinterrassen ab der Einmündung in die Bundesstraße auf den begleitenden Radweg vorbei an der **Ruine Hinterhaus** nach Spitz die erste Querstraße überqueren und geradeaus in die **Hauptstraße** rechts halten in die **Mittergasse** an der Kreuzung mit der **Rollfährestraße** ist es möglich rechts zur Fähre abzubiegen, der Weg in den Ort führt hier jedoch nach links und unter der Bahn hindurch gleich darauf rechts in

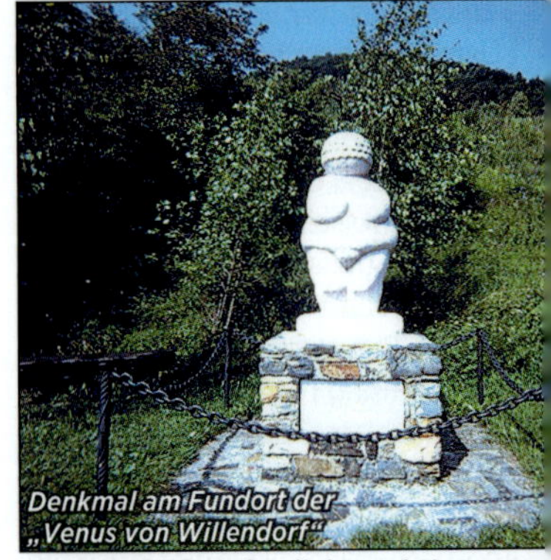
Denkmal am Fundort der „Venus von Willendorf"

die **Bahnhofstraße**, links geht's zum **Kirchenplatz**.

Spitz a. d. Donau

Vorwahl: 02713

- **Donau Niederösterreich Tourismus GmbH - Regionalbüro Wachau-Nibelungengau-Kremstal**, Schlossg. 3, ✆ 30060-60, @ vlf566
- **Tourist-Information**, Mitterg. 3a, ✆ 2363, @ iap632
- **Rollfähre Spitz-Arnsdorf**, ✆ 0650/2502103, Apr, Okt Mo-Fr 6.15-18 Uhr, Sa, So/Fei 8.15-18 Uhr, Mai-Sept Mo-Fr 6.15-19 Uhr, Sa, So/Fei 8.15-19.30 Uhr, @ wnv613
- **Brandner Schiffahrt**, Donau Bundesstr., DST Nr. 15, ✆ 07433/259021. Tägl. Linienfahrten durch die Wach-

au zwischen Melk und Krems, Fahrradtransport ca. 2 Euro. @ lfa716

DDSG Blue Danube, Rollfährestr., DST Nr. 16, ✆ 01/58880. Tägl. Linienverkehr zwischen Melk und Krems, Fahrradtransport ca. 2 Euro. @ qif331

Historischer Kaufmannsladen, Hauptstr. 2, ✆ 2074 Ⓒ Bereits seit 1736 beherbergt das Handelshaus eine Gemischtwarenhandlung. Die Räume sind mit Werbemitteln, historischen Handelswaren, detailgetreuen Einrichtungsgegenständen, Dokumenten uvm., liebevoll ausgestattet. @ vxy386

Schloss Erlahof – Schifffahrtsmuseum, Auf der Wehr 21, ✆ 2246, ✆ 2187 Die reiche Darstellung der Donauschifffahrt seit römischen Zeiten geht insbesondere auf die Geschichte der Flößer, der Schiffszüge (oder der „Hohen Nau") und der Donaureisen ein. @ nga187

Pfarrkirche Hl. Mauritius, Kirchenpl., ✆ 2231. Das spätgotische Untergeschoss des 14./15. Jhs. trägt einen um 100 Jahre älteren, stattlichen Westturm. Besonderes Detail: um 20 Grad nach Norden geknickter Chorraum der Kirche; im Inneren spätgotische Architektur mit Netzgewölbe und barocke Einrichtungen wie z. B. der Hochaltar mit einem Spätwerk des Kremser-Schmidt von 1799. @ hwv818

Schloss Spitz-Niederhaus, Schlossg. 3. Renaissanceschloss aus dem 17. Jh. Besichtigung nur von außen möglich. Veranstaltungen. @ fvx571

Ruine Hinterhaus Auf schroffem Felsen bereits im 13. Jh. bestanden und im 16. Jh. um die Rundtürme erweitert, besitzt die wohlerhaltene Ruine einen mächtigen romanischen Bergfried, eine gotische Vorburg und Renaissancebefestigungen. @ hno862

Altes Rathaus, Hauptstr. 22. Zusammen mit dem Bürgerspital (um 1400) bildet es eine sehenswerte gotische Baugruppe mit malerischem Hof, allerdings durch den Bahnbau etwas beeinträchtigt. @ qdn513

Camera obscura auf der Rollfähre, ✆ 72935. Das Kunstobjekt des isländischen Künstlers Olafur Eliasson ermöglicht eine neue, andere Sichtweise auf die Donau. @ lyy546

Rotes Tor. Das Rote Tor ist das letzte von ursprünglich sieben Befestigungstoren, welche im Dreißigjährigen Krieg Schauplatz von blutigen Kämpfen waren – daher auch der Name „Rotes Tor". Es bietet einen wunderschönen Blick auf Spitz und befindet sich ca. 20 Gehminuten entfernt. @ oet683

Freibad, Mielingtal, ✆ 2289, @ olx648

Der Markt Spitz mit seinen rund 1.600 Einwohnern liegt rund um den Tausendeimerberg, der so heißt, weil seine Reben in guten Jahren bis

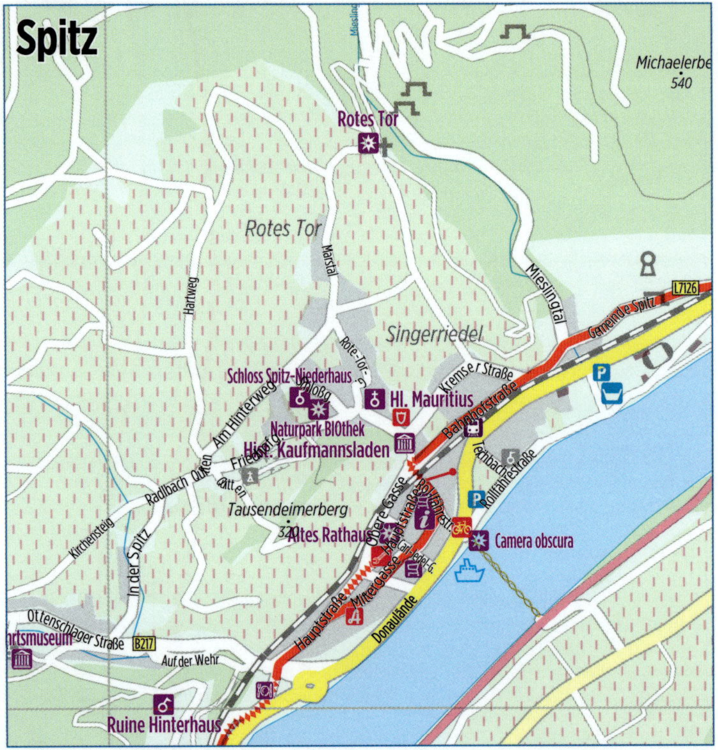

Spitz

Wehrkirche St. Michael

zu 1.000 Eimer Wein (entspricht etwa 56.000 Litern) erbringen sollen.

Von Spitz nach Krems *19 km*

Der **Bahnhofstraße** folgen ⤳ an dem nach dem Heimatfilm „Mariandl" benannten Hotel Mariandl vorbei ⤳ wieder in die Weingärten hinaus ⤳ die Bahn überqueren und weiter links der Bundesstraße.

St. Michael (Weißenkirchen in der Wachau)

Wehrkirche St. Michael, St. Michael 7. Der gotische Neubau stammt aus der Zeit um 1500, die Pfarre aber reicht ein halbes Jahrtausend zurück und gilt als „Urpfarre" der Wachau. Die sagenhaften 7 Hasen am Dach des Presbyteriums stellen wahrscheinlich die „Wilde Jagd" mit Hirschen und Jägern dar. Es gibt jedoch noch andere legendäre Erklärungen. @ eav317

Zwischen Spitz und Dürnstein befinden sich die besten Weinlagen der Wachau.

Der kleine Ritzlingbach soll der Weinsorte Riesling den Namen gegeben haben. Im Mittelalter in die Rheinlande verpflanzt, kehrte sie veredelt als Rheinriesling in die Wachau zurück.

Bei der sehenswerten Kirche von **St. Michael** wieder auf den Güterweg wechseln ⤳ auf dem Panoramaweg der Donaubreiten nach **Wösendorf** ⤳ nach der Kirche rechts ⤳ **4** an der darauffolgenden Querstraße nach links ⤳ auf einer Nebenstraße an **Joching** vorbei.

Wein in der Wachau

Die Wälder wichen auf den Südhängen der Wachau bereits zu Zeiten Karls des Großen den Reben. Bis heute sind die Weinterrassen ein prägendes Landschaftselement in dem klimabegünstigten und vielleicht lieblichsten Abschnitt der Donau. Der Weinbau musste aber auch Rückschläge erleiden: So führten während des Mittelalters eine Klimaverschlechterung und später die Wirren des Dreißigjährigen Krieges zum Verfall vieler Weingärten. In der Zeit Maria Theresias wurden sogar Weinkeltereien durch Essigsiedereien ersetzt und um 1890 überfiel dann auch noch die aus Amerika eingeschleppte Reblaus die Weinstöcke.

Heute gedeihen in der Wachau wieder weltweit hochgeschätzte Weine. Besonders die Weißweine, für die die örtlichen Urgesteinsböden einen ausgezeichneten Nährboden darstellen, genießen unter Kennern einen sehr guten Ruf. Im Folgenden eine kleine Auswahl:

***Grüner Veltliner:** Tischwein, spritzig-herb, trocken bis halbtrocken. **Rheinriesling**: ursprünglich aus der Wachau, wegen seines feinen Buketts sehr geschätzt. **Müller Thurgau**: fruchtig, süffig, mit wenig Säure. **Neuburger:** eher schwerer Wein, mild-würzig.*

***Sturm** wird der trübe Traubenmost genannt, der in den ersten Wochen der Gärphase entsteht und im Herbst gern getrunken wird. Ab dem 11. November wird der Most zum „Heurigen", zum jungen Wein. „Heurige" heißen aber auch die Buschenschenken, in denen die Weinbauern ihren eigenen Wein und eine gute Jause verkaufen, meist erkenntlich am „ausg'steckten" Reisigbuschen.*

Der Radweg führt weiter nach **Weißenkirchen** an der Rollfährestraße geht's rechts zur Donaufähre, Richtung Dürnstein und Krems jedoch links halten gleich nach dem Bahnübergang rechts am Marktplatz mit dem markanten Teisenhoferhof unterhalb der Wehrkirche Weißenkirchen vorbei.

Weißenkirchen in der Wachau

Vorwahl: 02715

- **Tourist-Information**, Wachaustr. 242, ✆ 2600, @ yst228
- **Marktgemeindeamt**, Rathauspl. 32, ✆ 2232, @ ghf256
- **Rollfähre Weißenkirchen-St. Lorenz**, ✆ 2232, ⏲ April-Okt., Mo-Fr 8-11.45 Uhr und 13.30-18.45, Sa, So/Fei. 8-18.45 Uhr, @ qku122

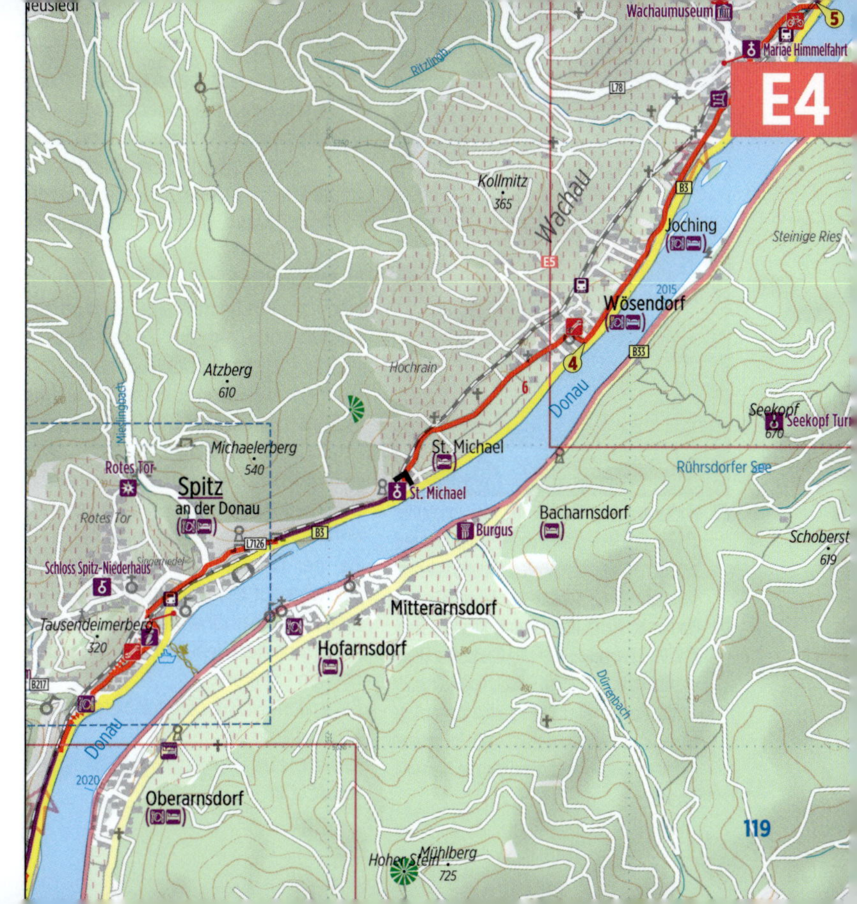

Weißenkirchen in der Wachau

Wachaumuseum, Marktpl. 177, Teisenhoferhof, ✆ 2268. Eine Räumlichkeit des Museums zeigt eine historische Weinpresse, weiters finden Sonderausstellungen diverser Künstler statt. @ aes612

Pfarrkirche Mariä Himmelfahrt, Kremser Str. 3, ✆ 2203. Zu erreichen über eine überdachte Stiege vom Marktplatz. Die ersten Teile der hochgelegenen Kirche, die von einer fast intakten Wehranlage umgeben ist, entstanden um 1400. Im Inneren mischen sich spätgotische und barocke Elemente. @ dre831

Teisenhofer- oder Schützenhof, Marktpl. 177, ✆ 2268. Der besonders schöne Arkadenhof im Stil der Renaissance stammt in seiner heutigen Erscheinung aus der 2. Hälfte des 15. Jhs. und ist Sitz der 1. Niederösterreichischen-Weinakademie (Weinseminare) und des Kreativseminars (Malkurse) Weißenkirchen. @ snq518

Naturbadestrand

Nach der Kirche in Weißenkirchen zunächst noch auf der Donauterrasse weiter ~ entlang einer Häuserzeile mit Heurigenschenken aus dem Ort hinaus ~ **5** nach dem Bahnübergang links der Straße auf dem Radweg weiter ~ nach 1 km links ~ auf einem Güterweg durch die „Frauengärten" ~ auf dem Radweg entlang der Bundesstraße weiter.

Bei der Ortstafel von Dürnstein vom Radweg auf die Nebenstraße ~ über eine kleine Anhöhe und unterhalb der Burgruine geradeaus durch den historischen Ortskern.

Das schönste Bild von Dürnstein bietet sich vom Bad am Donauufer.

Dürnstein

Vorwahl: 02711

Gästeinformation Dürnstein/Loiben, Dürnstein 132, ✆ 200, @ ljv272

Gemeindeamt, Dürnstein 25, ✆ 219, @ sdn352

Motorfähre Dürnstein-Rossatz, ✆ 0676/3084750, ⌚ April/Okt., Fr-So/Fei 10-17 Uhr; Mai/Sept. tägl. 9.30-18 Uhr; Juni-Aug. Mo-Fr 9.30-18 Uhr, Sa/So 9-18.30 Uhr, @ boe554

Brandner Schiffahrt, DST Nr. 20, ✆ 07433/259021. Tägl. Linienfahrten durch die Wachau zwischen Melk und Krems, Fahrradtransport ca. 2 Euro. @ gwq547

DDSG Blue Danube, DST Nr. 20, ✆ 01/58880. Tägl. Linienverkehr zwischen Melk und Krems, Fahrradtransport ca. 2 Euro. @ xof824

Stiftskirche Mariä Himmelfahrt, ✆ 375. Das Meisterwerk österr. Barockarchitektur mit dem blau-weiß gehaltenen Kirchturm (um 1733) ist berühmt für die Einheit von Kunst und Landschaft. @ egu577

Stift Dürnstein, Nr. 1, ✆ 375 1410 gegründetes und später barockisiertes ehemaliges Augustiner-Chorherrenstift. Seit 2019 zeigt die neue Ausstellung zu den Themen „das Gute", „das Schöne" und „das Wahre" auch Räume, die der Öffentlichkeit bis jetzt nicht zugänglich waren. @ fcr383

Schloss Dürnstein, Dürnstein 2, ✆ 212. Auch Kaiser Leopold war hier zu Gast. Etwa im September 1683,

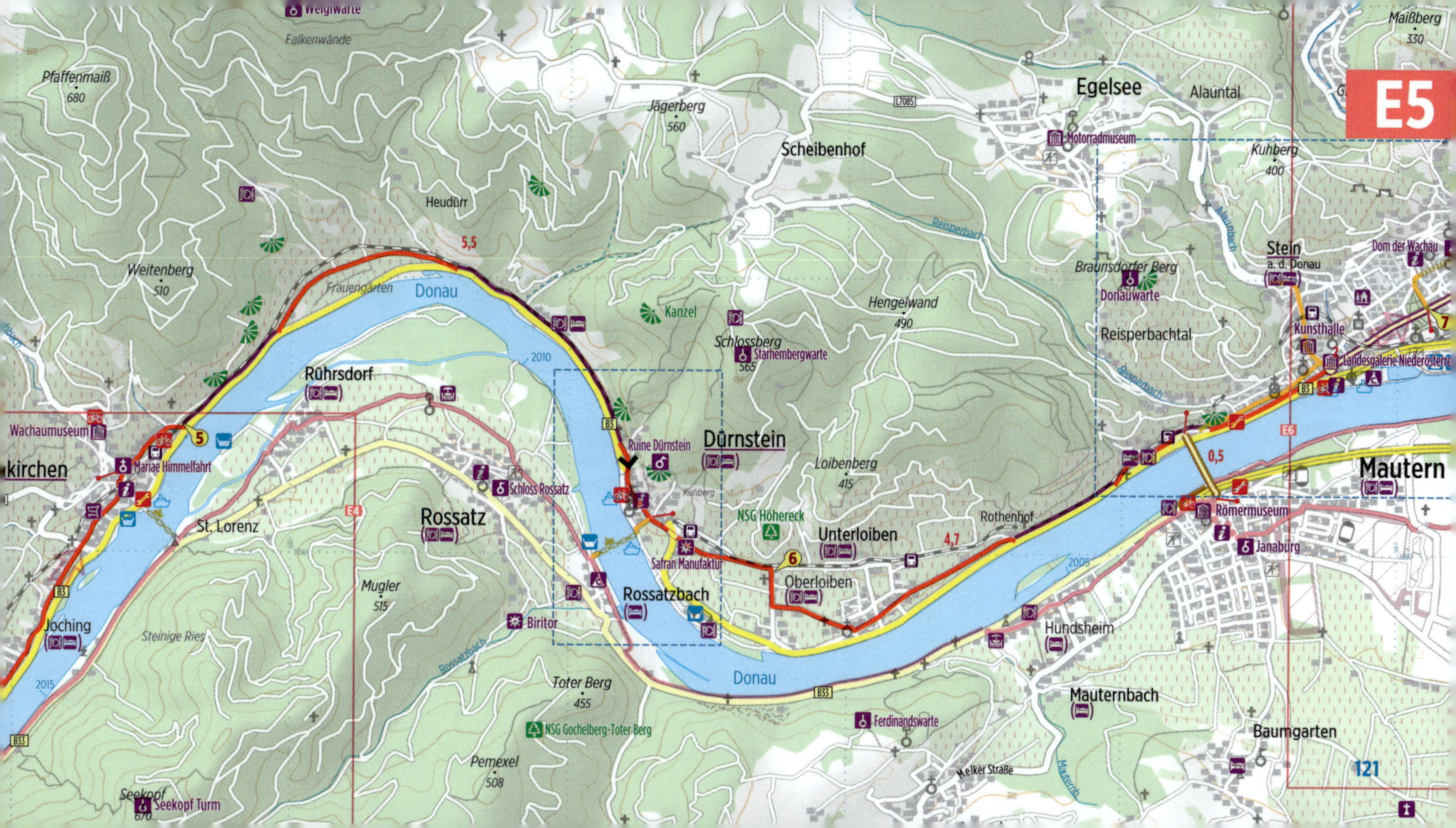
E5
Egelsee
Alauntal
Maißberg
330
Scheibenhof
Jägerberg
560
Motorradmuseum
Kuhberg
400
Pfaffenmaiß
680
Falkenwände
Heudürr
5,5
Weitenberg
510
Frauengärten
Donau
Kanzel
Schlossberg
Starhembergwarte
565
Hengelwand
490
Reisperbach
Braunsdorfer Berg
Donauwarte
Reisperbachtal
Stein
a. d. Donau
Dom der Wachau
Kunsthalle
Landesgalerie Niederösterreich
Rührsdorf
Wachaumuseum
5
Mariae Himmelfahrt
kirchen
St. Lorenz
Rossatz
Schloss Rossatz
Ruine Dürnstein
Dürnstein
Loibenberg
415
Kuhberg
NSG Höhereck
Unterloiben
Rothenhof
4,7
6
Safran Manufaktur
Oberloiben
Rossatzbach
0,5
Mautern
Römermuseum
Janaburg
Joching
Steinige Ries
Mugler
515
Biritor
Rossatzbach
Hundsheim
Donau
Toter Berg
455
NSG Gochelberg-Toter Berg
Ferdinandswarte
Mauternbach
Baumgarten
Pemexel
508
Melker Straße
Seekopf
Seekopf Turm
670
121

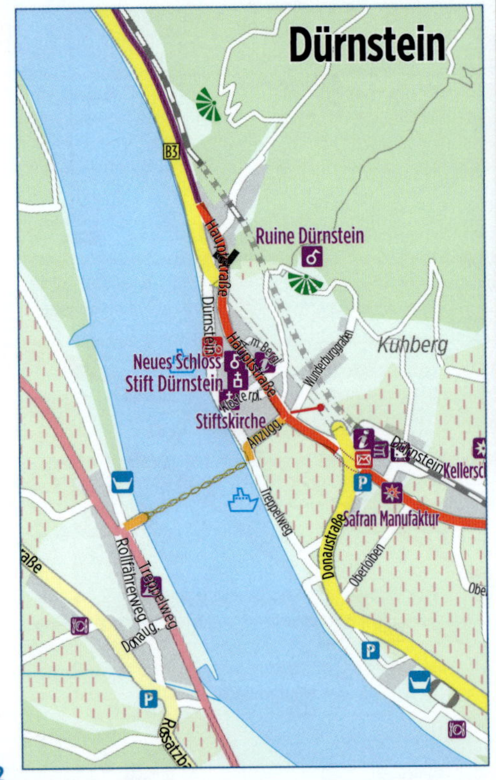

Dürnstein

als er die Nachricht von der Türkenbefreiung Wiens erhielt. Nachdem das Adelsgeschlecht Starhemberg das Schloss 1937 verkaufte, wurde es zu einem Hotel umgebaut. @ rbc861

Burgruine Dürnstein (24) Errichtet um die Mitte des 12. Jhs.; Saalbau und Kapelle leiten von der hochmittelalterlichen Burg als Zweckbau zum späteren Palastbau über. Im Winter 1192-93 wurde hier der englische König Richard Löwenherz gefangengehalten. @ ixg835

Domäne Wachau, Nr. 107, ☎ 371. In der Vinothek des Weinguts direkt am Radweg können eine Vielzahl an Weinen verkostet werden. Weingutsführungen werden angeboten. @ pev257

Wachauer Safranmanufaktur, Dürnstein 76, Bahnhof, ☎ 0699/11960730. In aufgelassenen Weinterrassen wird der Safrankrokus, das teuerste Gewürz der Welt, kultiviert und geerntet, um anschließend in der Wachauer Safran Manufaktur zu köstlichen Safranprodukten verarbeitet zu werden. Diese können auch im Safrancafé am Bahnhof Dürnstein genossen werden. @ cof767

NSG Höhereck, östlich des Ortes. Das NSG steht seit 2008 unter Naturschutz und ist Teil des Flora-Fauna-Habitat-Gebietes Wachau sowie des Vogelschutzgebietes Wachau-Jauerling. @ ilv147

Kuenringerbad, Am Parkpl. 1, ☎ 320, @ rqp668

Die romantische Ruine Dürnstein kündigt bereits den berühmtesten aller Wachauorte an. In dem seit dem Dreißigjährigen Krieg verlassenen Gemäuer wurde einst König Richard Löwenherz von England gefangen gehalten. Etwas versteckt liegt das Stift Dürnstein, das durch seinen blauen Kirchturm an der Donau weithin bekannt ist.

TIPP Beim Tor nach rechts geht es zur Fähre nach Rossatz und weiter flussabwärts zum Freibad.

Für die Hauptroute kurz vor der Bundesstraße rechts halten ⤳ eine Unterführung für Radfahrer führt unter der Bundesstraße hindurch ⤳ links halten ⤳ inmitten von Wein- und Marillen-(Aprikosen-)Gärten auf einer schmalen Straße dahin ⤳ am Franzosendenkmal aus dem Jahr 1805 vorbei ⤳ **6** dem Straßenverlauf nach rechts folgen ⤳ kurz darauf nach links durch die Weingärten.

In **Unterloiben** geradeaus ⤳ links an der Kirche vorbei ⤳ links in den Ortskern.

Etwa einen Kilometer danach findet sich an der Felswand neben der Straße in großen Lettern ein rätselhafter Schriftzug: I. Kyselak. Dabei handelt es sich um den Namen eines reiselustigen Biedermeier-Sonderlings. Wegen einer Wette unter Freunden unternahm dieser eine Reise, mit der er binnen drei Jahren in der ganzen Monarchie bekannt werden sollte. Mit Pinsel und Farbe wanderte er los und verewigte sich mitunter an den unglaublichsten Stellen, wodurch ihm bereits nach eineinhalb Jahren der Gewinn der Wette zugestanden wurde. Einer Anekdote zufolge wurde er ob seiner Verewigungslust auch zum Kaiser zitiert. Als Kyselak, entsprechend gerügt, sich wieder entfernt hatte, musste der Kaiser zu seinem Ärger auch an seinem Schreibtisch den bekannten Namenszug entdecken.

Bei einem größeren Weingut wieder an der Bundesstraße am Radweg weiter, eine Tafel verkündet offiziell das Ende der Wachau.

TIPP Kurz vor Stein besteht die Möglichkeit, über die Brücke ans Südufer nach Mautern zu wechseln.

Weiter geht es nach Stein an der Donau ⤳ auf **Steiner Donaulände** direkt neben der Bundesstraße am Ort vorbei.

TIPP Die Steiner Landstraße hinter dem Linzer Tor ist eine Einbahnstraße, aber für Radfahrer freigegeben.

Stein (Krems a. d. Donau)

Vorwahl: 02732

- **Schifffahrts- u. Welterbezentrum Wachau**, Welterbepl. 1, ✆ 78282, @ hlj775
- **Brandner Schiffahrt**, Franz-Zeller-Pl. 1, Donaustation Nr. 24, ✆ 07433/259021. Anlegestellen der Wachau-Route: Krems (Station 24), Dürnstein (20), Weißenkirchen (17), Spitz (15), Emmersdorf (38) und Melk (10). Fahrradtransport ca. 2 Euro. @ trc728
- **DDSG Blue Danube**, Welterbepl. 1, Franz-Zeller-Pl. 1, ✆ 78282, ✆ 01/58880. Anlegestellen: Krems-Stein, Dürnstein, Spitz und Melk/Altarm. @ tfh575
- **Karikaturmuseum**, Museumspl. 3, ✆ 908010 Das Wachauer Museum beschäftigt sich neben wechselnden Ausstellung auch mit der Dauerausstellung des Starkarikaturisten Manfred Deix. @ jca871
- **Kunsthalle**, Museumspl. 5, ✆ 908010 Der internationale Ausstellungsort zeigt Zeitgenössische Kunst seit 1945. Ein zweiter Standort befindet sich in Krems in der ehemaligen Dominikanerkirche. @ hrb216
- **Landesgalerie Niederösterreich**, Museumspl. 1, ✆ 908010 Der architektonisch spektakuläre Museumsneubau sieht sich als dynamisches Zentrum für österreichisches Kunstschaffen. Eine Kombination aus Niederösterreichischen Landessammlungen und privaten Kollektionen. Die Landesgalerie Niederösttereich bildet das Zentrum der Kunstmeile Krems. @ xgk541
- **Ehem. Frauenbergkirche**, Frauenberg 23 (24) Errichtet 1380, im Turmraum spannt sich ein mächtiges Kreuzrippengewölbe. Seit der Restaurierung 1963

Stein a. d. Donau

Kriegergedächtnisstätte. @ iwd852

Pfarrkirche St. Nikolaus, Steiner Landstr. 55, Egelsee, ✆ 82292. Die heutige dreischiffige Staffelkirche mit Langchor ist ein Werk des 15. Jhs. Trotz einer Regotisierung 1901 blieben Deckenfresko und Altarbilder von Martin Johann (Kremser) Schmidt erhalten. @ bqq743

Klangraum Krems Minoritenkirche, Minoritenpl. 4, ✆ 908030, ✆ 908033. Die dreischiffige Säulenbasilika gehört zu den frühesten Kreuzbogenkonstruktionen des deutschen Bettelorden (1264). Bemerkenswert: Die Fresken aus dem 14. Jh. Heute dient die Kirche als Galerie für Projekte der modernen Kunst, sowie international renommierte Konzerte. @ ruh888

Stadttore Krems-Stein. Die Stadt wurde bis ins 19. Jh. von einer Schutzmauer, einem Mauerring, umgeben. Kremser Tor: wurde 1470 erbaut und um 1600 erneuert. Reben Tor: bietet herrlichen Ausblick auf die Altstadt und ist unweit der Frauenbergkirche. Linzer Tor: mit hohem, wuchtigem Tor und wurde im 15. Jh. erbaut.

Steiner Landstraße. Der gut erhaltene alte Häuserbestand und die eingeschobenen Plätzchen mit barocken Statuen und Säulen verleihen der Straße einen seltenen Reiz.

Nach Stein geht die Steiner Donaulände in eine größere Straße mit beidseitigen Radwegen über, welche geradeaus nach Krems führt ⁓ nach der Bahnunterführung auf der **Ringstraße** an der Jugendherberge vorbei ⁓ weiter zum Stadtpark **7**.

INS ZENTRUM

Um zum alten Ortskern von Krems zu gelangen, nach dem Stadtpark links in die **Utzstraße** abbiegen, diese führt über den Südtiroler Platz und dann rechts durch das **Steinertor** zur Fußgängerzone. Durch die **Obere** und **Untere Landstraße** weiter zum Fluss Krems und rechtsherum wieder zum Donau-Radweg zurück.

Krems a. d. Donau

Vorwahl: 02732

Kunstmeile Krems Besucherzentrum, Museumspl. 1, ✆ 908010. Die Kunstmeile Krems bietet auf 1,6 Kilometern zahlreiche Museen, Galerien sowie Kunst- und Musikfestivals. Sie erstreckt sich von der Minoritenkirche bis hin zur Dominikanerkirche und umfasst den Minoriten-, den Museums- und den Dominikanerplatz. @ tnj681

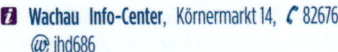

Wachau Info-Center, Körnermarkt 14, ✆ 82676, @ jhd686

Kunsthalle Krems - Dominikanerkirche, Körnermarkt 14, ✆ 908010 Zweiter Standort der Kunsthalle Krems mit Ausstellungen Zeitgenössischer Kunst nach 1945 in der ehemaligen Dominikanerkirche aus dem 13. Jh. @ lhb234

museumkrems, Körnermarkt 14, im ehem. Dominikanerkloster, ✆ 801567 Die Ausstellungen im geschichtsträchtigen Gebäude führen Sie durch 30.000 Jahre Kulturgeschichte der Weinstadt. Einige Geheimnisse aus der Herstellung des bekannten Kremser Senfs werden verraten und in der Galerie werden Ausstellungen zu Zeitgenössischer Kunst gezeigt. @ qdt467

Bürgerspitalkirche, Obere Landstr. 5. Beruhend auf dem System nach innen gekehrter Strebepfeiler 1470 errichtet. Sehenswert sind die schwungvollen Fenstermaßwerke und die vielgestaltigen Eisentürchen der gotischen Sakramentnische. @ aiq557

Dom der Wachau, Pfarrpl. 5, ✆ 83285. Die von außen massig wirkende Pfarrkirche St. Veit wurde von Cypriano Biasino 1630 vollendet. Sie zählt neben der Stiftskirche von Göttweig zu den ersten Beispielen barocken Kirchenbaus in Österreich. @ ohx856

Krems an der Donau
Kuhberg
400
Kamp-Thaya-March-Radweg
Wiener Straße
Wachaustr.
Ringstraße
Steiner Donaulände
Piaristenkirche
Dom der Wachau
museumkrems
Dominikanerkirche
Rathaus
Gozzoburg
Bürgerspitalkirche
Steiner Tor
Südtiroler Platz
Hoher Markt
Stadtgraben
Pfarrplatz
Dreifaltigkeitspl.
Hafnerplatz
Bahnhofplatz
Edmund-Hofbauer-Straße
Martin-Luther-Platz
Kloster UND
Donauuniversität Krems
Kunsthalle
Karikaturmuseum
Landesgalerie Niederösterreich
Kremser Tor
Franz-Zeller-Platz
Welterbe-Platz
Rebentor
Linzer Tor
Steiner Landstr.
Hintere Fahrtstr.
Rathausplatz
Sepp-Puchinger-Promenade
Reisperbachtalstraße
Mauterner Brücke
Strandbadstraße
Badearena
Dr.-Franz-Riel-Promenade
Fritz-Landertinger-Promenade
Am Schutzdamm
Bertschingerstraße
Mitteraustraße
Donau
Treppelweg
B3
B33
E5
E6
0,5
1,2
2,5
Am Rosenhügel
Kögelweg
Alaunbach
Alauntalstr.
Mazzettistraße
Wiedeng.
Gaswerkgasse
Reifgasse
Kaiser-Friedrich-Str.
Schillerstr.
Undstraße
Kerschbaumerstraße
Philosophensteig
Dr.-Karl-Dorrek-Straße
M.-Grengg-G.
Steiner Kellerg.
Frauenberg
Wachtbergstraße
Schillerstraße
Am Steindl
Steindlstraße
Siedlergasse
Ledererg.
Kremstalstr.
Beethovenstr.
Langenloiser Straße
Hohensteinstraße
Linke Kremszeile
Rechte Kremszeile
Mitterweg
Pointgasse
Hafenstraße
Lehnergasse
Missongasse
Göttweigergasse
Sankt-Paul-Gasse
Austraße
Lastenstr.
W.-Gause-Str.
Dr.-A.-Nagl-G.
Dr.-J.-M.-Eder-Gasse
Schreberg.
Am Frachtenbahnhof
Bahnzeile
Drinkweg
Obere Landstr.
Gartenweg.
Sigleithenstraße
Reithenthalsteig
Weinzierl
Schulg.
Klomserstr.
Muthergasse
Florianig.
Wilhering
Lindeng.

Dominikanerkirche, Körnermarkt 14, ✆ 801567. Die basilikale Anlage wurde um 1265 fertiggestellt und gehört zu den frühen Wölbebauten der deutschen Bettelorden. Nach der Klosteraufhebung (1785) stand das Bauwerk als Knopffabrik, Getreidespeicher oder Theater in Verwendung, seit 1891 beherbergt es das Stadtmuseum, das heute unter dem Namen museumkrems firmiert. @ uby328

Piaristenkirche Unsere liebe Frau, Piaristeng. 1, ✆ 82092. Unter architektonischem Einfluss der Wiener Bauhütte 1475-1515 mit einem malerischen Treppenaufgang und einer dreischiffigen Halle errichtet. Ähnlich wie in Wien bevölkern auch hier Statuen die Pfeiler. Martin Johann Schmidt malte alle Altarbilder. @ ktp525

Krems, Steiner Tor

Kloster Und, Undstr. 6, ✆ 0664/9112121. Der Bau des profanierten Komplexes begann 1614, in dessen Mittelpunkt ein kleines, überkuppeltes Gotteshaus steht. Fresko von Daniel Gran von 1756. Heutzutage ist das Kapuzinerkloster eine einzigartige Eventlocation für Kunst- und Kulturbegeisterte. @ irb224

Gozzoburg, Hoher Markt 11, ✆ 801-571, Besichtigung nur im Rahmen von Führungen: Sa, So u. Fei 14 Uhr. Der reiche Kremser Bürger und Stadtrichter Gozzo ließ es 1260-70 in Anlehnung an den italienischen Typus des Stadtpalastes errichten. Der besonders schöne Saal macht die Anlage zum bedeutendsten Profanbau Österreichs aus dieser Zeit. @ anm778

Bürgerhäuser, Untere und Obere Landstr./Körnermarkt/Margarethenstr. Das Stadtbild wird hauptsächlich von Bauten des 16. Jhs. mit Erkern, Reliefs und Sgraffiti an den Fassaden, die hie und da auch reizvoller Barockstuck überzieht, bestimmt.

Rathaus, Pfarrpl. 1453 von Ulrich von Dachsberg an die Stadt geschenkt, in der Eingangshalle schöne Renaissancesäulen von 1549. Aus derselben Zeit stammen die besonders sehenswerten Erker mit reichen Wappenreliefs und dekorativer Ornamentik.

Sandgrube 13 wein.sinn, Sandgrube 13, ✆ 8551133 Beim Weinerlebnisrundgang des traditionsreichen Kremser Weinguts erleben Sie entlang der acht Stationen ein einzigartiges Weinerlebnis für alle Sinne. @ epi646

Steiner Tor (Steiner Gate), Stadtgraben. Mit vier gotischen Rundtürmen bildet es eines der Stadttore und das Wahrzeichen von Krems. Errichtet 1480, barocker Aufbau von 1754.

Badearena, Strandbadstr. 5, ✆ 801600, @ grp131

Krems gilt als die älteste Stadt Niederösterreichs, hier lassen barocke Bürgerhäuser mit Rennaissance-Arkadenhöfen, gotische Erker, Fenster und Kapellen und ein Gewirr mittelalterlicher Gässchen, die die Altstadt durchziehen, den eigentümlichen Charakter der Stadt für jeden zum Erlebnis werden. Wahrzeichen von Krems ist das Steiner Tor, das zwischen mittelalterlichen Spitztürmen einen hohen Barockturm trägt. Hinter dem Tor erhebt sich der Wachtberg, auf dem eine der schönsten Kremser Kirchen steht, die Piaristenkirche. Über die teilweise überdachte altertümliche Piaristenstiege gelangt man zu der 1475 im gotischen Stil erbauten Kirche, die einen Hochalter von Martin Johann Schmidt, genannt Kremser Schmidt, birgt. Neben der mustergültig gepflegten Altstadt genießt Krems aber heute auch den Ruf einer innovativen Stadt mit neuartigen wissenschaftlichen Einrichtungen und künstlerischen Projekten.

UMLEITUNG
Der gesamte Abschnitt zwischen Krems und Tulln ist am Nordufer bis Dezember 2021 gesperrt. Bitte nutzen Sie den Radweg am südlichen Ufer. Eine Umleitung ist vor Ort ausgeschildert.

Von Krems zum Kraftwerk Altenwörth 21,2 km

TIPP
Aus der Stadt Krems führt der Donau-Radweg gut beschildert zur Donaubrücke.

Für die Hauptroute der **Ringstraße** geradeaus weiterfolgen, vorbei am nahen Bahnhof nach der Krems

E6
Maißberg
330
Am Steindl
Krems
a. d. Donau
Kamp-Thaya-March-Radweg
Wiener Straße
Dom der Wachau
Ringstraße
wein.sinn
In der Leithen
Kellergasse
Oberer Mitterweg
Rohrendorf
Landersdorf
Lerchenfeld
Neuweidling
Stratzdorf
Grunddorf
Neustift
a.d. Donau
Altweidling
Schlickendorf
Theiß
Donaudorf
Kremser Hafen
Badearena
Donau
Treppelweg
Krems
Stockgraben
Palt
Brunnkirchen
Thallern
Angern
Marillen Erlebnisweg
Furth
bei Göttweig
Sprinzenberg
280
Hollenburg
Wurmsaumlacke
Natura Trail Löss und Wein
B35
B37
S5
B33
L100
B37a
S33
E5
E7
1,2
0,8
2,5
5,5
3,2
7
8
9
2000
1995
1990

rechts ab und am Radgeschäft vorbei ⤳ nach einiger Zeit die Krems mittels einer Fußgänger- und Radfahrerbrücke queren und auf einem rechtsseitig straßenbegleitenden Radweg entlang der **Rechten Kremszeile** weiterradeln.

TIPP Auf Höhe der B37-Unterquerung haben Sie erneut die Möglichkeit über die Brücke ans Südufer zu wechseln.

TIPP Etwas nördlich von Krems liegt der Ortsteil und Weinort Rohrendorf.

Rohrendorf bei Krems

Kellergasse, Lindobelg. Die längste Kellergasse Österreichs, mit 72 Presshäusern und Kellerröhren, erstreckt sich über eine Länge von 1.650 m. Einige Keller sind aus dem 14./15. Jh., die meisten jedoch stammen aus der Zeit nach 1848. @ xrr875

Nun geradeaus auf dem Fuß- und Radweg entlang der Krems.

TIPP **8** Bei der nächsten Kreuzung überqueren Sie die Straße mit viel Vorsicht aufgrund der hohen Verkehrsdichte und der schwierigen Abbiegesituation des Autoverkehrs.

Am Industriegebiet vorbei ⤳ vor der nächsten Unterführung auf das andere Ufer der Krems, weil dort die Straße in besserem Zustand ist ⤳ auf der Höhe der Ortschaft **Theiß** erneut über den Fluss ⤳ in einer weitläufigen S-Kurve dem Weg folgen, der leider einige Schlaglöcher aufweist ⤳ nach drei Brücken über die Nebenarme ist der Treppelweg am Donaudamm erreicht **9**.

Auf dem asphaltierten Weg weiter bis zum Kraftwerk bei Altenwörth **10**.

TIPP Wer in angenehmer Umgebung eine Pause machen möchte, kann nach links dem Radweg über den Nebenarm in den nahen Ort folgen.

Altenwörth (Kirchberg am Wagram)

Heimat- und Fremdenverkehrsverein Altenwörth/Gigging, Hauptstr. 4, ✆ 0681/10277829, @ sha167

Vom Kraftwerk Altenwörth nach Tulln *21,4 km*

Vom Kraftwerk Altenwörth bis nach Tulln verläuft die Route nur am südlichen, rechten Donauufer.

TIPP Über das Kraftwerk gelangen Sie durch die Seitentür des Kraftwerktores, die tagsüber nicht versperrt ist. Zu anderen Zeiten benutzen Sie die Gegensprechanlage.

Auf der anderen Seite überqueren Sie noch die Traisen und biegen danach in spitzem Winkel links ab ⤳ am Flüsschen entlang zur Mündung.

Am Treppelweg der Donau bestimmen nun zwei Kraftwerke das Bild: das thermische Kraftwerk Dürnrohr und das nie in Betrieb genommene Atomkraftwerk Zwentendorf. Im Hintergrund sehen Sie schon die nördlichen Ausläufer des Wienerwaldes.

Der Weg zweigt nach rechts ab und geleitet Sie von der Donau weg durch den schattigen Auwald ⤳ nach dem Steg über einen Donauarm links halten und wieder zurück zur Donau, um gleich wieder rechts in den Auwald abzuschweifen ⤳ an der Asphaltstraße links und am Kernkraftwerk vorbei ⤳ danach mündet der Weg in eine Zufahrtsstraße und führt über eine Brücke ⤳ **11** links auf den Treppelweg.

Zwentendorf an der Donau

Vorwahl: 02277

Marktgemeindeamt, Rathauspl. 4, ✆ 2209, @ oxk668

Wallfahrtskirche Maria Ponsee, Maria Ponsee 1, Maria Ponsee (Zwentendorf an der Donau). Im 12. Jh. aus einer Kapelle entstanden, birgt sie einige Besonderheiten: Hochaltar mit lebensgroßer Marienstatue, die 1720 beim Hochwasser angeschwemmt wurde, einen einzigartigen Wehrturm aus röm. Bruchsteinen und einen frühbarocken Anbau nach Plänen von Jakob Prandtauer. @ ylv613

Atomkraftwerk Zwentendorf, Sonnenweg 1,

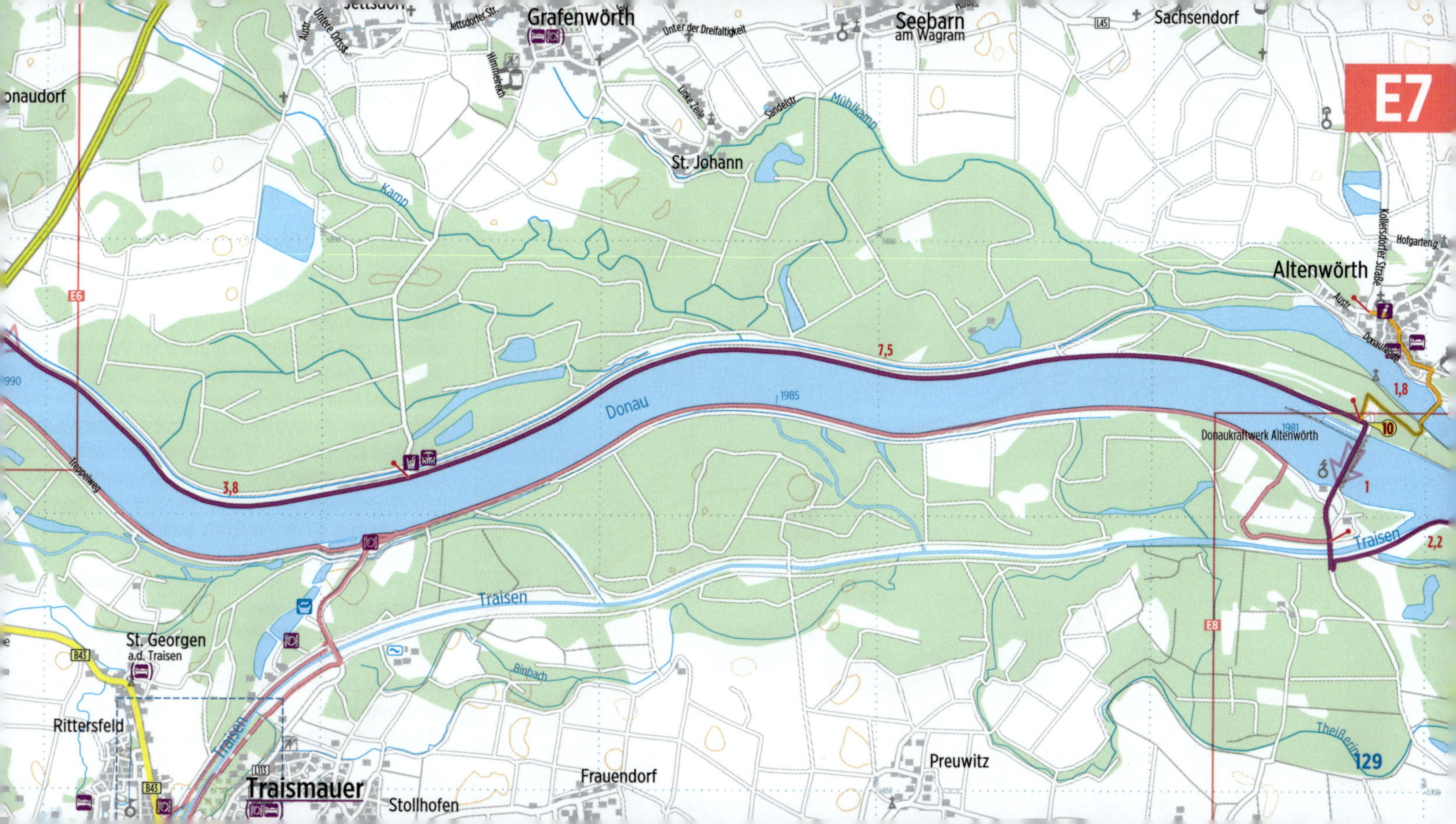
E7
Grafenwörth
Seebarn
am Wagram
Sachsendorf
St. Johann
Mühlkamp
Kamp
Altenwörth
Kollersdorfer Straße
Hofgarteng.
Donaukraftwerk Altenwörth
Donau
Traisen
Treppelweg
7,5
3,8
1,8
1
2,2
10
E6
E8
St. Georgen
a.d. Traisen
Rittersfeld
Traismauer
Stollhofen
Frauendorf
Preuwitz
Binbach
Theißerin
B43
L113
L45
129

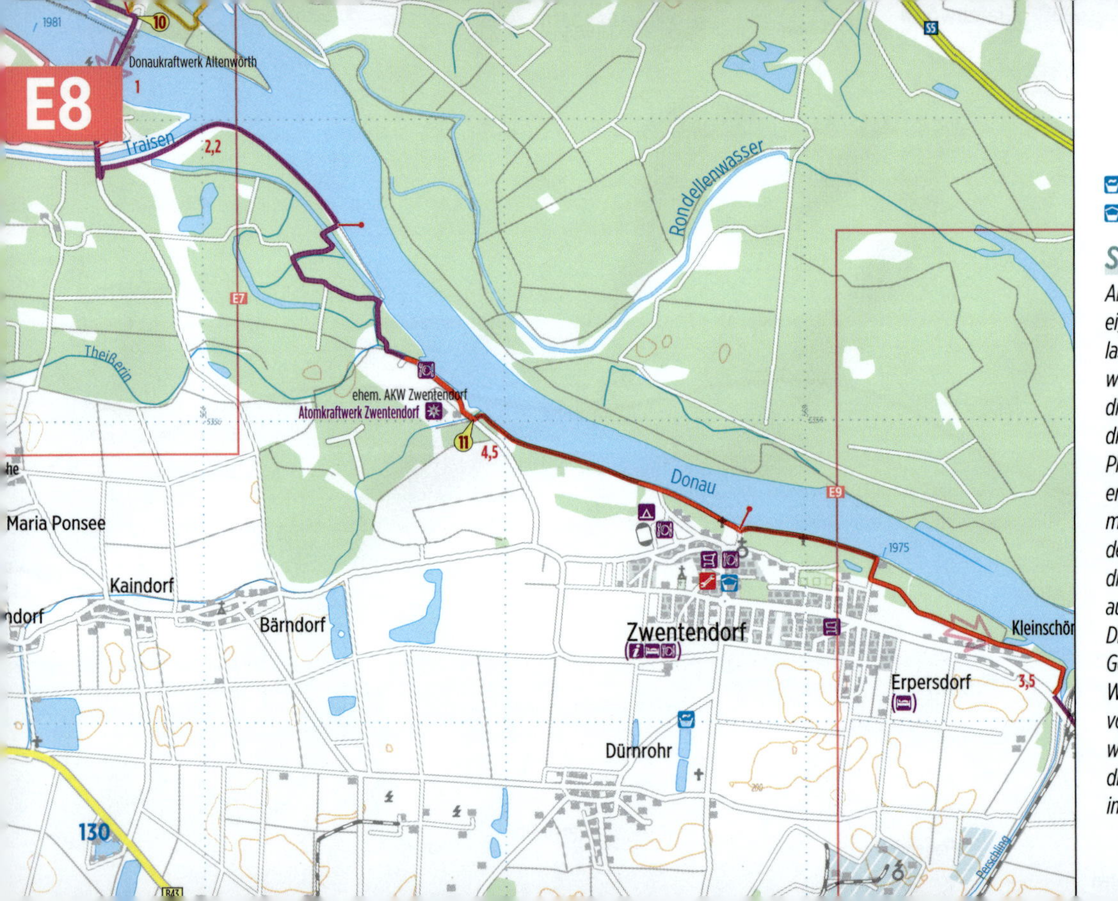

✆ 02236/2000 Ⓒ Das einzige und nie in Betrieb genommene Atomkraftwerk Österreichs ist neben Hainburg ein Erfolgssymbol für die heimische Umweltschutzbewegung, nachdem es 1978 per Volksentscheid stillgelegt wurde. @ jwp444

Badesee Dürnrohr, Dürnrohrer Hauptstr., ✆ 0699/10700022, @ ekg358

Hallenbad, Schlossg. 5, ✆ 2255, @ bxp755

Schiffer und Schopper

Am Anfang stand das „Naufahren", das Fahren stromab. Eine eigene Kunst, die schweren Zillen und Plätten so „rinnen" zu lassen, dass sie einen ordentlichen Gang bekamen und sie dann wieder aus dem Stromstrich herauszunehmen. Die allermeisten dieser „naufahrenden" Schiffe haben ihren Heimathafen nach dieser einen Fahrt nie mehr gesehen. Am Zielort kamen sie zum Plättenschinder, der sie zu Brennholz zerschlug. Sie mussten aber erst so weit kommen, denn Stromschnellen und Felsvorsprünge machten die Schifffahrt zu einem gefährlichen Unterfangen. Vor dem Greiner Struden, dem Schrecken aller Schiffsleute, zogen es die Händler sogar oft vor, ihre Schiffe zu entladen und die Fracht auf dem Uferweg zu befördern.

Die Wende von der Einbahn des Naufahrens zum Schiffzug oder Gegenzug kam mit der steigenden Fracht von Getreide und Wein aus dem Osten. Und diese Prozedur muss man sich einmal vorstellen: die Schiffe lagen in der schweren Strömung und wurden von Dutzenden berittenen und ledigen Pferden gegen die Strömung gezogen. Dieses schräge Gehen am Treppelpfad im Zug und das Klettern über felsige Uferböschungen! Von Wien

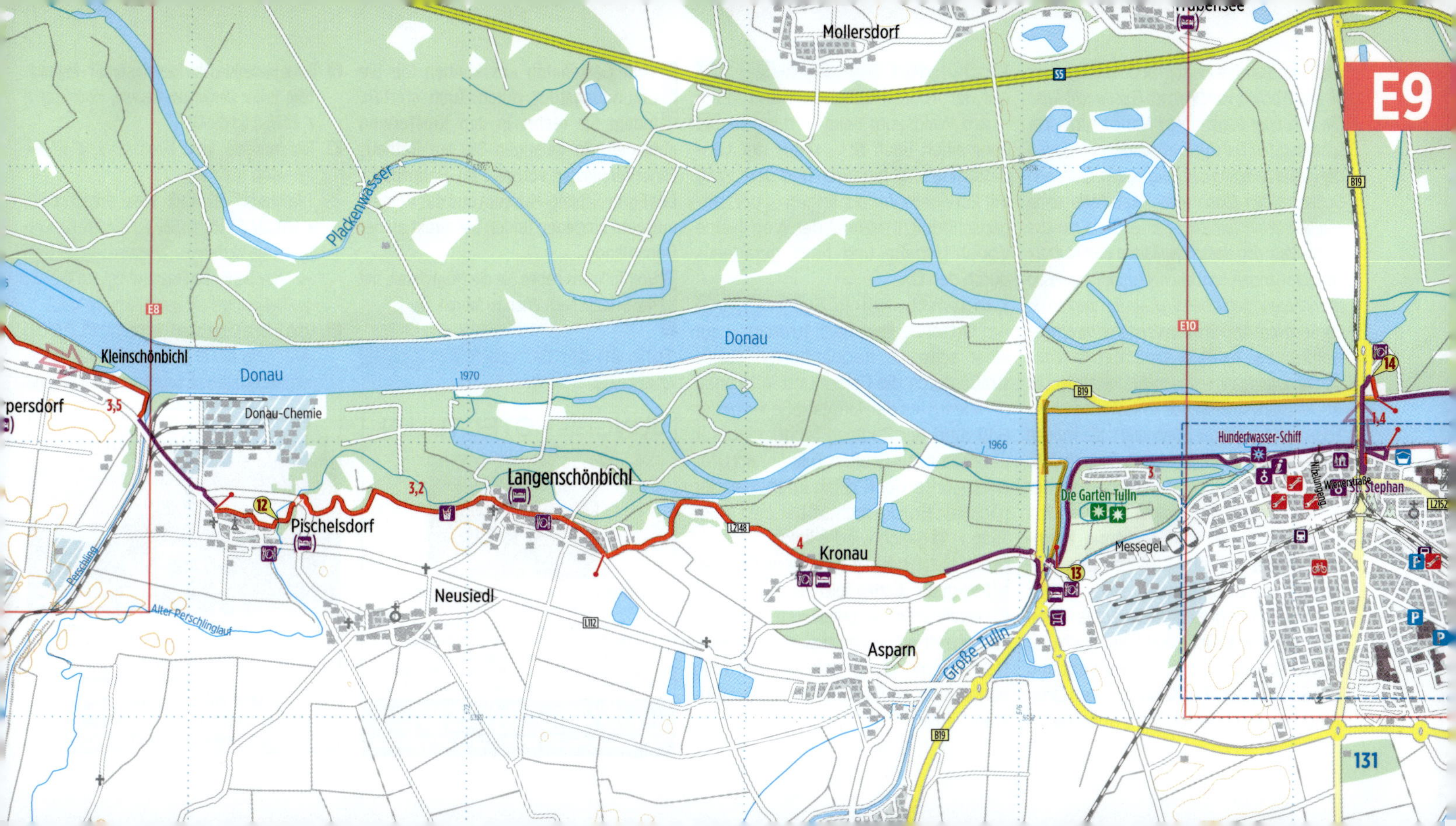
E9
Mollersdorf
Plackenwasser
Donau
Donau
Kleinschönbichl
3,5
Donau-Chemie
1970
1966
Langenschönbichl
3,2
12
Pischelsdorf
L2148
4
Kronau
Neusiedl
L112
Asparn
Große Tulln
Perschling
Alter Perschlinglauf
B19
S5
13
14
1,4
3
Die Garten Tulln
Messegel.
Hundertwasser-Schiff
Nibelungeng.
Wienerstraße
St. Stephan
L2152
E8
E10

nach Linz brauchte ein solcher Schiffszug mehr als drei Wochen, von Linz nach Passau acht Tage. Die Schopper tragen ihren Namen nach dem schwierigsten Teil ihrer Arbeit, dem Abdichten der Fugen zwischen den Holzpfosten. Unter den Donauschiffen (denn jeder Fluss hatte seine eigenen Schiffsformen!) gab es zunächst das bunte Volk der einfachen Plätten und Mutzen; dann die Gamsen, von denen allein die Inngamsen in Erinnerung geblieben sind: am Inn dienten sie der Steinverfuhr, und wenn sie altersschwach geworden waren, kamen sie zum Scheiterführen an die Donau und dann erst zum Plättenschinder. Um 1850 entstand schließlich die schlanke und schöne Form der legendären „Siebnerin". Sie wurden zum elegantesten Schiff, das je die Donau befuhr.

Geradeaus entlang der Donau weiter ⤳ vor einem Betonklotz nach rechts ⤳ gleich darauf links Richtung **Kleinschönbichl** weiter ⤳ hinter der Ortschaft am Bootshafen vorbei ⤳ vor dem Perschlingbach nach rechts ⤳ auf der nächsten Brücke über den Bach und weiter auf dem Begleitradweg entlang der Straße nach Pischelsdorf ⤳ am Ortsrand von Pischelsdorf links abbiegen.

Pischelsdorf (Zwentendorf an der Donau)

Auf der Route Pischelsdorf umrunden ⤳ am Waldsaum links ⤳ dann rechts über einen Bach **12** ⤳ unter der Landesstraße L 112 hindurch und dem Weg mit kurvigem Verlauf folgen ⤳ bei Langenschönbichl mündet der Weg in eine Vorfahrtsstraße und führt geradeaus durch den Ort.

Langenschönbichl

Am Ortsende links nach Kronau ⤳ auf einer schwach frequentierten Landstraße durch die Felder und in **Kronau** geradeaus auf die Hauptstraße ⤳ vor der B 19 führt der Radweg rechts hinunter ⤳ bergauf zur Großen Tulln ⤳ am Ufer links ⤳ unter der B 19 hindurch ⤳ an der nächsten Brücke rechts über die Große Tulln **13** gleich wieder links.

AUSFLUG: Hier bietet sich die Möglichkeit für einen Besuch der „Garten Tulln". Dazu fahren Sie über die Große Tulln, gerade vor bis zum Kreisverkehr und hier links zum Ausstellungsgelände.

Nach Einmündung der Großen Tulln nähert sich am Donauufer die „Gartenstadt" Tulln.

INS ZENTRUM: Vom Gästehafen aus können Sie die Erkundungstour durch Tulln starten, indem Sie rechts in den **Klosterweg** abbiegen. So gelangen Sie am Rathaus Minoritenkloster vorbei zum **Hauptplatz**. Das Egon-Schiele-Museum und das Römermuseum hingegen finden Sie direkt an der Donaulände.

UMSTEIGEN: Von Tulln aus haben Sie die Möglichkeit, mit der S-Bahn nach Wien zu fahren.

Tulln an der Donau

Vorwahl: 02272

- **Donau Niederösterreich Tourismus GmbH - Regionalbüro Tullner Donauraum-Wagram**, Minoritenpl. 2, ✆ 67566-0, @ dbq487
- **Tourismus-Info Tulln**, Minoritenpl. 2, ✆ 675660, @ ews445
- **Erlebnisschiff MS Stadt Wien**, Donaulände 27, ✆ 6800032, ✆ 0660/7637480. Verschiedene Ausflugsfahrten am Wochenende, ansonsten liegt das Schiff vor Anker. Das Bordrestaurant hat tägl. von 10-22 Uhr geöffnet, durchgehend warme Küche. @ lgn832
- **Egon Schiele Geburtshaus**, Bahnhofstr. 69, ✆ 690135 Seit Juni 2013 ist das Geburtshaus des weltberühmten Künstlers als begehbare Erlebniswelt ge-

staltet. Besucher können in stilgerecht eingerichteten Zimmern nachfühlen, wie eine Familie am Ende des 19. Jhs. gelebt hat. Unter Einsatz zahlreicher Medien wird die Familiengeschichte der Schieles beleuchtet. @ akm452

Egon Schiele Museum, Donaulände 28, ☎ 64570 Zu sehen sind rund 60 originale Ölbilder, Aquarelle und Zeichnungen aus den ersten Schaffensphasen des Jahrhundertkünstlers. Die Ausstellung dokumentiert die Entwicklung Schieles bis zur Gründung der Neukunstgruppe 1909. @ nyf113

Österr. Zuckermuseum, Minoritenpl. 1, Minoritenkloster, ☎ 0664/1106133 Angesiedelt im Dachgeschoss des Minoritenklosters wird in Österreichs süßestem Museum die Entwicklung der Zuckerproduktion von der Rohrzuckermühle bis zur modernen Zuckerfabrik dokumentiert. @ yvx624

Römermuseum, Marc Aurel Park 1b, ☎ 690189. Das Römermuseum zeigt mit vielen Originalfunden, Bildern, Figuren, Dioramen und Modellen, wie das Leben in Tulln, dem damaligen Kastell „Comagena", zwischen 90 und 488 n. Chr. ausgesehen haben mag. @ shu416

Minoritenkirche, Minoritenpl. 1, ☎ 6900. Die Minoritenkirche, fertiggestellt 1739 und renoviert 1990, zählt zu den schönsten spätbarocken Kirchen des Landes. Die eindrucksvollen Nebenräume (Loretto-Kapelle, Sakristei, Gruft) entführen in vergangene Zeiten. @ tnk116

Stadtpfarrkirche St. Stephan, Wiener Str. 20. Die Kirche vereint mit dem ottonisch-romanischen Kern, dem gotischen Chor, barocken Türmen und Innenausstattung mehrere Baustile in sich. Ungewöhnlich ist, dass die beiden Kirchtürme unterschiedliche Besitzer haben: Die Pfarre besitzt den Südturm, der Nordturm gehört aber der Stadtgemeinde. Hier wohnte der

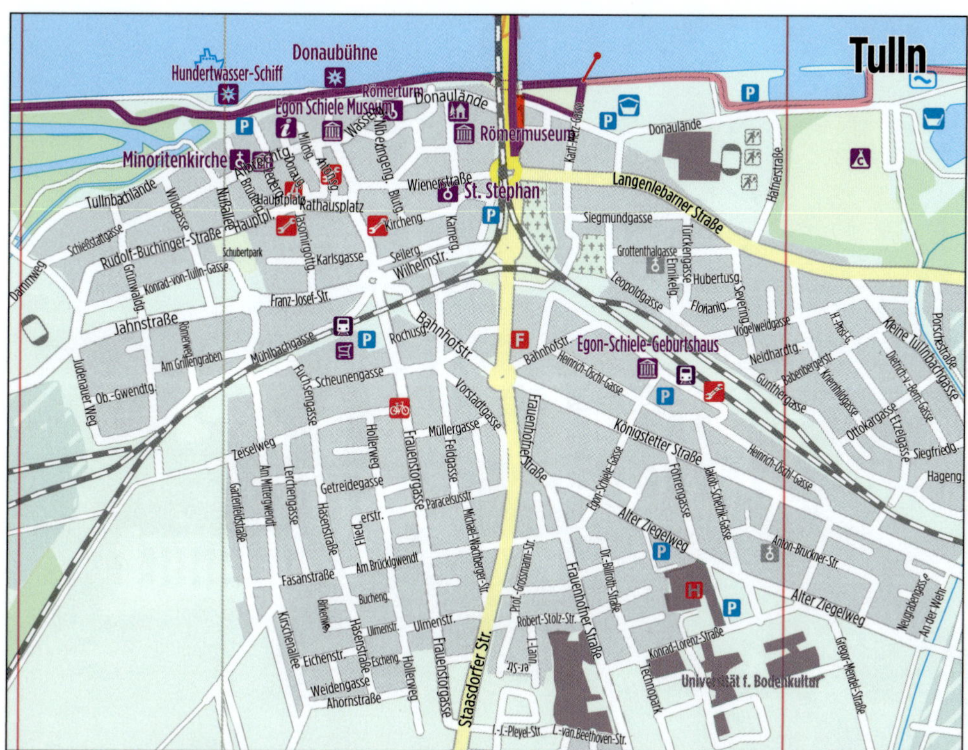

Tulln, Hauptplatz

städtische Türmer, der die Tullner mit Glockengeläut vor Feuern im Stadtgebiet warnte. @ bnb835

Tullner Karner, Kircheng., hinter der Pfarrkirche St. Stephan, ✆ 62338. Der elfeckige, spätromanische Karner liegt nahe der Stadtpfarrkirche St. Stephan. Ein prachtvolles Trichterportal romanischen Stils ziert den Eingangsbereich zum Beinhaus. @ vlg712

Römerturm, Donaulände 38, ✆ 62338. Der Römerturm war der Flankenturm des Römerlagers Comagena und stammt aus der Zeit um 300 n. Chr. Die römischen Mauern sind bis zum Dachansatz original erhalten, damit zählt der Turm zu den wenigen voll erhaltenen antiken Gebäuden nördlich der Alpen. Besichtigung nur von außen möglich. @ ceb356

Denkmäler an der Donaulände @ gvb881

Hauptplatz. Die markantesten Gebäude am 2009 neu gestalteten Hauptplatz sind die 1891 im Stil der Wiener Ringstraßengebäude errichtete Bezirkshauptmannschaft und ein Renaissancebau mit venezianischen Zinnen. In der Mitte des Platzes ist eine barocke Dreifaltigkeitssäule zu sehen.

Schiff „Regentag", Gästehafen, ✆ 690135 © Der österreichische Künstler Friedensreich Hundertwasser lebte und malte über 10 Jahre auf dem 100-jährigen Segel-Motor-Holzschiff. @ dgp462

Die Garten Tulln, Am Wasserpark 1, ✆ 68188 ⓗ 50 Schau- und Mustergärten, Ökologische Gartenideen, barrierefreier Baumwipfelweg, Waldirrgarten, Wasserpark, Abenteuer- und Naturspielplatz, Veranstaltungen, Seminare und Kinderprogramm. @ isa522

Wasserpark mit Bootsverleih, Seerosenbrücke, ✆ 690330, ✆ 0664/80690440 ⓗ Der naturbelassene Auwald entstand im Zuge der

E10
Perzendorf
Neumühle
Zaina
Schmida
Stockerauer Alm
E11
E9
Alte Naufahrt
Donau
4,2
6,5
1,4
14
1955
1962
1960
wasser-Schiff
Nibelungeng.
Wienerstraße
St. Stephan
L2152
Tulln
Rafelswörth
Kleine Tulln
Oberaigen
Stromsiedlung
Unteraigen
Langenlebarn
Rainbow's End
Muckendorf
a.d. Donau
B14
Zeiselmau
B19
S5
Wipfing
Fliegerhorst
L2134
Wolfpassir

Belvedereschlössl Stockerau

Donauregulierung am Ende das 19. Jhs. und wurde später zur öffentlichen Nutzung revitalisiert. @ cow451

Aubad und Erholungspark, Donaulände 78, ✆ 68667, @ pkl357

DonauSplash, Karl-Metz-G. 1a, ✆ 690480, @ yuy626

Die Bezirkshauptstadt Tulln ist ein Wirtschafts-, Kultur- und Freizeitzentrum mit höchster Freizeitqualität. Als Messestadt ist Tulln weit über die Grenzen bekannt. Die Donaustadt ist vom Wasserpark über die Donaulände bis zum Aubad von Grünflächen durchwoben und hat sich national und international als Gartenstadt einen Namen gemacht. Als Geburtsort von Egon Schiele, mit der imposanten Donaubühne und der römischen Vergangenheit ist Tulln auch mit dem Thema Kunst eng verbunden.

Von Tulln nach Korneuburg 22,4 km

Auf der Donaupromenade die Donaubrücke unterqueren ~ danach gleich rechts in die **Karl-Metz-Gasse** ~ bei der Kreuzung rechts auf den Radweg ~ vor der Brücke links, **Mauthausgasse** ~ scharf rechts auf die Brücke auffahren ~ **14** nach Überquerung der Donau rechtsherum zum Ufer zurück ~ auf dem gut ausgebauten Treppelweg stromabwärts ~ auf dem Damm bis zum **Kraftwerk Greifenstein** ~ vor der Staumauer geht es weg vom Ufer ~ **15** an der breiten Zufahrtsstraße nach rechts.

E11
Stockerau
Bezirksmuseum
Automobilmuseum
Schlössl
Horner Straße
E.-Rösch-Straße
A.-Negrelli-Str.
Donau Straße
zögersdorf
Unterrohrbach
Dampf- und Dieselgarage
Leobendorfer Straße
Unterrohrbacher Straße
Feuerwehr- und Heimatmuseum
Spillern
Burg Kreuzen
Adlerwarte Kreuzenstein
Schiefberg
Schiefbergstr.
Naturschutzgebiet Stockerau
In der Au
5,5
Krumpenwasser
15
E10
3,8
2
Kraftwerk Greifenstein
6,5
Höflein
a.d. Donau
Hofau
St. Margareta
Burg Greifenstein
Donau Altarm
Donau
Greifenstein
Hundsberg
390
Hadersfeld
Hagenbach
E12
1950
1945

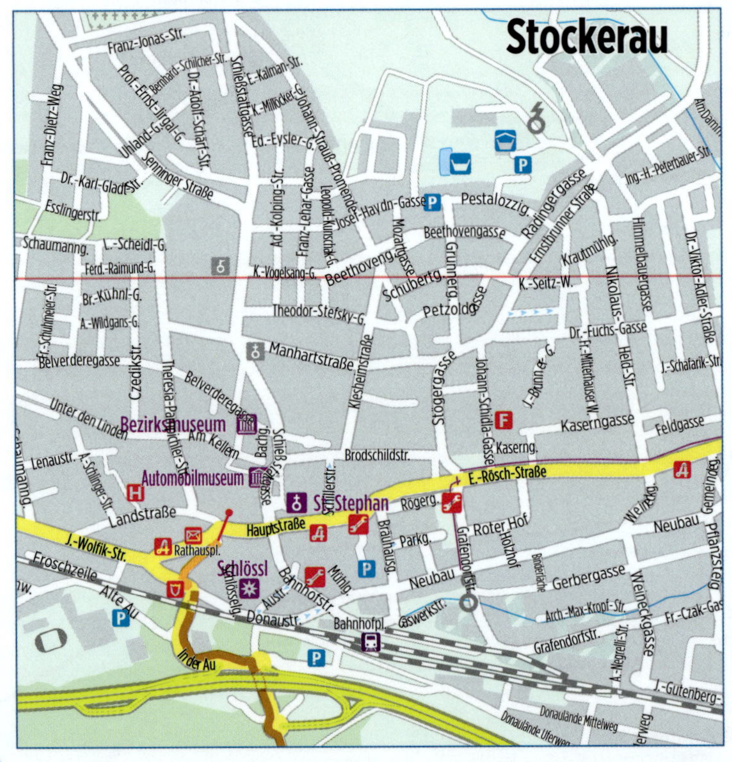

AUSFLUG Wenn Sie nach Stockerau möchten, biegen Sie hier links ab.

Nach Stockerau

Sie fahren über das Krumpenwasser und biegen 500 m weiter links auf einen Forstweg ein, der mit Wegweisern versehen ist ~ fahren Sie im Zick-Zack durch die naturgeschützte Au ~ aus dem Wald heraus, geradeaus über den Kreisverkehr, unter der Autobahn hindurch und bei dem zweiten Kreisverkehr links auf einen Weg abbiegen ~ durch die Unterführung der Nordwestbahn dann links in die **Donaustraße** ~ beim nächsten Kreisverkehr rechts in die **Josef-Wolfik-Straße** und weiter zum Rathausplatz mit Touristinformation.

Stockerau

Vorwahl: 02266

Stadtgemeindeamt, Rathauspl. 1, ✆ 69518, @ gyg173

Automobilmuseum, Schießstattg. 9, ✆ 0676/3582719 Die Sammlung zeigt historische und klassische Automobile aus österr., deutscher und englischer Produktion. @ puj214

Bezirksmuseum, Belvedereg. 3, ✆ 6955200 Ur- und frühgeschichtliche Sammlungen, Exponate aus Volks- und Naturkunde sowie sakrale Objekte dokumentieren die Geschichte der Stadt. Ergänzt durch wechselnde Ausstellungen und der Gedenkstätte für den Dichter Nikolaus Lenau, der von 1818-22 in Stockerau lebte. @ avb113

Pfarrkirche Hl. Stephan, Kirchenpl. 3, ✆ 62771. Der 88 m hohe Kirchturm ist der höchste in Niederösterreich und wurde 1725 erbaut. Der frühklassizistische Bau der Kirche ist ein kreuzförmiger Zentralraum. @ yoj278

Belvedereschlössl, Belvedereg. 3, ✆ 6953600. Das Barockjuwel aus dem 16. Jh. ist heute mit rund 60 Veranstaltungen jährlich Mittelpunkt des kulturellen Lebens nördlich der Donau. Ursprünglich diente es als Rittergut, Maschinenfabrik und Wohnhaus. @ ups377

Rathaus, Rathauspl. 1. Das ehem. Puchheimsche Schloss ist ein stattlicher Barockbau des 17. Jhs. mit bemerkenswerter Pilastergliederung, nach Plänen von Fischer von Erlach d. J. @ nuj534

Schlössl (ehemaliges Passauer Kastenamt), Donaustr. 6. Das Bürgerhaus aus dem 16. Jh. diente von 1804-1824 als Staats-Kastenamt. Im 18. Jh.

wurde das Gebäude barockisiert und 1832 romantisch-historisch umgestaltet. Der übereck gestellte Turm zeigt ein Relief des hl. Georg. Heute ist es Wohnhaus.

Naturschutzgebiet Stockerau, zwischen Krumpenwasser und Autobahn. Seit dem Bau des Kraftwerkes bei Greifenstein kann die Au nur im „Gießgang", d. h. bei Hochwässern, Donauwasser erhalten. Jedoch leben in diesen Weich- und Hartauen u. a. noch 27 Sumpf- und Wasserpflanzen, die auf der Roten Liste der gefährdeten Arten stehen. @ ulq463

Erholungszentrum, Weg zum Hallenbad 1, ✆ 62995, @ wfg378

15 Weiter zum Kraftwerk Greifenstein.

VARIANTE **Beim Kraftwerk Greifenstein können Sie bis zum Einbruch der Dunkelheit ans Südufer wechseln.**

Am Nordufer links an der Kraftwerkseinfahrt vorbei und nach einer Rechtskurve auf dem Treppelweg weiter schnurgerade geht es jetzt Richtung Korneuburg der Weg biegt schließlich nach links in den Wald ab über zwei Wasseradern und danach rechts nach einer Linkskurve über einen weiteren Steg bei der Kreuzung links die nächste rechts in die **Werftstraße.**

AUSFLUG **Um nach Korneuburg zu gelangen, unter der Autobahn hindurch und die Bahnlinie queren. Danach den Radwegen entlang der Hauptstraße nach rechts folgen.**

Korneuburg

Vorwahl: 02262

Stadtgemeindeamt, Hauptpl. 39, ✆ 770, @ lue473

Rollfähre, Tuttendörfl 10, ✆ 0664/2155443, @ xhr171

Stadtmuseum, Dr.-Max-Burckhard-Ring 11, im Kulturzentrum, ✆ 72553 In dem 1908 als „Tröpferlbad" errichteten Gebäude sehen Sie die Ausstellung: „Von der Urgeschichte zur Gegenwart" und wechselnde Sonderausstellungen. @ vdo743

Augustinerkirche, Laaer Str. 1. Eine 1745-48 erbaute ehem. Klosterkirche mit prächtigem Rokoko-Hochaltar und einer gemalten Scheinarchitektur mit der Darstellung des Letzten Abendmahles von F. A. Maulpertsch (1770). @ acc423

Michlfarm, Zum Scheibenstand 11, ✆ 068110617283. Radlerbegegnungsort mit Reparaturcafé, Chillout Area uvm. @ qmc618

Rathaus, Hauptpl. 39. Das neugotische Gebäude, dem mittelalterlichen Stadtturm harmonisch angegliedert, entstand 1894-96. Sehenswert sind die prächtige

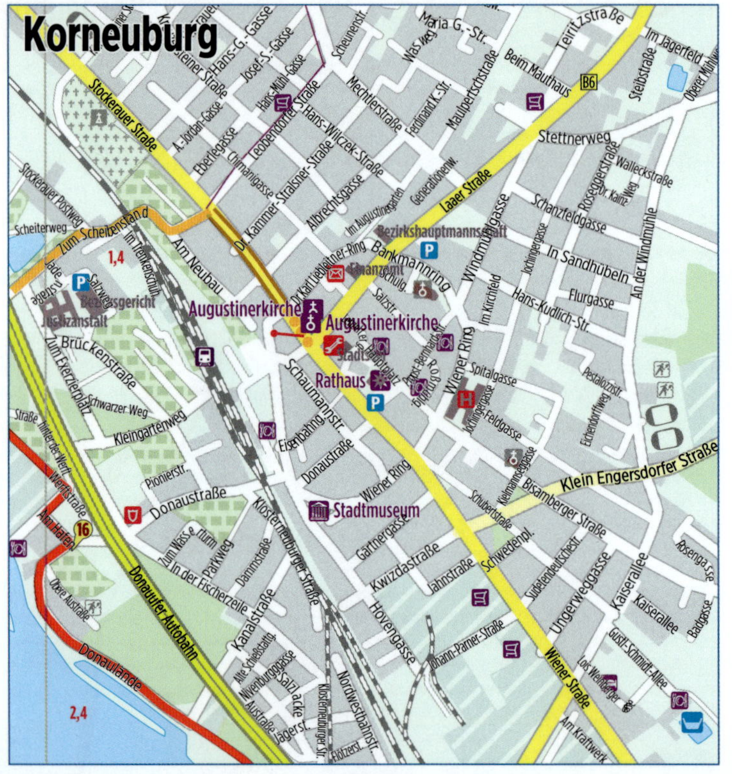

Wappendecke, der renovierte Stiegenaufgang im Foyer und die Sitzungssäle. @ vqk852

Rattenfängerbrunnen, Hauptpl. Dieser künstlerisch besonders schön ausgeführte Brunnen wurde 1898 vom Wiener Bildhauer Emanuel Pendl erbaut. Er stellt die Figur des Rattenfängers aus dem Sagenkreis der Stadt Korneuburg dar. @ nxg328

Florian-Berndl-Bad, Gustl-Schmidt-Allee 1, Bisamberg, ✆ 72134, @ jkd635

TIPP **Etwas nördlich von Korneuburg liegt Leobendorf mit der romantischen Burg Kreuzenstein.**

Leobendorf

Burg Kreuzenstein, ✆ 02264/7291, ✆ 0664/1632700 7d Die von dem Schwedischen Heer verwüstete Burg wurde 1879 unter Graf Wilczek als Modellburg des 15. Jhs. unter Verwendung von Originalbauteilen aus ganz Europa ausgebaut. Die Burg ist heute ein beliebter Drehort für Kinofilme, u. a. wurden hier auch „Die drei Musketiere" (1993) oder „Der letzte Tempelritter" (2011) mit Nicolas Cage gedreht. @ wte573

Adlerwarte Kreuzenstein, Kreuzensteiner Str., neben der Burg Kreuzenstein 7d Bis zu fünfmal täglich können die Greifvögel während ihrer Freiflüge per Falknerei beobachtet werden. @ wcf161

Der Rattenfänger von Korneuburg

Wie in vielen anderen Städten hatte auch in Korneuburg die Bevölkerung im Mittelalter unter zahlreichen Rattenplagen zu leiden. Als die Ratten schließlich die Stadt zu „überschwemmen" drohten, setzte der Weise Rat eine hohe Belohnung für die Beseitigung der Ratten aus. Es dauerte nicht lange bis ein Mann erschien und versprach, die Stadt von den Tieren zu befreien. Mit seinem Flötenspiel lockte er die Ratten in die Donau, wo sie schließlich ertranken. Der Bürgermeister verweigerte dem Flötenspieler jedoch seinen Lohn und wollte ihm nur ein Viertel der versprochenen Summe geben. Verärgert verzichtete der Mann auf das Geld und verließ die Stadt.

Als der Flötenspieler das nächste Mal nach Korneuburg kam, begann er wieder mit seinem Flötenspiel. Doch diesmal folgten ihm keine Ratten sondern die Kinder Korneuburgs. Mit der Musik lockte er sie auf ein Schiff an der Donau das schließlich mit den Kindern und dem Flötenspieler den Fluss hinabfuhr und in der Ferne verschwand. Nur zwei Kinder hatte der

Rattenfänger zurückgelassen. Eines war taub und konnte somit das Flötenspiel nicht hören, das andere drehte nochmal um, weil es seine Jacke holen wollte und versäumte deshalb das Schiff. Die Kinder auf dem Schiff aber wurden nie wieder gesehen.

Von Korneuburg nach Wien 19,7 km

Der **Werftstraße** bis zum Ende folgen ~ rechts in die **Schiffwerftstraße** ~ bei der nächsten Möglichkeit gleich wieder links ~ **16** an der T-Kreuzung rechts und der **Donaustraße** auf die **Donaulände** folgen.

Rathaus in Korneuburg

TIPP Nach 1,5 km im Gewerbegebiet kommen Sie zur Fähre nach Klosterneuburg, wo Sie ans andere Ufer wechseln können.

Nach der Rollfähre Korneuburg-Klosterneuburg beim Wirtshaus „Tuttendörfl" auf den Treppelweg wechseln ~ **17** wenn die Neue Donau beginnt, ans andere Ufer (Donauinsel) wechseln ~ bis zur Reichsbrücke in Wien den Wegen auf der **Donauinsel** folgen ~ vorbei am Donauturm und der UNO-City ~ bei der **Reichsbrücke** entweder in die U-Bahn einsteigen, oder dem Radweg auf der Brücke ins Zentrum von Wien folgen.

ANSCHLUSS Der Donau-Radweg ist hier noch nicht zu Ende, Richtung Bratislava und Budapest fahren Sie einfach entlang der Donau weiter.

Auf dem Radweg entlang der **Lassallestraße** geht es zum **Praterstern 18**, hier bietet sich gleich ein Besuch des weltberühmten Praters mit Riesenrad an ~ dann weiter auf der Praterstraße über die **Aspernbrückengasse** bis zur **Urania 19**.

ANSCHLUSS Geradeaus schließen Sie an den Ring-Rund-Radweg an. Diese Prachtstraße, an der viele der wichtigsten Sehenswürdigkeiten Wiens aneinander gereiht sind, umkreist die Innere Stadt. Einen detaillierten Stadtplan der Wiener Innenstadt finden Sie auf S. 171. Die Route hierzu ist in Orange in der Karte dargestellt.

Nach der Brücke rechts ~ dem Radweg folgen ~ an der **20 Salztorbrücke** links in die **Salztorgasse** ~ dem Straßenverlauf in die **Vorlaufstraße** und die **Tuchlauben** folgen ~ links in die Straße **Brandstätte** bis zum **Stephansplatz 21**.

Sie haben nun das Zentrum Wiens erreicht. Vor Ihnen steht eines der Wahrzeichen Wiens, gleichzeitig das Wahrzeichen Österreichs, der imposante **Stephansdom**.

Wien s. S. 164

Von Melk nach Wien am Südufer

116,9 km

HM/km: ↗ 1,1 (128m) ↘ 1,3 (151m) Radweg: 75 % Unbefestigt: 0 % Verkehr: 1 %

Das Benediktinerstift Melk im Rücken, führt der Donau-Radweg in die wohl bekannteste Weinregion Österreichs, in die Wachau. Dieser Landstrich ist besonders im Frühjahr zur Zeit der Marillenblüte zauberhaft anzusehen. Von der Ruine Aggstein haben Sie einen herrlichen Blick auf die kleinen Juwele der Wachau: Spitz, Weißenkirchen und Dürnstein. Hinter Krems verändert sich das Landschaftsbild komplett – die weite, flache Ebene des Tullnerfeldes umgibt nun den Donaustrom. Kurz vor Wien verengt sich das Tal noch einmal, die Donau tritt durch die Wiener Pforte am Rande des Wienerwaldes und geleitet Sie über Klosterneuburg in die Donaumetropole Wien.

Die Route am Südufer verläuft großteils auf Radwegen und ruhigen Nebenstraßen. Steigungen kommen nur auf den Ausflügen zur Ruine Aggstein und zum Stift Göttweig vor.

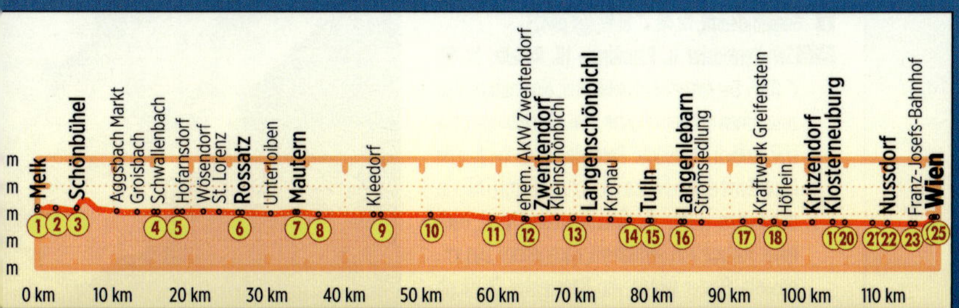

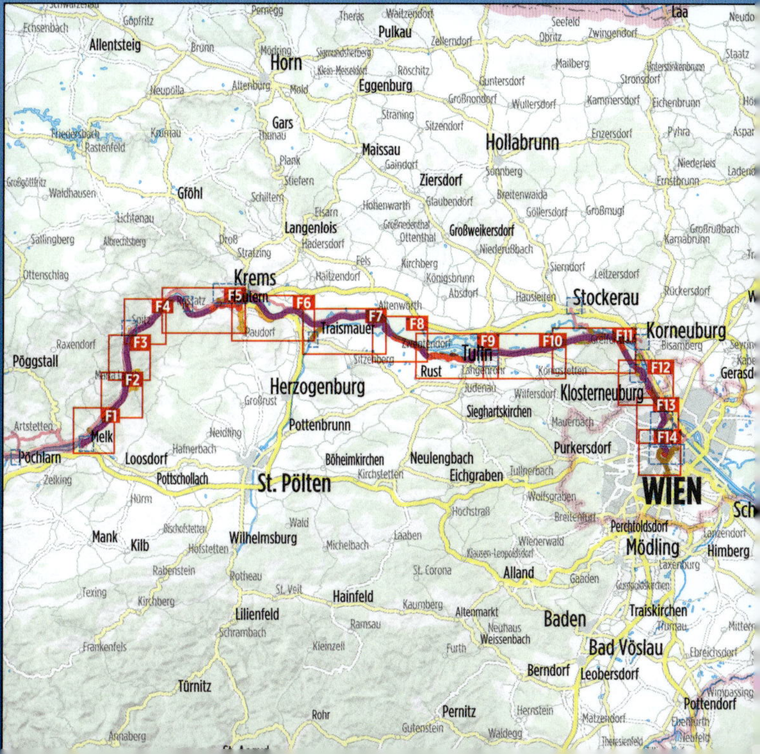

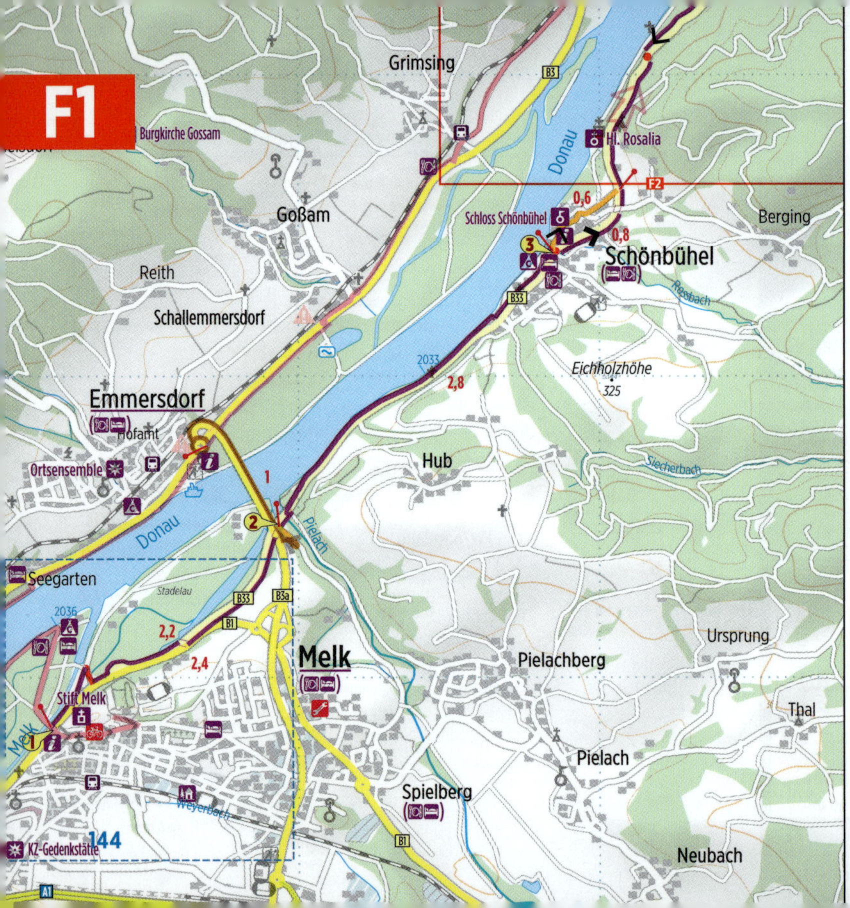

F1

Melk S. 112

Von Melk nach Oberarnsdorf 17,3 km

1 Dem Radweg links der Hauptstraße folgen ⁓ an der Querstraße rechts und dann wieder links in den straßenbegleitenden Radweg einbiegen ⁓ durch die Unterführung auf die andere Straßenseite wechseln ⁓ unter der Brücke hindurch **2** ⁓ der Radweg führt in einer Rechtskehre unter der B 33 hindurch. Sie erreichen Schönbühel mit seinem gleichnamigen Schloss ⁓ vor dem **Amtshaus** Schönbühel über die Straße ⁓

Schönbühel (Schönbühel-Aggsbach)

Vorwahl: 02752

Gemeindeamt, Nr.48, ✆ 8619, @ pij423

Servitenkloster u. Pfarrkirche Hl. Rosalia, Nr. 49, ✆ 8795. Die Kirche ist als schlichter, einschiffiger Bau zusammen mit dem Kloster 1666-74 entstanden. Die 1737 seitlich angefügte Peregrinkapelle birgt eine Kuppel mit einem Fresko von Johann Bergl (1767). In den Felsen wurde die Geburtsgrotte Christi, nach einer Vorlage von Bethlehem, nachgebaut. Das imposante Kloster wurde von Baumeister Christoph Schachinger erbaut. @ oan823

Schloss Schönbühel

Schloss Schönbühel. Die Anlage reicht in das 12. Jh. zurück, der heutige rechteckige Komplex stammt allerdings von 1819-21, ist in Privatbesitz und kann nicht besichtigt werden. @ pxo511

3 Weiter rechts der B 33 bergauf Richtung Aggsbach-Dorf ~ beim Friedhof Schönbühel dem rechtsseitigen Radweg folgen ~ ca. 500 m nach dem Friedhof die Straße queren und linksseitig weiter ~ links auf den Treppelweg, welcher zum Radweg ausgebaut wurde ~ weiter nach Aggsbach-Dorf.

AUSFLUG: Vom Ort aus bietet sich auch ein kurzer Abstecher zur Kartause Aggsbach, zur Hammerschmiede (ca. 100 m von der Kartause entfernt) und zum Mineralienzentrum an. Dazu verlassen Sie 500 m nach der ehem. Schiffstation die Hauptstraße nach rechts und radeln durch das Tal.

Aggsbach-Dorf (Schönbühel-Aggsbach)

Vorwahl: 02753

Marktgemeindeamt, Nr. 48, ✆ 8269, @ qsk874

Hammerschmiede, Aggsbach-Dorf 3, ✆ 0664/9370444 Die Schauschmiede mit drei Wasserrädern zeigt vergangene Zeiten einer hohen Handwerkskunst. @ cdp487

Kartäusermuseum, Aggsbach-Dorf 46, neben der Kirche, ✆ 83010, ✆ 0664/9370444 Das Museum bietet Einblick in die Welt der weißen Mönche und wurde zum Gedenken an den Orden der Kartäuser errichtet. @ kch421

Mineralienzentrum Steinstadel, Aggsbach-Dorf 3, bei der Hammerschmiede, ✆ 8269, ✆ 0664/9370444 Hier werden die verschiedensten Mineralien aus dem Dunkelsteiner Wald ausgestellt, unter anderem der Pyrop (roter Edelstein). @ fwo316

Kartäuserkirche Maria Himmelfahrt, ✆ 0664/9370444. Der einschiffige, schmale Bau wurde 1392 geweiht. Sehenswert sind die figuralen Schlusssteine, die Barockkanzel mit den vier Evangelisten und das Hochaltarbild (17. Jh.). @ rsu443

Kartause Aggsbach. 1380 gründete Heidenreich von Maissau, Mundschenk und Landmarschall von Österreich, das Kloster mit 12 Mönchen der Kartäuser. Nach dem Niedergang während der Reformation erfolgte 1782 die Aufhebung durch Joseph II. Heute Pfarre mit Kloster- und Wirtschaftstrakten aus dem 16.-17. Jh. @ jvd652

Waldbad, Nr. 112, ✆ 8232

Auf dem direkt am Donauufer gelegenen Radweg weiter nach **Aggstein**.

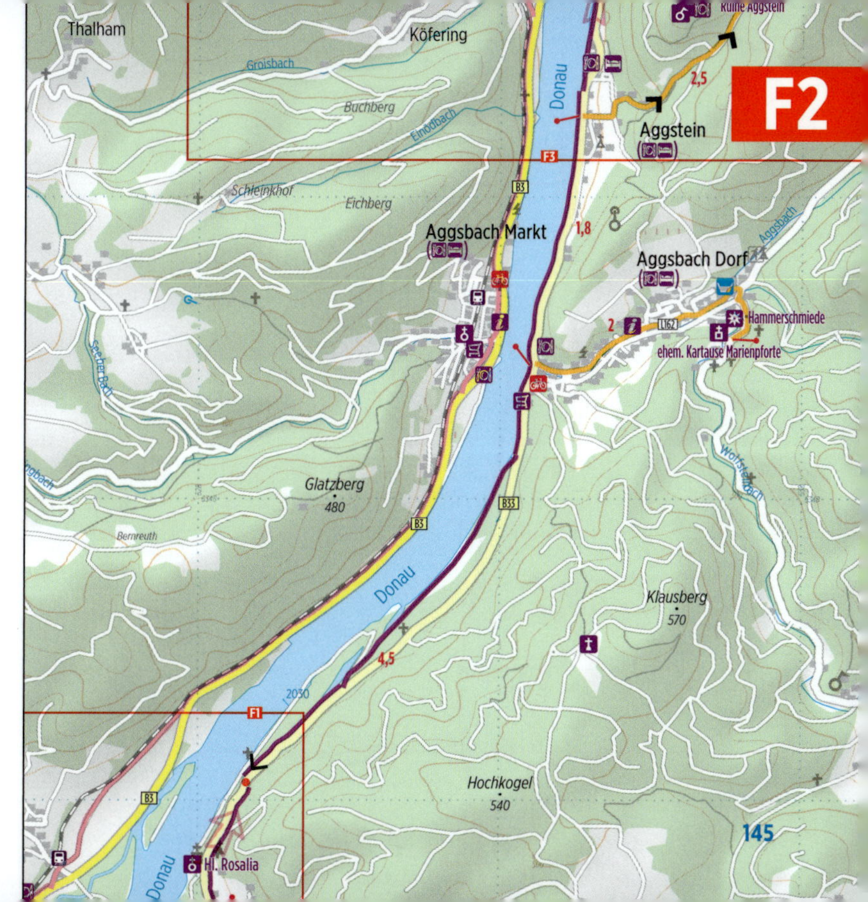

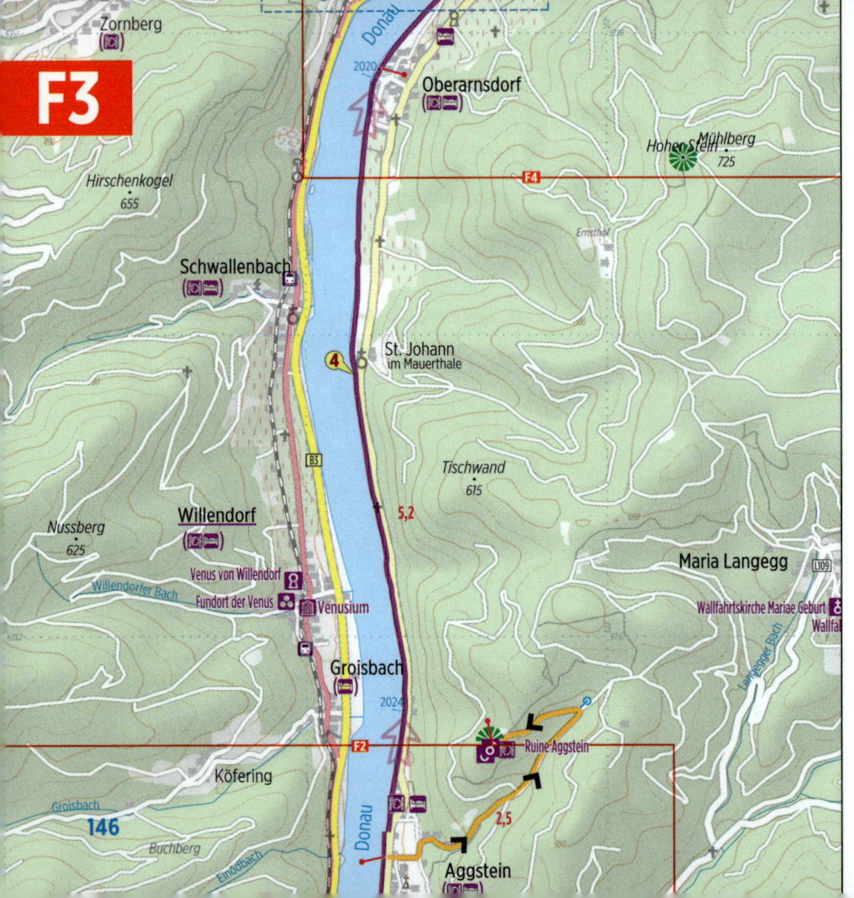

AUSFLUG Ein ziemlich steiler Waldweg führt mit 20 Prozent Steigung zur Ruine empor. Trotzdem sei die ca. 2 km lange Tour zur romantisch gelegenen Anlage allen empfohlen, die romantische Burgen und großartige Panoramabilder lieben. Der Blick reicht vom 300 m hohen Plateau weit über die Wachau hinaus bis zu den Alpen.

Aggstein (Schönbühel-Aggsbach)

Vorwahl: 02753

Ruine Aggstein, ✆ 82281 Auf einem steilen Felsen 300 Meter über der Donau liegt die sagenhafte Burgruine Aggstein, wo bereits die Kuenringer herrschten. Bei einem Rundgang kann man auch die höchsten Mauern auf hölzernen Sichtsteigen überwinden. @ wrh613

Die weithin sichtbare Ruine Aggstein geht auf eine Gründung aus dem 13. Jahrhundert zurück, wurde von den Türken verwüstet und 1606 von Anna von Polheim neu aufgebaut. Dem Besitzer im 15. Jahrhundert, Scheck von Wald, schreibt die Sage grausame Geschichten zu: Er soll Schiffe geplündert, Seile über die Donau gespannt und Raubzoll verlangt haben. Seine Gefangenen mussten dann von den Felsen hinabspringen. Heute sind noch vier Höfe, ein Hauptwehrgang, das Burgverlies mit 8 Meter tiefem Hungerloch, die Burgküche und die Burgkapelle erhalten.

Ab Aggstein schlängelt sich der Radweg auch weiterhin direkt an der Donau entlang bis **St. Johann im Mauerthale** 4 links zum Uferweg diesem nun wieder folgen.

Oberarnsdorf (Mitterarnsdorf)

Vorwahl: 02714

Marktgemeindeamt, Rossatz 29, Rossatz (Mitterarnsdorf), ✆ 6217, @ yuu828

Fähre Arnsdorf-Spitz, ✆ 0650/2502103, Apr, Okt Mo-Fr 6.15-18 Uhr, Sa, So/Fei 8.15-18 Uhr, Mai-Sept Mo-Fr 6.15-19 Uhr, Sa, So/Fei 8.15-19.30 Uhr, @ pqw653

Rollfähre Spitz-Arnsdorf, Spitz a. d. Donau, ✆ 0650/2502103, Apr, Okt Mo-Fr 6.15-18 Uhr, Sa, So/Fei 8.15-18 Uhr, Mai-Sept Mo-Fr 6.15-19 Uhr, Sa, So/Fei 8.15-19.30 Uhr, @ wnv613

Von Oberarnsdorf nach Mautern *16,2 km*

An Oberarnsdorf vorbei und die Fähranlegestelle nach Spitz passieren 5.

AUSFLUG Hier können Sie die Donau queren, um Spitz, einen der Hauptorte der Wachau, zu besuchen. Sie können dann auch am Nordufer weiterfahren.

Ruine Aggstein

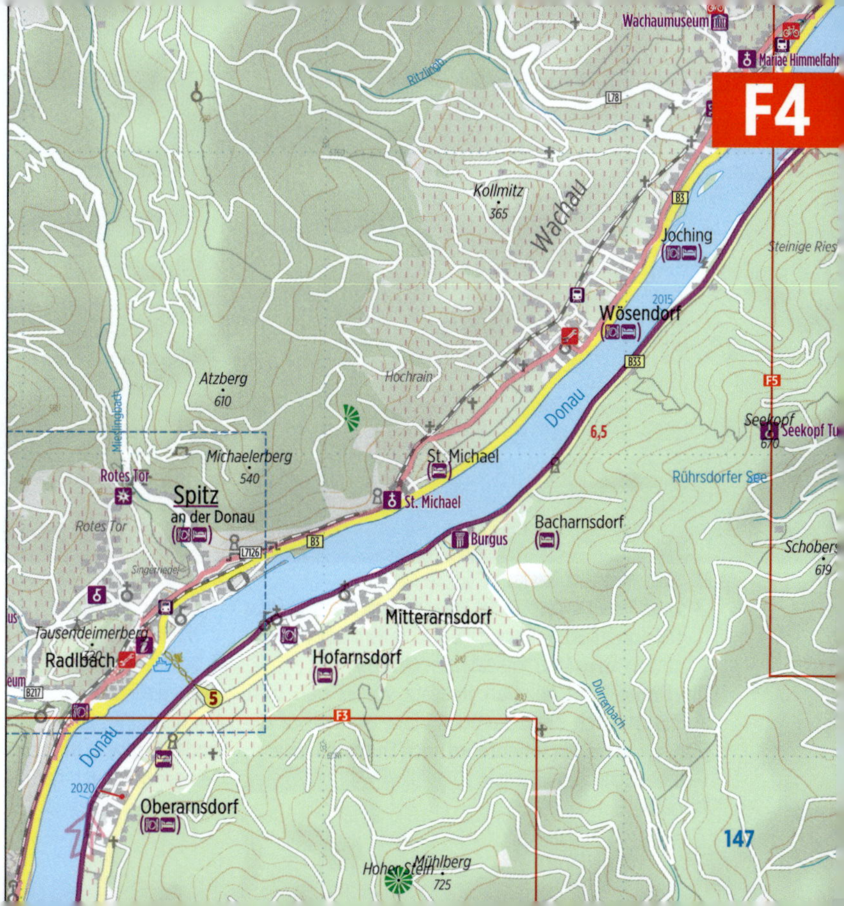

Der Treppelweg führt entlang von Obstgärten in die Winzerorte

Hofarnsdorf (Mitterarnsdorf)

Mitterarnsdorf

TIPP Am „ausg'steckten" Buschen erkennen Sie, wo es Wein zu verkosten gibt.

Weiter geht's auf dem Radweg nach St. Lorenz.

St. Lorenz (Mitterarnsdorf)

Rollfähre St. Lorenz/Weißenkirchen, ✆ 02715/2232, April-Okt., Mo-Fr 8-11.45 Uhr und 13.30-18.45, Sa, So/Fei. 8-18.45 Uhr, @ mdh222

Die Route führt auf einem Wirtschaftsweg durch die Gärten ⇝ in Rührsdorf auf die Dorfstraße wechseln.

Rührsdorf (Mitterarnsdorf)

An der ersten Weggabelung links durch das Dorf ⇝ am Ortsende links in die Weingärten ⇝ 6 nach einer S-Kurve vor dem Dorf Rossatz noch einmal nach links, rechtsherum erreichen Sie den Ort.

Rossatz (Mitterarnsdorf)

Vorwahl: 02714

Blick über die Wachau

Marktgemeindeamt, Rossatz 29, ✆ 6217, @ yuu828

Schloss Rossatz, Nr. 74, ✆ 6218. Seit 1859 ist das ehem. Schloss des Grafen Schönborn in Besitz der Rossatzer und ist mit seinen dreistöckigen Arkadengängen ein beliebter Veranstaltungsort. @ ukk542

Die Route führt links an Rossatz vorbei und trifft in Rossatzbach beim Campingplatz wieder auf die Donau, wo die **Personenfähre nach Dürnstein** anlegt.

Rossatzbach (Mitterarnsdorf)

Vorwahl: 02714

Motorfähre Rossatz-Dürnstein, ✆ 0676/3084750, April/Okt., Fr-So/Fei 10-17 Uhr; Mai/Sept. tägl. 9.30-18 Uhr; Juni-Aug. Mo-Fr 9.30-18 Uhr, Sa/So 9-18.30 Uhr, @ oko746

Donaustrand, Donaulände, ✆ 6217. Der idyllische Sandstrand bietet allerlei Freizeitaktivitäten.

Am Campingplatz vorbei ~ auf dem straßenbegleitenden Radweg bis nach Hundsheim ~ bei der ersten Gelegenheit nach rechts in den Ort abbiegen.

Hundsheim (Mautern a. d. Donau)

Durch Hundsheim und danach auf dem Güterweg durch die Weingärten ~ bald nähert sich wieder die Bundesstraße ~ über den Parkplatz bei der Römerhalle zur Donaubrücke.

TIPP **Wenn Sie nach Krems wollen, überqueren Sie am besten hier den Strom. Wollen Sie aber gleich weiter nach Tulln, so bleiben Sie an diesem Ufer. Außerdem können Sie nach rund 3 km einen Ausflug zum imposanten Stift Göttweig unternehmen. Alternativ**

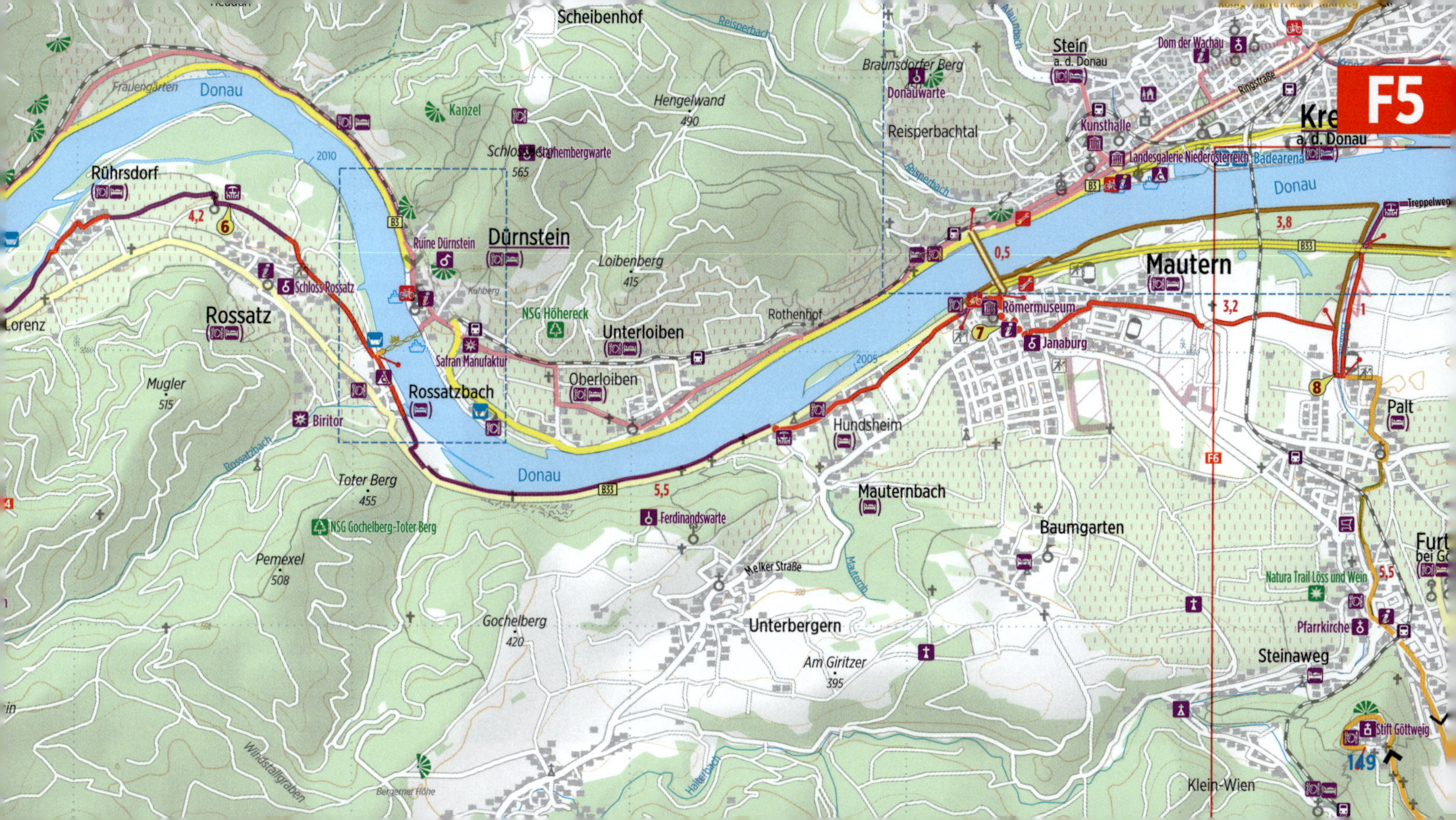

F5
Scheibenhof
Donau
Rührsdorf
Rossatz
Schloss Rossatz
Dürnstein
Ruine Dürnstein
Kanzel
Starhembergwarte
Hengelwand
490
Loibenberg
415
NSG Höhereck
Unterloiben
Oberloiben
Safran Manufaktur
Rossatzbach
Biritor
Mugler
515
Toter Berg
455
NSG Gochelberg-Toter Berg
Pemexel
508
Gochelberg
420
Ferdinandswarte
Hundsheim
Mauternbach
Mautern
Römermuseum
Janaburg
Baumgarten
Unterbergern
Am Giritzer
395
Melker Straße
Stein
a. d. Donau
Dom der Wachau
Kunsthalle
Landesgalerie Niederösterreich
Badearena
Krems
a. d. Donau
Braunsdorfer Berg
Donauwarte
Reisperbachtal
Rothenhof
Palt
Natura Trail Löss und Wein
Pfarrkirche
Steinaweg
Stift Göttweig
Klein-Wien
Furth
Treppelweg
149

Stift Göttweig

können Sie Mautern entlang der Donau umfahren, in der Karte in Orange eingezeichnet.

Mautern a. d. Donau

Vorwahl: 02732

- **Stadtgemeindeamt**, Rathauspl. 1, ☎ 83151, @ bha821
- **Römermuseum**, Schlossg. 12, ☎ 81155 Informatives über das Leben im ehem. römischen Kastell Favianis-Mautern und seiner umgebenden Zivilsiedlung. Außerdem widmet sich das Museum dem Leben des heiligen Severin. @ ocd682
- **Wachauer Goldhauben- und Trachtenmuseum**, Frauenhofg. 5, in der Margaretenkapelle, ☎ 72643 Der Facettenreichtum der Ausstellung reicht von typischen Wachauer Goldhauben über Möbel und Alltags- und Festtrachten der Region. @ glc314
- **Pfarrkirche St. Stephan**, Kirchenpl. In der gotischen Staffelkirche mit polygonalem Chor der Zeit um 1400 sind besonders die Kreuzwegbilder von Martin Johann Schmidt (1770) sehenswert. @ riq853
- **Margarethenkapelle**, Frauenhofg. 5. Bereits 1083 erwähnt und entlang der römischen Stadtmauer errichtet. Heute befindet sich dort das Wachauer Goldhauben- und Trachtenmuseum. @ mpo643
- **Janaburg**, Südtirolerpl. 5. Der Bau im Stil des 16. Jhs., mit einem triumphbogenartigen Portal Renaissancebrunnen im Hof, dient heute als Wohngebäude.
- **Schloss**, Schlossg. Der vierflügelige Bau umfasst Renaissance-Teile aus dem 15. Jh. und diente einst als Verwaltungssitz des Passauer Bistums.
- **Bürgerhäuser**, St. Pöltner Str. Die geschlossene Reihe wuchtiger Häuser mit Portalen, Runderkern und Einfahrtshallen im Stil der Renaissance stammen meist aus dem 16. Jh.

F6
Kremser Hafen
Treppelweg
Donau
Theiß
Donaudorf
Krems
Stockgraben
Palt
Brunnkirchen
Thallern
Angem
Marillen Erlebnisweg
Treppelweg
Wurmsaumlacke
Hollenburg
Furth
bei Göttweig
Sprinzenberg
Oberfucha
Am Glockenberg
Kleedorf
Pfarrkirche
Stift Göttweig
Tiefenfucha
Krustetten
Würbelmühle
St. Georgen
a.d. Traisen
Wagram
ob der Traisen
Rittersfeld
Ried
Neusiedl
Nußdorf
ob der Traisen
Paudorf
Eggendorf
Höbenbach
Runde Heide
Urzeitmuseum

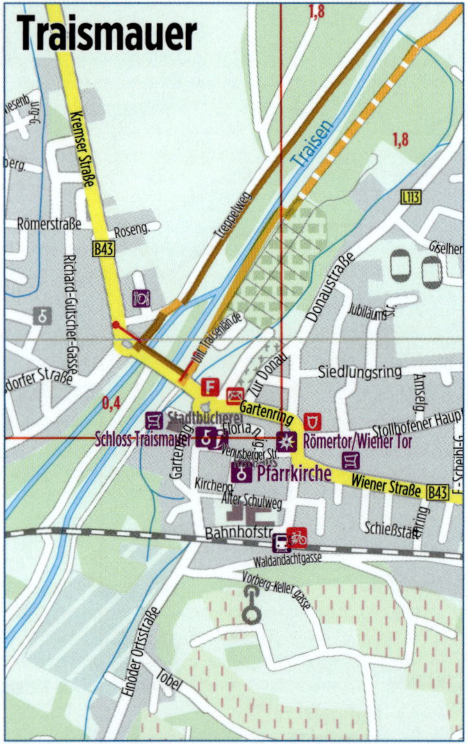

Traismauer

Im ersten Jahrtausend war die Römerstadt eines der bedeutendsten Zentren an der Donau. Im Zusammenhang mit der Errichtung des Donaulimes als nördlicher Grenze des Reiches entstand hier „Favianis“, ein Militärlager und kurz darauf auch eine Zivilstadt. Im 4. und 5. Jahrhundert wirkte der Hl. Severin an diesem Ort und gründete ein Kloster. Die Mauern des mächtigen Wachturms des Kastells und das Römermuseum zeugen noch heute eindrucksvoll von der römischen Geschichte Mauterns.

Von Mautern zum Kraftwerk Altenwörth 25,5 km

An der Römerhalle und am Schloss vorbei ~ auf der **Kremser Straße** ins Zentrum ~ **7** links in die **St. Pöltner Straße** ~ am Rathausplatz vorbei und weiter zum **Südtiroler Platz** ~ links zum Hotel Wagner-Bacher und rechts in den **Grünen Weg** ~ an der Raabkaserne vorbei aus Mautern hinaus ~ nach der Straßenunterführung links ~ beim Damm der Fladnitz nach rechts ~ **8** beim nächsten Steg über das Flüsschen.

AUSFLUG Hier sollten Sie nun entscheiden, ob Sie nach links abzweigen, um wieder zur Donau zu gelangen, oder vorher noch zum Stift Göttweig aufbrechen. In diesem Fall fahren Sie hier geradeaus weiter.

Ausflug zum Stift Göttweig 11 km

Nach Überquerung der Fladnitz halbrechts an den Tennisplätzen vorbei ~ am Ende der Straße rechts ~ weiter nach **Palt** ~ nach der Kirche rechts und dann in den zweiten Weg links neben dem Fladnitzbach ~ auf dem Weg am Ufer nach Furth bei Göttweig.

Furth bei Göttweig

Vorwahl: 02732

Marktgemeindeamt, Obere Landstr. 65, ✆ 8462215, @ yvd283

An der **Oberen Landstraße** verlässt die Route das Flüsschen und führt links weiter ~ nach der Bahnunterführung beginnt der Anstieg ~ nach gut 1 km bei der großen Kreuzung rechts abzweigen und auf den bewaldeten Hügel, auf dem die Anlage thront.

Stift Göttweig (Furth bei Göttweig)

Vorwahl: 02732

Benediktinerstift Göttweig, Stift Göttweig 1, ✆ 855810 Das weithin sichtbare, großartige Kloster entstand nach den (nicht voll ausgeführten) Plänen Johann Lucas von Hildebrandts nach einem Brand zu Beginn des 18. Jhs. Besonders sehenswert: die Kaiserstiege mit dem Deckenfresko von Paul Troger, der Altmannisaal und die Stiftskirche Mariä Himmelfahrt. Diese bildet den Mittelpunkt der Klosteranlage und beherbergt den von Hermann Schmidt gestalteten Hochaltar. Die Reliquien des Klostergründers Altmann von Passau und das Wallfahrtsbild werden in der Krypta aufbewahrt. @ jta342

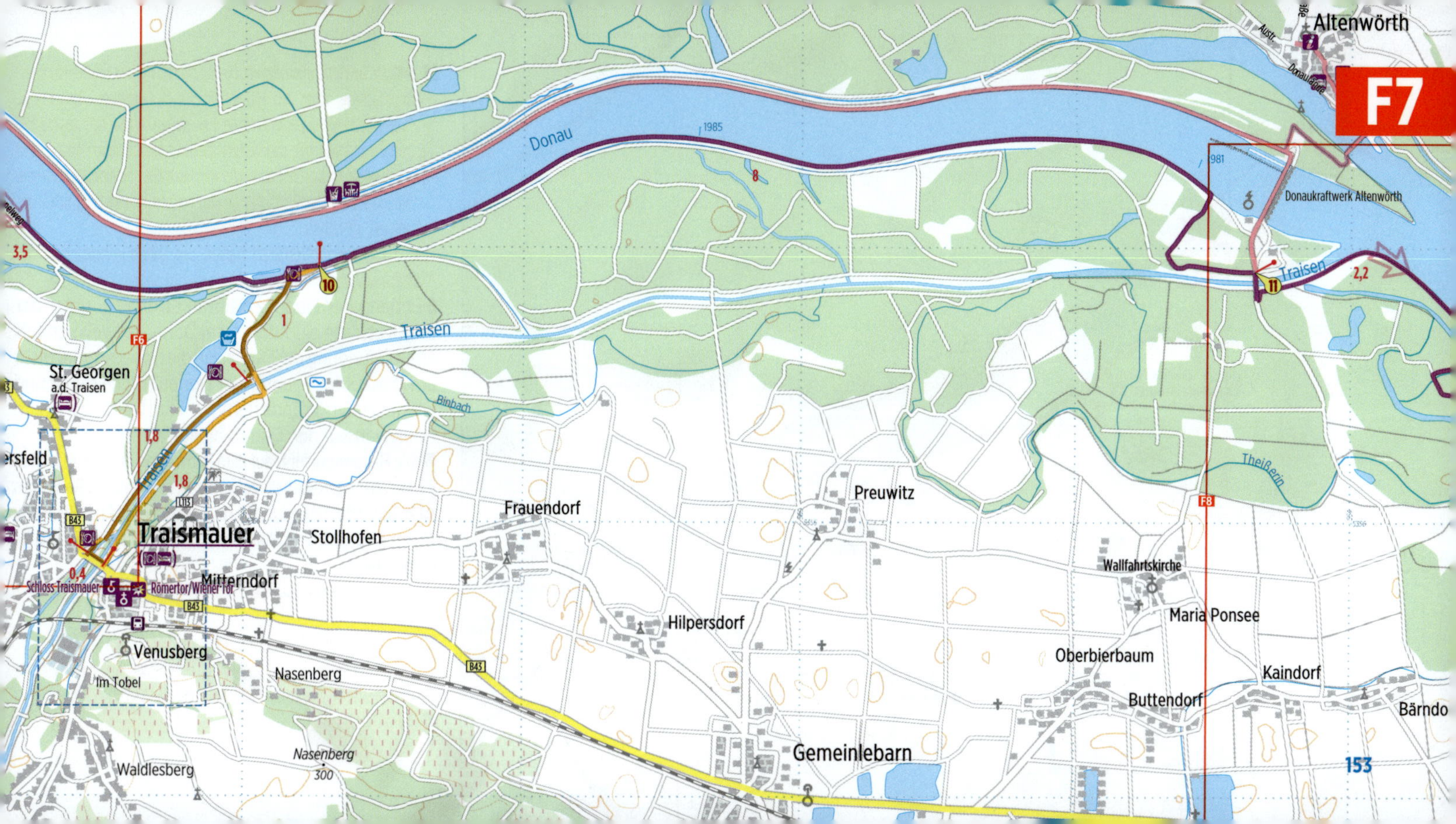
F7
Altenwörth
Donau
Donaukraftwerk Altenwörth
Traisen
Binbach
Theißerin
St. Georgen
a.d. Traisen
Traismauer
Stollhofen
Frauendorf
Preuwitz
Mitterndorf
Schloss Traismauer
Römertor/Wiener Tor
Hilpersdorf
Wallfahrtskirche
Maria Ponsee
Oberbierbaum
Kaindorf
Buttendorf
Venusberg
Im Tobel
Nasenberg
Nasenberg
300
Waldlesberg
Gemeinlebarn
B43
L113
F6
F8
3,5
1,8
1,8
0,4
2,2
10
11
1985
1981
153

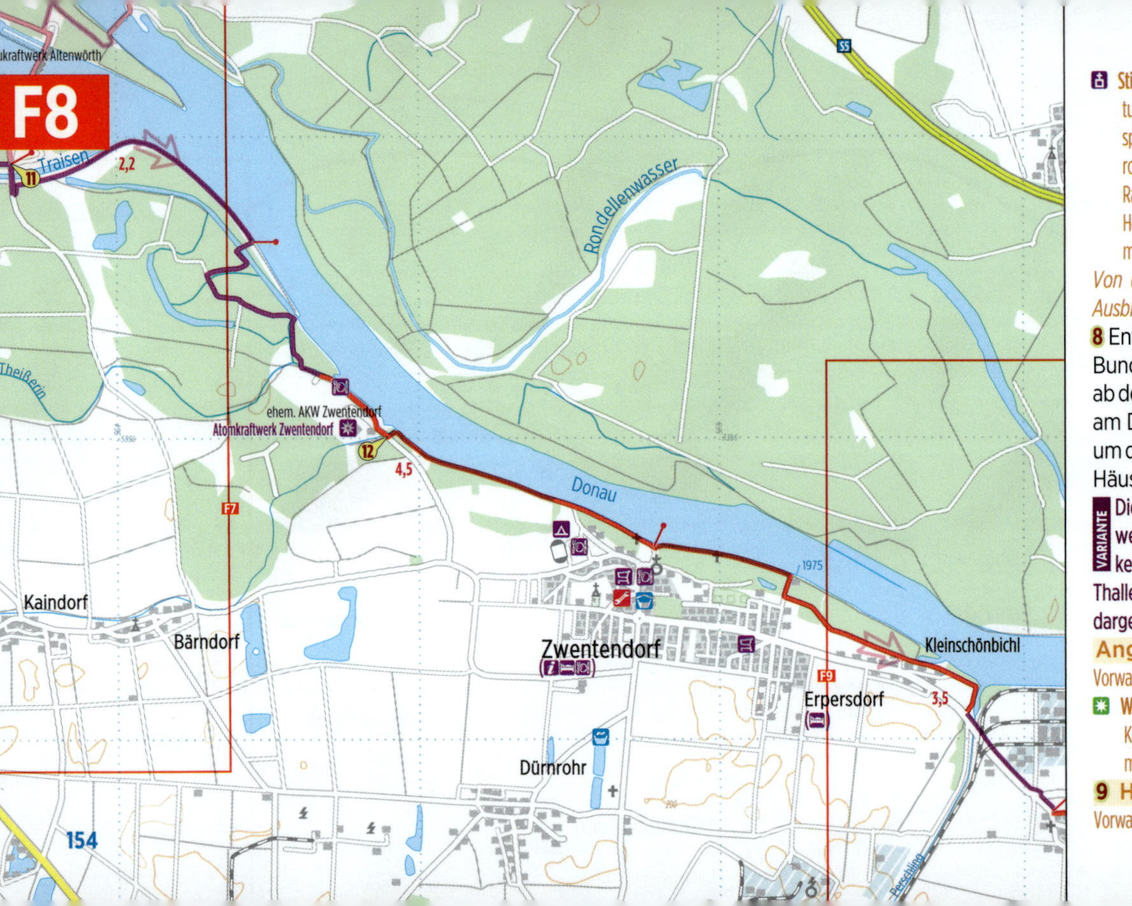

Stiftskirche Mariä Himmelfahrt. Die Stiftskirche mit der prächtigen Zweiturmfassade bildet den Mittelpunkt der Klosteranlage. Das erhöhte spätgotische Presbyterium mit dem eleganten Ostchor und das frühbarocke Langhaus mit den Seitenkapellen ergeben einen besonderen Raumeindruck. Der Chorraum wird vom Hochaltargemälde des Münchner Hofmalers Andreas Wolff, das die Himmelfahrt Mariens zeigt (1694) dominiert. @ hhh872

Von der Aussichtsterrasse haben Sie einen eindrucksvollen Ausblick auf das Donautal.

8 Entlang der Fladnitz Richtung Donau ~ unter der Bundesstraße hindurch ~ der Donauradweg verläuft ab der Mündung der Fladnitz in die Donau immer dicht am Donauufer ~ unter der Donaubrücke durch und um das Hafengelände herum ~ 1 km weiter bei einem Häuschen auf den Damm hinauffahren.

VARIANTE Die Hauptroute führt auf dem Radweg an der Donau weiter, wer aber Interesse hat, die kleinen Orte abseits des Radweges kennenzulernen, folgt den grün-weißen Schildern Richtung Thallern, Angern und Hollenburg. Diese Route ist in orange dargestellt.

Angern (Krems a. d. Donau)

Vorwahl: 02739

Wachauer Marillen Erlebnisweg, Startpunkt: Dorfstr. 34, ✆ 2205 (24) Der 4,5 Kilometer lange, gut ausgeschilderte Rundwanderweg führt durch die malerische Weinlandschaft und durch alte Marillengärten. @ qov174

9 Hollenburg (Krems a. d. Donau)

Vorwahl: 02739

F9
Kleinschönbichl
Donau
Plackenwasser
Donau-Chemie
Langenschönbichl
Pischelsdorf
Neusiedl
Alter Perschlinglauf
Kronau
Asparn
Große Tulln
Langenrohr
Josef-Reither-Museum
Rust
im Tullnerfeld
Hundertwasser-Schiff
Die Garten Tulln
Messegel.
Nibelungeng.
Wienerstraße
St. Stephan
Tulln
B19
L2148
L112
L2152
B213
F8
F10
3,5
3,2
4
3
1,4
13
14
15

Pfarrkirche, Untere Hollenburger Hauptstr. 4, ✆ 2565. Dreischiffige, netzgewölbte Pfeilerbasilika mit charakteristischem Westturm und bedeutender gotischer Madonna um 1420. @ qin122

Hinter Hollenburg führt der Dammweg durch eine zunehmend ebene und offene Landschaft.

AUSFLUG **10** Nach rund 6 km können Sie nach dem Sporthafen vom Damm abzweigen und nach Traismauer radeln.

Traismauer, Römertor

Traismauer

Vorwahl: 02783

Tourismusinfo, Hauptpl. 1, ✆ 8555, @ ixr815

Stadtmuseum-Hungerturm, Florianig. 11, ✆ 8555 Ⓒ Das Stadt- und Heimatmuseum ist im Hungerturm untergebracht, welcher einst ein Befestigungsturm des römischen Reiterkastells war. Fundstücke eines Mammutzahnes, römische Gefäße sowie mittelalterliche Urkunden und Schützenscheiben sind zu sehen. @ hju772

Pfarrkirche und Unterkirche, Kirchenpl. 1, ✆ 6356. Bei Renovierungsarbeiten der Barockkirche wurden die Überreste des röm. Militärlagers aus dem 1. Jh. n. Chr. und die Grabkammer des Grenzgrafen Cadaloc freigelegt. @ yrq861

Schloss Traismauer, Hauptpl., ✆ 8555 Mit dem Treppenturm im Baustil der Renaissance und dem gotischen Aufzugsturm ist das Schloss definitiv einen Besuch wert. Die Grundmauern entstanden bereits im 1. Jh. nach Christus. @ jva681

Römertor/Wiener Tor, Wiener Str. 16, ✆ 0664-4351828. Heute ist das ehem. Haupttor des römischen Kastells mit seinen beiden Hufeisentürmen das Wahrzeichen der Stadt. @ lsi837

Kulturweg „sprechende Römer", Hauptpl. 1, ✆ 8555. Entlang des früheren Grenzwalls erzählen fünf röm. Figuren über die Bauwerke und die Geschichte der Römer in Traismauer, die 500 Jahre ihre Reiterlager hier hatten. @ bcp358

Naturbadesee. Die drei Naturbadeseen bieten Abkühlung in den Sommermonaten sowie genügend schattenspendende Plätzchen auf der großen Liegewiese. @ hfx237

Die **Hauptroute** führt am Donauufer weiter ~ vor dem **Kraftwerk Altenwörth** nach rechts das Ufer verlassen ~ dem Asphaltband folgen ~ **11** beim Kraftwerkstor rechts über die Traisen.

Vom Kraftwerk Altenwörth nach Tulln 20,4 km

Auf der anderen Seite der Traisen in spitzem Winkel links hinunter zur Donau.

Am Treppelweg der Donau bestimmen nun zwei Kraftwerke das Bild: das thermische Kraftwerk Dürnrohr und das nie in Betrieb genommene Atomkraftwerk Zwentendorf. Im Hintergrund sehen Sie schon die nördlichen Ausläufer des Wienerwaldes.

Der Weg zweigt nach rechts ab und geleitet Sie von der Donau weg durch den schattigen Auwald ~ nach dem Steg über einen Donauarm links halten und wieder zurück zur Donau, um gleich wieder rechts in den Auwald abzuschweifen ~ an der Asphaltstraße links und am Kernkraftwerk vorbei ~ danach mündet der Weg in eine Zufahrtsstraße und führt über eine Brücke ~ **12** links auf den Treppelweg.

Zwentendorf an der Donau s. S. 128

Geradeaus entlang der Donau weiter ~ vor einem Betonklotz nach rechts ~ gleich darauf links Richtung **Kleinschönbichl** weiter ~ hinter der Ortschaft am

F10
Donau
1,4
15
St. Stephan
Tulln
F9
4,5
Rafelswörth
Kleine Tulln
Oberaigen
16
Alte Naufahrt
Fliegerhorst
Unteraigen
Langenlebarn
Rainbow`s End
Stromsiedlung
Muckendorf
a.d. Donau
F11
Zeiselmauer
7,5
Donau
Wipfing
Wolfpassing
Nitzing
Frauenhofen
Königstetten
B19
L2152
B14
B213
L2134
L120
L118

Bootshafen vorbei ~ vor dem Perschlingbach nach rechts ~ auf der nächsten Brücke über den Bach und weiter auf dem Begleitradweg entlang der Straße nach Pischelsdorf ~ am Ortsrand von Pischelsdorf links abbiegen.

Pischelsdorf (Zwentendorf an der Donau)

Auf der Route Pischelsdorf umrunden ~ am Waldsaum links ~ dann rechts über einen Bach **13** ~ unter der Landesstraße L 112 hindurch und dem Weg mit kurvigem Verlauf folgen ~ bei Langenschönbichl mündet der Weg in eine Vorfahrtsstraße und führt geradeaus durch den Ort.

Langenschönbichl

Am Ortsende links nach Kronau ~ auf einer schwach frequentierten Landstraße durch die Felder und in **Kronau** geradeaus auf den Radweg neben der Umfahrung ~ vor dem Kreisverkehr durch die Unterführung rechts ab ~ auf den Damm der Großen Tulln hinauf und scharf links unter der Brücke hindurch ~ die nächste Brücke ebenfalls unterqueren und im Linksbogen das Ufer verlassen ~ an der Querstraße links über den Fluss ~ **14** am anderen Ufer links.

AUSFLUG Hier bietet sich die Möglichkeit für einen Besuch der „Garten Tulln". Dazu fahren Sie über die Große Tulln, gerade vor bis zum Kreisverkehr und hier links zum Ausstellungsgelände.

Auf der Hauptroute am Uferweg weiter ~ nach Einmündung der Großen Tulln nähert sich am Donauufer die „Gartenstadt" Tulln.

INS ZENTRUM Vom Gästehafen aus können Sie die Erkundungstour durch Tulln starten, indem Sie rechts in den **Klosterweg** abbiegen. So gelangen Sie am Rathaus Minoritenkloster vorbei zum **Hauptplatz.** Das Egon-Schiele-Museum und das Römermuseum hingegen finden Sie direkt an der Donaulände.

UMSTEIGEN Von Tulln haben Sie die Möglichkeit, mit der S-Bahn nach Wien zu fahren.

15 Tulln s. S. 132

Von Tulln nach Greifenstein *15,2 km*

Von der Donaupromenade bei Tulln am unteren Treppelweg zur Donaubrücke ~ unter der Brücke hindurch und dem Dammverlauf Richtung Greifenstein folgen ~ das Hafenbecken umfahren ~ auf der Dammkrone weiter Richtung Greifenstein ~ an der Donaulände von Langenlebarn und der „Dorflacke" der Kleinen Tulln vorbei **16**

Langenlebarn

Rainbow's End, Bahnstr. 19, ✆ 0664/3070711 © Der 13 m breite und 90 m lange Schaugarten ist in mehrere Thematiken unterteilt, wie etwa einen Rosen-, einen Nasch- oder Wassergarten. @ muk261

Durch **Muckendorf** ~ weiter bis zu einem Yachthafen.

GABELUNG **17** Hier gabelt sich der Weg. Geradeaus, nördlich des Altarmes, verläuft die Hauptroute. Außerdem können Sie über das Kraftwerk bis zum Einbruch der Dunkelheit ans Nordufer gelangen, nachts existiert hier eine Gegensprechanlage. Eine Variante führt hier nach rechts weg und südlich des Altarmes nach Greifenstein.

Für die Variante südlich des Altarmes beim Yachthafen rechts abzweigen, über den Zulauf zum Altarm und links ab ~ auf dem Treppelweg zum **Alten Hafen** und zur **Badewiese** ~ vorbei an der Fähranlegestelle und weiter in Richtung Altarmschwelle ~ hier trifft die Hauptroute wieder auf die Variante.

Auf der Hauptroute weiter bis zum **Kraftwerk Greifenstein** ~ vor dem Kraftwerk rechts ~ zum **Altarmufer** der Linkskurve folgen ~ über den Altarm ~ rechts liegen der Ort Greifenstein und die **Badewiese**, die Route führt links weiter.

Greifenstein

Vorwahl: 02242

Marktgemeindeamt St. Andrä-Wördern, Altg. 30, St. Andrä-Wördern, ✆ 31300, @ jdh561

MS Gernot, Rechtes Donaualtarmufer, ✆ 38079. Überfuhr, Rundfahrten, Bootsverleih, etc. @ lus348

Burg Greifenstein, Kostersitzg. 5. Im 19. Jh. von Fürst Johann Liechtenstein auf Resten einer früheren Befestigung wiederaufgebaut, in der typischen Kleinburg mit Bering, Palas und Bergfried sind noch eine Knappenstube

F11
Kraftwerk Greifenstein
Donau Altarm
Burg Greifenstein
Höflein
a.d. Donau
St. Margareta
Donau
Hofau
Greifenstein
Donaustraße
Hundsberg
390
Hadersfeld
Hagenbach
Altenberg
Zeiselmauer
St. Andrä-Wördern
Kritzendorf
Dorfmuseum
Weißer Hof
Sonnberg
420
Unterkritzendorf
Freiberg
390
Lourdesgrotte
Kulturhaus St. Andrä
Wolfpassing
Maria Gugging
Kierling
Hagenbachklamm
Pfarrkirche St. Ma
B14
L118
L2118
A22
F10
F12

und Torraum aus dem 12. Jh. zu sehen. Die Burg kann momentan nur von außen besichtigt werden. @ cwv745

- **Donau Altarm**
- **Bootsverleih**, Am Alten Hafen 1, Alte Hafenschenke, ✆ 33837, @ usm588
- **Wasserskischule**, Am Hafen 1, ✆ 32955. Wasserschi, Wakeboard, Fun Tubes, Gastronomie, @ rgi361

Von Greifenstein nach Wien — *21,5 km*

Ab Greifenstein entlang der Bahn weiter ~ die Route kehrt zurück zur Donau ~ 18 an der Querstraße nach links zum Treppelweg ~ immer in Donaunähe vorbei an der Ortschaft Höflein.

Höflein (Klosterneuburg)

Vorwahl: 02243

- **St. Margareta**, Schulg. 9, ✆ 80141. Die romanische Wehrkirche (12. Jh.) beherbergt einen barocken Hochaltar von 1725.

Ein kurzes Stück noch entlang der Donau, die hier die **Wiener Pforte** durchfließt, dann weicht der Treppelweg von der Donau ab.

Kritzendorf (Klosterneuburg)

Vorwahl: 02243

- **Rollfähre**, Tuttendörfl 10, Korneuburg, ✆ 0664/2155443 (7d), @ xhr171
- **Dorfmuseum**, Hauptstr. 56-58, im Amtshaus, ✆ 24666, ✆ 0664/4389425 Ⓒ Das Museum informiert über die Geschichte des Weinbaus, die Geschichte von Kritzendorf, die Kirche, uvm. @ obn552
- **Strombad**, Neue Badstr.1, ✆ 444276

In Kritzendorf fahren Sie links der Bahngleise weiter, die Ortsmitte liegt rechter Hand ~ entlang des Klosterneuburger Durchstichs weiter bis zur Kreuzung mit der Rollfährestraße.

AUSFLUG: Bevor Sie aber die Fahrt nach Wien fortsetzen, lassen Sie sich die sehenswerte Stiftsanlage von Klosterneuburg nicht entgehen. Sie beherrscht beeindruckend das Ortsbild und wird von den Wäldern des Kahlenberges und des Leopoldsberges eingerahmt. Die Route ist in orange eingezeichnet 19.

Klosterneuburg

Vorwahl: 02243

- **Tourismus Klosterneuburg**, In der Au, Freizeitzentrum Happyland, ✆ 32038, ✆ 34396, @ fws563
- **Archäologische Sammlung**, Martinstr. 38, Unterkirche St. Martin, ✆ 32568 Ⓖ Tausendjährige Kirchengeschichte in Originalen. Die ältesten Spuren in der Grabung gehen von einer fränkischen Holzkirche um 900 aus, u. a. bemerkenswert das spätgotische Taufbecken. @ grm411
- **Stadtmuseum**, Kardinal Piffl-Pl. 8, ✆ 444299 Ⓖ Neben einer Dauerausstellung zur Stadtgeschichte finden immer wieder wechselnde Sonderausstellungen statt. @ grx133
- **Stiftsmuseum**, Stiftspl. 1 (7d) Die Sammlungen im Stiftsmuseum umfassen Hauptwerke der Malerei, der Skulptur und des Kunsthandwerks vom Mittelalter bis zur Moderne. In der Schatzkammer finden sich Kunstwerke von europäischem Rang – der österreichische Erzherzogshut, die Schleiermonstranz, Hauptwerke der mittelalterlichen Goldschmiedekunst, sakrale Textilien sowie Kunstwerke aus Elfenbein. @ wav852
- **Pfarrkirche St. Martin**, Martinstr. 38. Die Pfarre reicht bis vor die Mitte des 11. Jhs. zurück. Im Innern fallen vor allem die 16 überlebensgroßen, vergoldeten Holzstatuen auf Wandkonsolen auf. @ ybx387
- **Stiftskirche Unsere Liebe Frau**, Stiftspl. 1. Der romanische Bau stammt aus den Jahren 1114-1136, das Innere erhielt im 18. Jh. seine heutige Gestalt. In der Leopoldkapelle ist der berühmte Verduner Altar, das vielleicht großar-

tigste Emailwerk des Mittelalters bestehend aus 51 biblischen Bildtafeln, zu sehen. @ rdk626

Stift Klosterneuburg, Stiftspl. 1, ✆ 411212 Das mittelalterliche Stiftsgebäude (1108) wurde auf der Stelle eines römischen Kastells errichtet und vom 15. bis zum 19. Jh. weiter ausgebaut. Unter Karl VI. entstand von 1730-1755 der barocke Stiftsneubau, der Einheit von Kirche und Kaiserstaat demonstrieren sollte. Die beginnende Säkularisierung setzte dem gigantischen Projekt jedoch ein vorzeitiges Ende. Im Rahmen der Führungen werden u. a. die Kaiserzimmer mit ihren hervorragenden Stukkaturen und der Gobelinsaal gezeigt. @ mym713

Kletteranlage, In der Au 1, ✆ 0664/2012100 Das Kletterzentrum mit Indoor-, Outdoor-Flächen, Boulderareal, Wänden bis 14 m Höhe uvm., bietet 200 Routen in verschiedenen Schwierigkeitsgraden. @ fwr535

Strandbad, Strandbadstr. 16, ✆ 44276, @ ojf811

Barracuda Resort, Strandbad Oasenweg 247, ✆ 0664/1248902. Die Anlage bietet ein abgesperrtes Freischwimmerareal, Sportbecken, Kinderwelt, Wellnessbereich mit SPA, Gastronomie uvm. @ yxu834

Erlebnisbad Happyland, In der Au 1, ✆ 217000, @ gwv543

19 An der Kreuzung mit der Rollfährestraße geradeaus ~ um das Freizeitzentrum herum ~ nach der Strandsiedlung der Route nach rechts folgen.

TIPP Nach der Strandsiedlung können Sie auch nach links zum Freibad abzweigen.

Über den Klosterneuburger Durchstich ~ über den Weidlingbach ~ **20** gleich darauf nach links.

Sie sehen zur Rechten den Kahlenberg und den Leopoldsberg, die auf ihrer Südseite die Wiener Weinhänge tragen. Die ausgezeichneten Weine werden in den berühmten Heurigen in Grinzing, Nussdorf oder Kahlenbergerdorf ausgeschenkt. Wein gedeiht aber auch jenseits der Donau an der linken Flanke der Wiener Pforte, am Bisamberg.

Auf der **Donaustraße** durch das Gewerbegebiet.

TIPP Ab Jänner 2021 wird die Heiligenstädter Hangbrücke komplett erneuert. Die Bautätigkeit ist bis Mitte 2023 geplant. Für Radfahrer ist die Benutzung der Kuchelauer Hafenstraße weiterhin möglich. Eine zusätzliche Route führt über den Hafenbegleitdamm, wofür

Blick auf Wien

am Kuchelauer Sporn eine provisorische Brücke errichtet wurde. Die Route finden Sie in der Karte in orange.

Von der **Donaustraße** weiter auf der **Kuchelauer Hafenstraße** bald ist der Stadtrand von Wien erreicht

Kahlenbergerdorf (Wien)

21 Ab hier führt der Weg kaum verfehlbar bis ins Zentrum von Wien ⇝ durch einen Park und damit wieder für kurze Zeit an der Donau ⇝ die Route folgt nun dem Donaukanal.

INS ZENTRUM **Der Donau-Radweg verläuft hier nun über den Kanal sowie die Donau zur Donauinsel und weiter Richtung Lobau. Die von uns gewählte Route führt Sie nun jedoch ins Zentrum von Wien.**

Vor den Schleusen geht es unter der Bahn nach **Nußdorf**.

Nußdorf (Wien)

Auf einer kleinen Anhöhe an dem von Otto Wagner erbauten Absperrwerk des Donaukanals vorbei **22** und nach einer kurzen Talfahrt vor der Bahnunterführung links abzweigen ⇝ auf dem Radweg ist jetzt die Urania, ein Volksbildungshaus, als Ziel angegeben ⇝ auf dem „Donaukanal-Radweg" unter unzähligen Straßenbrücken hindurch ⇝ der Radweg führt an der von Friedensreich Hundertwasser gestalteten Müllverbrennungsanlage vorbei **23**.

Entlang des Donaukanals geht es nun immer weiter in die Stadt hinein ⇝ auf Höhe der **Rossauer Kaserne**, kurz vor der U-Bahnstation Schottenring, unterqueren Sie die Augartenbrücke.

ANSCHLUSS Hier schließen Sie an den Ring-Rund-Radweg an. Diese Prachtstraße, an der viele der wichtigsten Sehenswürdigkeiten Wiens aneinander gereiht sind, umkreist die Innere Stadt. Einen detaillierten Stadtplan von Wien finden Sie auf S. 171. Die Route hierzu ist in Orange in der Karte dargestellt.

ZUM BAHNHOF Der **Wiener Hauptbahnhof** ist am besten mit dem Rad vom Ring aus zu erreichen.

Zum Hauptbahnhof *2,1 km*

Gegenüber der Wiener Oper biegen Sie nach Süden in die **Operngasse** ein. Sie überqueren die Linke und die Rechte Wienzeile und fahren über die **Canovagasse** und den Resselpark immer auf die **Karlskirche** zu. Vor der Karlskirche rechts in die **Argentinierstraße** abbiegen. Auf Radwegen gelangen Sie bis zum Haupteingang des Hauptbahnhofs.

Weiter entlang des Donaukanals bis zur nächsten Brücke, der **Salztorbrücke** ~ **24** an der Salztorbrücke rechts in die **Salztorgasse,** dann **Marc-Aurel-Straße** ~ dem Straßenverlauf in die **Vorlaufstraße** und die **Tuchlauben** folgen ~ links in die Straße **Brandstätte** bis zum **Stephansplatz** **25**.

Sie haben nun das Zentrum Wiens erreicht. Vor Ihnen steht eines der Wahrzeichen Wiens, gleichzeitig das Wahrzeichen Österreichs, der imposante ***Stephansdom****.*

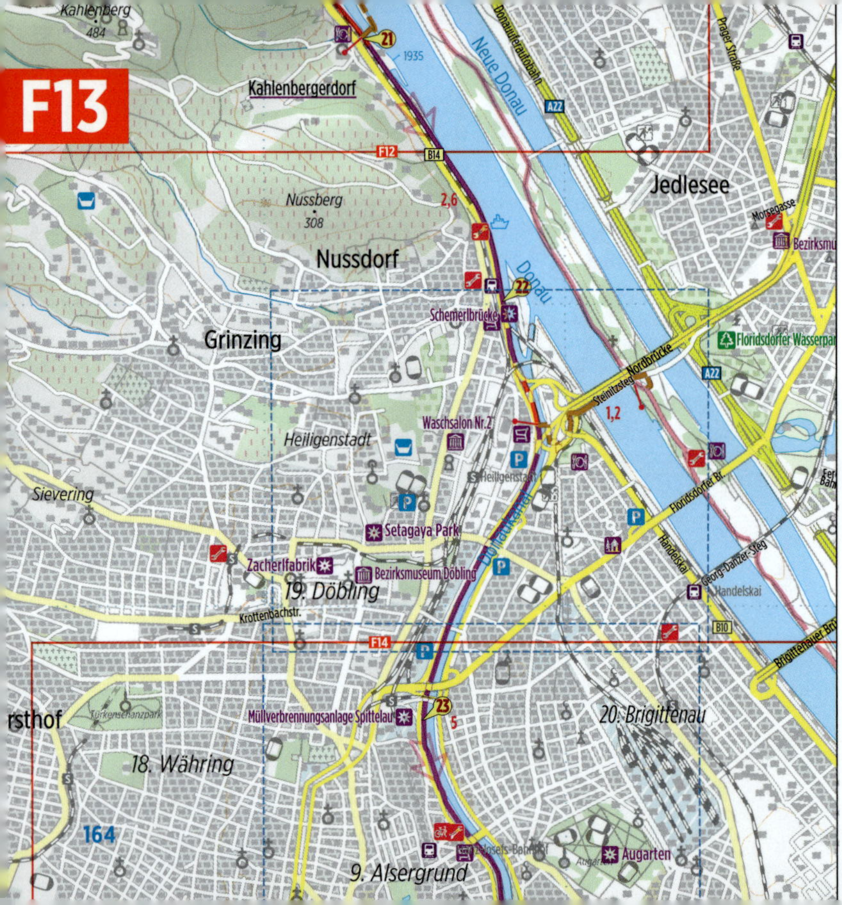

F13

Kahlenberg 484
Kahlenbergerdorf
Nussberg 308
Nussdorf
Grinzing
Heiligenstadt
Sievering
Jedlesee
Neue Donau
Donau
Nordbrücke
Floridsdorfer Br.
Schemerlbrücke
Setagaya Park
Zacherlfabrik
Bezirksmuseum Döbling
19. Döbling
Krottenbachstr.
Müllverbrennungsanlage Spittelau
20. Brigittenau
18. Währing
9. Alsergrund
Augarten

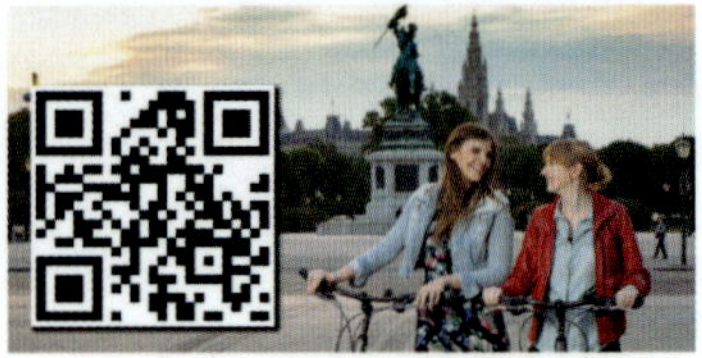

Wien (Wien)

Vorwahl: 01

Tourist-Information, Albertinapl./Maysederg., 1. Bezirk (Wien), ✆ 24555, @ yjw785

Tourist-Information Hauptbahnhof, Am Hauptbahnhof 1, im Infopoint der ÖBB, ✆ 24555, @ vnr853

DDSG Blue Danube, Handelskai 265, ✆ 58880 Standorte: Schwedenplatz, Marina Wien, Reichsbrücke, @ qyb267

Albertina, Albertinapl. 1, ✆ 534830 Eines der bedeutendsten Kunst Museen der Welt: von Michelangelo bis Rubens, von Dürer bis Picasso reichen die Sammlungen. Immer wieder finden auch bedeutende Ausstellungen über verschiedene Künstler oder Fotografie statt. Hier werden mehr als 60.000 Zeichnungen und ca. 1 Million druckgraphische Blätter von der Spätgotik bis zur zeitgenössischen Moderne aufbewahrt. @ wpa636

Heeresgeschichtliches Museum, Arsenal, Objekt 1, ✆ 795610 Im orientalisch-klassizistischen Bau von 1857, dem ersten geplanten Museum Wiens, befinden sich wertvolle Sammlungen zur Militärgeschichte Österreichs vom Dreißigjährigen Krieg bis zum Ersten Weltkrieg. Unter anderem ist der Wagen ausgestellt in dem Erzherzog Franz Ferdinand, und seine Gemahlin Sophie Chotek am 28. Juni 1914 in Sarajewo von Gavrilo Princip erschossen wurden. Das Attentat löste eine europäische Krise aus, die zum Ersten Weltkrieg führte. @ ksl841

Kunsthistorisches Museum, Burgring 5, Maria-Theresien-Platz, ✆ 525240 Zählt zu den bedeutendsten Kunstsammlungen der Welt. Den Kern der Gemäldegalerie bilden Werke von Dürer, Rubens, Tizian und Bruegel d. Ä. (größte Bruegel-Sammlung der Welt). Weiters besonders sehenswert: Ägyptisch-Orientalische Sammlung, Antikensammlung, Münzkabinett, die Kunstkammer mit den berühmten Goldschmiedearbeiten, meisterhaften Bronzestatuen, filigranen Elfenbeinarbeiten u. v. m. @ jbg576

MAK – Österreichisches Museum für angewandte Kunst, Stubenring 5, ✆ 711360 Möbel, Textilien oder Glas und Keramik – wie Kunst den Alltag und der Alltag die Kunst beeinflusst, kann im MAK erkundet werden. Ausgestellt sind ostasiatische und islamische Kunst, Kunstblätter, Metallarbeiten und Werke der Wiener Werkstätte bis hin zu einer Sammlung von Teppichen und den Arbeiten moderner Künstlerinnen und Künstler. @ mlt288

Mozarthaus Vienna, Domg. 5, ✆ 5121791 Drei Jahre, von 1784 bis 1787, lebte Wolfgang Amadeus Mozart in diesem Haus. Die Ausstellung behandelt sein Werk und Leben. @ ewy774

Naturhistorisches Museum, Burgring 7, Maria-Theresien-Platz, ✆ 521770 Das Museum beherbergt seltene Rohdiamanten und Meteoriten, eine Fossiliensammlung mit 15.000 Skeletten (darunter Dinosaurier) und eine anthropologische Sammlung vom Jungpaläolithikum bis zur Gegenwart. Auch das Original der „Venus von Willendorf" ist hier ausgestellt. @ umu572

Österreichische Galerie Belvedere, Prinz-Eugen-Str. 27, Oberes Belvedere, ✆ 79557134 Die Schau bietet einen Überblick über die österreichische Malerei vom Biedermeier über die Ringstraßenzeit bis zum Jugendstil. Neben der größten Sammlung der Werke von Klimt, Schiele und Kokoschka, sind auch Waldmüller, Romako, Makart und Wotruba zu sehen. @ cpu853

Österreichische Nationalbibliothek, Josefspl. 1, ✆ 53410 Vater und Sohn Fischer von Erlach schufen 1723-37 im Prunksaal einen der glanzvollsten Räume des Barock. Die Deckengemälde stammen von Daniel Gran. Im Mittelpunkt stehen jedoch die 15.000 goldgepressten Bände des librophilen Prinzen Eugen von Savoyen. Außerdem sehenswert: Prunksaal, Literaturmuseum, Globenmuseum, Papyrusmuseum und Esperantomuseum. @ xhe814

Kaiserliche Schatzkammer, Hofburg-Schweizerhof, ✆ 525240 Eine der bedeutendsten Schatzkammern der Welt verwahrt die Kaiserkrone des Heiligen Römischen Reiches (um 962), die österreichische

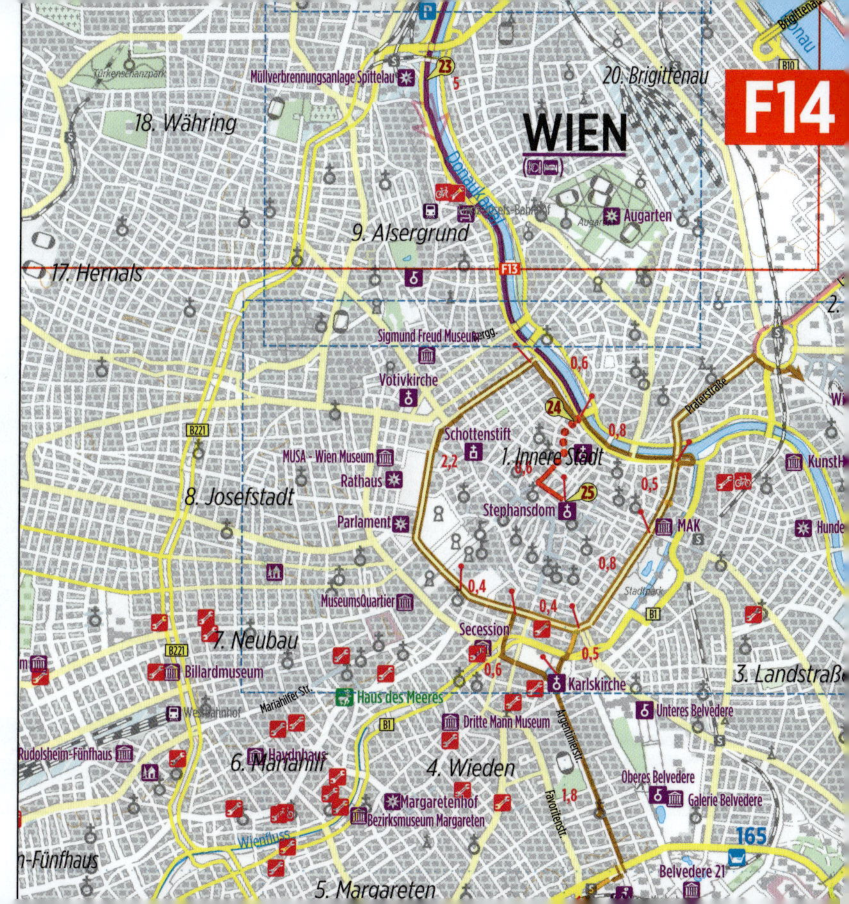

Wien, Palmenhaus

Kaiserkrone, den Burgunderschatz und den Schatz des Ordens vom Goldenen Vließ. @ ytp216

Belvedere 21 – Museum für zeitgenössische Kunst, Arsenalstr. 1, Quartier Belvedere, ✆ 795570 Das Museum zeigt österreichische Kunst des 20. und 21. Jhs und ist in einem sehenswerten Gebäude, das von Stararchitekt Karl Schwanzer als Österreich-Pavillon für die damalige Weltausstellung im Jahr 1958 entworfen wurde, untergebracht. @ eje228

Bezirksmuseum Brigittenau, Dresdner Str. 79, 20. Bezirk (Wien), ✆ 3305068 Das Museum behandelt spannende Geschichten und die Entwicklung des Bezirks. @ fvf274

Bezirksmuseum Hietzing, Am Platz 2, ✆ 8777688 In einem ehemaligen Schulgebäude dokumentiert das Museum die Geschichte und die Eigentümlichkeiten des Bezirks. @ phj852

Bezirksmuseum Margareten, Schönbrunnerstr. 54, ✆ 400005127, ✆ 0676/4143861 Das jüngste aller Wiener Bezirksmuseen zeigt Margaretens Architektur und beleuchtet das Leben der Bewohner. @ spf873

Bezirksmuseum Meidling, Längenfeldg. 13-15, 12. Bezirk (Wien), ✆ 8176598 Das älteste der Wiener Bezirksmuseen behandelt nicht nur die Geschichte des Bezirks, sondern verfügt auch über eine Galerie, in der die Werke heimischer Künstler ausgestellt sind. @ erh671

Bezirksmuseum Penzing, Penzinger Str. 59, ✆ 8972852 Die Geschichte Penzings sowie die Entwicklung des Straßen- und Bahnverkehrs werden in mehr als 20 Ausstellungsräumen beleuchtet. @ ubn683

Bezirksmuseum Rudolfsheim-Fünfhaus, Rosinag. 4, ✆ 40015127, ✆ 0664/2495417 Das „Museum 15" zeigt in drei Räumen die Geschich-

Wien, Prater

te des Bezirks und den Lebens- und Arbeitsalltag seiner Bewohner. @ mfi533

- **Dritte Mann Museum**, Pressg. 25, ✆ 5864872 Hier dreht sich alles rund um den Filmklassiker „Der dritte Mann" und um das Wien der Nachkriegszeit. @ isf382
- **Haus der Musik**, Seilerstätte 30, ✆ 5134850 Im modernen, interaktiven Erlebnismuseum wird die Welt der Musik sicht- und hörbar. @ gtx815
- **Haydnhaus**, Haydng. 19, ✆ 5961307 Informatives über die letzten Lebensjahre des Komponisten. @ okk657
- **Jüdisches Museum**, Dorotheerg. 11, ✆ 5350431 Rund 50 Jahre nach Kriegsende öffnete wieder ein jüdisches Museum seine Tore in Wien. Die Wechselausstellungen zeigen jüdische Kulturgeschichte, bildende Kunst, Literaturgeschichte und Fotografie. Weiterer Standort: 1., Judenpl. 8, @ erc481
- **Kaffeemuseum**, Vogelsangg. 36, 5. Bezirk (Wien), ✆ 0664/1441406. Die Sammlung beleuchtet alles zum Thema Kaffee, von der Kaffeebohne über antike Kaffeemaschinen bis zur Wiener Kaffeehauskultur. @ xvr684
- **Klimt Villa**, Feldmühlg. 11, 13. Bezirk (Wien), ✆ 8761125. In der großteils neobarock ausgeführten Villa schuf Gustav Klimt von 1911 bis zu seinem Ableben 1918 viele einflussreiche Werke. Die Ausstellung zeigt Exponate rund um Klimts Atelier. @ ghf743
- **Kunst Haus Wien**, Untere Weißgerberstr. 13, ✆ 7120491 Zu sehen sind vor allem die Werke von Hundertwasser (Malerei, Architektur, Skulpturen) und wechselnde Ausstellungen von Künstlern des 20. Jhs. @ puh754

Kunsthalle Wien, Treitlstr. 2, 521890 Wechselausstellungen zeitgenössischer Kunst sowie Meisterwerke der klassischen Moderne. Zweiter Standort: 7., Museumsquartier, Museumsplatz 1, @ jxq341

Leopoldmuseum, Museumspl. 1, im MuseumsQuartier, 525701584 Eine beträchtliche Sammlung, die über 5.000 Exponate umfasst, gewährt Einblick in die moderne österreichische Kunst. Neben spannenden Wechselausstellungen beherbergt es die umfangreichste und bedeutendste Egon-Schiele-Sammlung der Welt sowie berühmte Werke von Gustav Klimt, Oskar Kokoschka, Richard Gerstl, Koloman Moser und vielen anderen Künstlern. @ njb763

Madame Tussauds, Riesenradpl. 5-6, 8903366 Das weltberühmte Wachsfigurenkabinett zeigt im Wiener Prater mehr als 80 Wachsfiguren und eine interaktive Sisi-Erlebniswelt. @ dgv245

mumok - Museum moderner Kunst, Museumspl. 1, Museumsquartier, 525000 Moderne und zeitgenössische Kunst. Außergewöhnliche Sammlung mit Werken der Klassischen Moderne, der Pop Art, Wiener Aktionismus, aktuelle Film- und Medienkunst. @ tel748

Museum der Illusionen, Wallnerstr. 4, 5322255 Das kleine Museum zeigt eine beachtliche Sammlung optischer Illusionen, Hologrammen und Stereogrammen. @ wyb146

MuseumsQuartier, Museumspl. 1, 5235881 Spektakuläres Kulturareal am Rand der Wiener Altstadt und achtgrößter Museumsbezirk der Welt. @ xfd527

Narrenturm, Spitalg. 2 Im „Guglhupf", vor 250 Jahren als erste psychiatrische Klinik unter Kaiser Joseph II. errichtet, ist die weltweit größte pathologisch-anatomische Sammlung untergebracht. @ rrq563

Wien, Stephansdom

Pfadfindermuseum, Löschenkohlg. 25 Das Museum gewährt Einblicke in die Geschichte der Pfadfinderbewegung von den Knabenhorten des beginnenden 20. Jhs. bis heute. @ fnl218

Römermuseum, Hoher Markt 3, 5355606 Interaktive Ausstellung zur Geschichte des Legionärslagers Vindobona. @ pka174

Sigmund-Freud-Museum, Bergg. 19, 3191596 Von 1891 bis 1938 wohnte hier der Begründer der Psychoanalyse, bevor er Österreich verlassen musste. Freuds einstige Ordination ist heute als Museum eingerichtet. @ eua627

Sisi Museum, Michaelerkuppel, Hofburg-Kaiserappartements, 5337570 Zentrale Themen im eindrucksvoll wie einfühlsam gestalteten Sisi Museum sind die unbeschwerte Mädchenzeit in Bayern, die überraschende Verlobung mit dem Kaiser sowie ihre offizielle Rolle als österreichische Kaiserin. @ sxb461

Theatermuseum, Lobkowitzpl. 2, 525242729 Das Museum beinhaltet vor allem Bühnenmodelle, Kostüme und Requisiten sowie Fotos und Zeichnungen. @ kea186

Time Travel, Habsburgerg. 10A, 5321514 In den Gewölben des Klosters St. Michael kann man sich auf eine virtuelle Zeitreise durch die Geschichte Wiens machen. @ oxl671

Uhrenmuseum, Schulhof 2, 5332265 Ausstellung von 3.000 Uhren, mit allen möglichen Kuriositäten wie etwa die „Zappler", deren kleinstes Exemplar unter einen Fingerhut passt. @ cse558

Verkehrsmuseum Remise, Ludwig-Koeßler-Pl. 109, 790946803 Mehr als 80 historische Fahrzeuge seit 1871 sowie Autobusse und Wagen der ehemaligen Wiener Stadtbahn. @ ysc885

Waschsalon Nr. 2, Halteraug. 7, 0680/1415744 Im denkmalgeschützten Karl-Marx-Hof, dem wahrscheinlich repräsentativsten Wiener Gemeindebau, zeigen vier Themenbereiche die Geschichte des Roten Wien der Ersten Republik. @ tsr184

Weltmuseum Wien, Neue Burg/Heldenpl., 534305052 Ethnologisches Museum mit einzigartigen Kulturschätzen aus aller Welt und spannenden Geschichten dazu. @ bkd354

Wien Museum im MUSA, Felderstr. 6-8, 40008400 Historisches Museum der Stadt Wien. Eine faszinierende Mischung aus Kunst und Geschichte von der Jungsteinzeit bis zur Mitte des 20. Jhs. Bis etwa 2022 ist das Wien Museum im MUSA zu erleben. @ uam287

Wiener Secession, Friedrichstr. 12, 5875307 Nach Plänen von Joseph Olbrich wurde das Haus 1897-98 für die progressive Künstlergruppe der „Wiener Secession" errichtet. Neben Wechselausstellungen moderner Kunst ist hier heute der 34 m lange Beethoven-Fries von Gustav Klimt zu besichtigen. @ tyg288

Stephansdom, Stephanspl., 5137648 Österreichs bedeutendstes gotisches Bauwerk. Neben dem Riesenrad Wahrzeichen Wiens, gilt er auch als Wahrzeichen Österreichs. Er repräsentiert die (Bau-)Geschichte von 800 Jahren. Sehenswertes: das Grabmal Kaiser Friedrichs III. aus rotem Marmor, die Kanzel Anton Pilgrams von 1514/15, der „Wiener Neustädter Altar" von 1447. Unter dem Dom weit verzweigtes Katakombensystem mit wertvollen historischen Zeugnissen. @ usi533

Schottenstift, Freyung 6, 53498. Als der Babenberger Heinrich II. Jasomirgott seine Residenz von Klosterneuburg nach Wien verlegte, berief er im Jahr 1155 iro-schottische Mönche zur Klostergründung nach Wien. Im selben Jahr wurde mit dem Bau der Schottenkirche begonnen. Herzog Albrecht V. entzog den Iro-schotten im Zug der Melker Reform im Jahr 1418

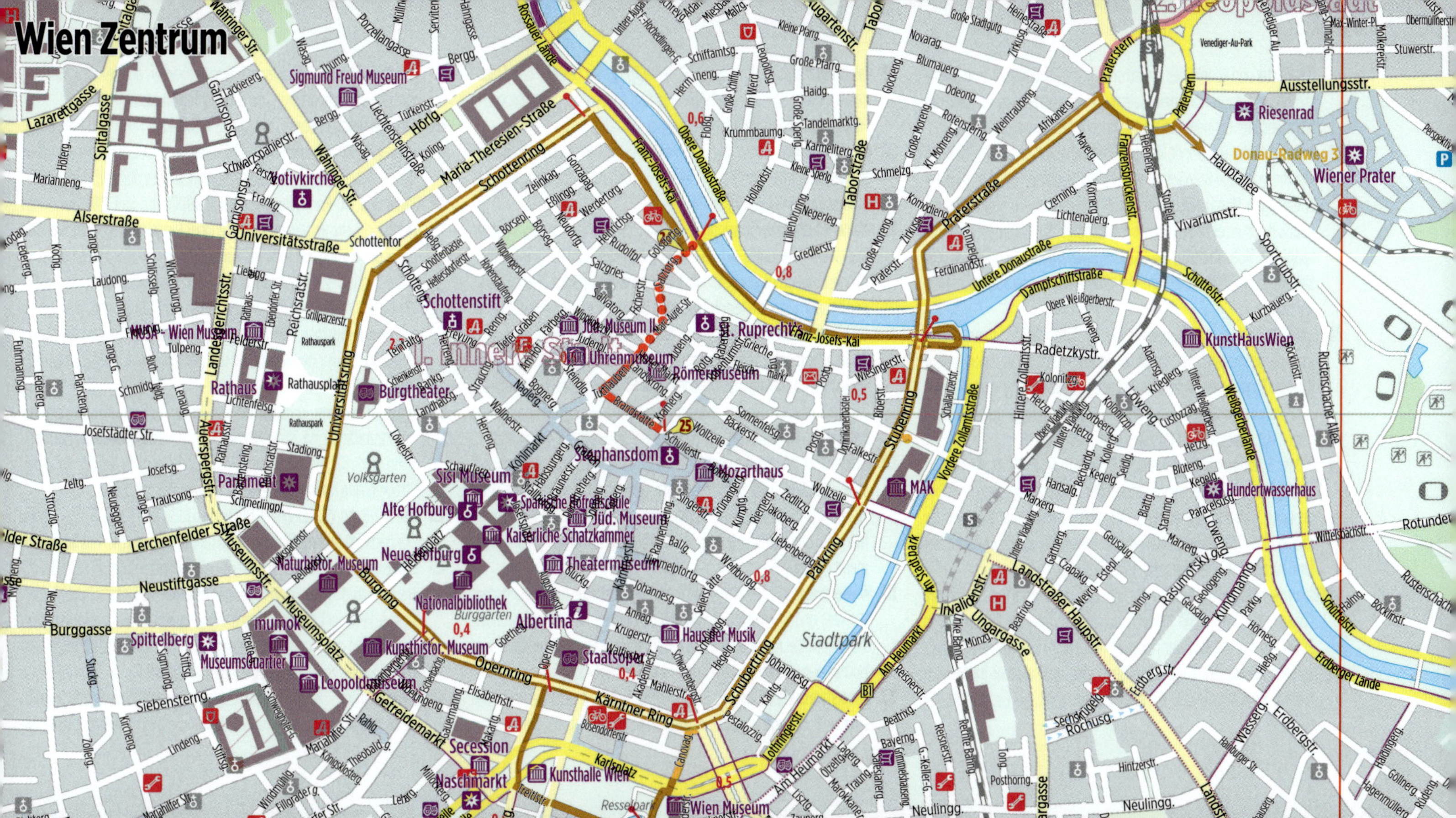
Wien Zentrum
Sigmund Freud Museum
Votivkirche
Schottenstift
MUSA - Wien Museum
Rathaus
Rathausplatz
Burgtheater
Parlament
Volksgarten
Sisi Museum
Alte Hofburg
Spanische Hofreitschule
Kaiserliche Schatzkammer
Neue Hofburg
Naturhistor. Museum
Nationalbibliothek
Burggarten
Albertina
Kunsthistor. Museum
Staatsoper
mumok
MuseumsQuartier
Leopoldmuseum
Spittelberg
Secession
Naschmarkt
Kunsthalle Wien
Resselpark
Wien Museum
Theatermuseum
Jüd. Museum
Jüd. Museum II
Uhrenmuseum
Römermuseum
St. Ruprecht
Stephansdom
Mozarthaus
Haus der Musik
MAK
Stadtpark
KunstHausWien
Hundertwasserhaus
Riesenrad
Wiener Prater
Donau-Radweg 3
Hauptallee
I. Innere Stadt
Ringstraße
Schottenring
Universitätsring
Burgring
Opernring
Kärntner Ring
Schubertring
Parkring
Stubenring
Franz-Josefs-Kai
Obere Donaustraße
Untere Donaustraße
Praterstraße
Taborstraße
Landstraßer Hauptstr.
Ausstellungsstr.
Alserstraße
Universitätsstraße
Lerchenfelder Straße
Neustiftgasse
Burggasse
Siebensterng.
Getreidemarkt
Karlsplatz
Maria-Theresien-Straße
Währinger Str.
Lazarettgasse
Spitalgasse
Josefstädter Str.
Landesgerichtsstr.
Auerspergstr.
Museumstr.
Museumsplatz
Lothringerstr.
Am Heumarkt
Weißgerberlände
Schüttelstr.
Erdberger Lände
Radetzkystr.
Dampfschiffstraße
Vordere Zollamtsstraße
Invalidenstr.
Ungargasse
Rasumofsky g.
Vivariumstr.
Franzensbrückenstr.
Praterstern
Schottentor
Rotunden

das Kloster und übergab es deutschsprachigen Benediktinern, der Name „Schotten" wurde aber beibehalten. In der ehemaligen Prälatur des Schottenstiftes befindet sich heute ein Museum. @ wqf356

Hofburg, Michaelerkuppel, Eingang Heldenplatz, 5337570 Bis 1918 war die prächtige Burganlage in der Mitte von Wien das Zentrum der ehemaligen Monarchie, heute erfüllt sie dieselbe Funktion für die Republik Österreich. Außerdem beherbergt die Hofburg heute die Spanische Hofreitschule, die Österreichische Nationalbibliothek, das Sisi Museum, die Silberkammer sowie die Kaiserappartements. @ cai462

Schloss Belvedere, Prinz-Eugen-Str. 27, 79557134 Das Schloss, das als eines der schönsten barocken Bauwerke gilt, wurde als Sommerresidenz für Prinz Eugen von Savoyen ab 1700 unter der Bauleitung von Lukas von Hildebrandt errichtet. Das Gebäude wird von einem eleganten Terrassengarten mit Kaskaden und Plastiken ergänzt. @ jeh616

Schloss Schönbrunn, Schönbrunner Schlossstr. 47, 811130 Das ursprünglich von Fischer von Erlach größer und prächtiger als Versailles geplante Barockschloss entstand mit 1.441 Zimmern und Sälen in den Jahren 1696-1730. Es diente als Sommerresidenz der Habsburger und hier fand auch der Wiener Kongress statt. @ spo121

Hermesvilla, Hermesvillaweg, im Lainzer Tiergarten, 13. Bezirk (Wien), 8041324 Kaiser Franz Joseph machte seiner Gattin Elisabeth das „Schloss der Träume" (1882-1886) inmitten des damals kaiserlichen Jagdgebietes zum Geschenk, um sie öfter in Wien zu halten. Eine Ausstellung im ersten Stock zeigt die Geschichte des Hauses.

Palais Liechtenstein, Fürsteng. 1, 31957670 Im Garten- und Stadtpalais werden Werke und Möbel aus fünf Jh. aus der Sammlung der Fürsten von und zu Liechtenstein gezeigt. @ odi284

Burgtheater, Universitätsring 2, 514444545 Das österreichische Nationaltheater mit exzellenten Theatervorführungen ist auch Europas größtes Sprechtheater. @ lie188

Wiener Staatsoper, Opernring 2, 514442250 Die heutige Wiener Staatsoper entwickelte sich aus der von den Habsburgern gegründeten Wiener Hofoper. Sie wurde im Jahr 1869 im Beisein von Kaiser Franz Joseph und Kaiserin Elisabeth feierlich eröffnet. Heute gehört die Wiener Staatsoper zu den bedeutendsten Opernhäusern weltweit. @ kgq385

Marionettentheater, Schloss Schönbrunn, Hofratstrakt, 8173247, Vorstellungen ganzjährig. Das preisgekrönte Marionettentheater pflegt die Tradition des kunstvollen Spiels mit kostbaren Marionetten und sorgt zusammen mit Mozarts Musik für fürstliche Unterhaltung. @ wry273

Naschmarkt, Wienzeile zwischen Getreidemarkt und Kettenbrückengasse, 400005430 Der größte Obst- und Gemüsemarkt Wiens zeigt voller Individualität und Atmosphäre die lebendige Antithese zu Supermärkten, und die Begegnung vieler Kulturen. Samstags großer Flohmarkt. @ lnh758

Wiener Prater, 7295430 Der Prater ist der älteste Vergnügungspark der Welt und ist rund um die Uhr frei zugänglich. Im Gelände befinden sich zahlreiche Attraktionen, wie das Riesenrad, eine Geisterbahn, eine Hochschaubahn, ein kleines Casino u.v.m. @ mkl648

Hundertwasserhaus, Kegelg. 37-39 Das Gebäude zieht Besucher aus aller Welt an, denn es trägt die unverkennbare Handschrift des österreichischen Künstlers Friedensreich Hundertwasser, der bekannt für seine fantasievolle Lebendigkeit sowie Individualität war. @ gfn835

Margaretenhof, 5. Bezirk (Wien). Die Architekten Ferdinand Fellner und Hermann Helmer bauten von 1884-1885 diesen schlossähnlichen Komplex, der ein frühes Beispiel für städtische Wohnbauten darstellt. @ dwk782

Parlament, Dr.-Karl-Renner-Ring 3, 401100. Im Jahr 1883 wurde das österreichische Parlament an der Wiener Ringstraße eröffnet. Der Bau unter der Leitung von Theophil Hansen dauerte 10 Jahre lang und ist im Stil der griechischen Klassik gehalten. Bis zum Ausbruch des Ersten Weltkriegs tagten hier die Abgeordneten aller Länder und Königreiche der österreichischen Hälfte der Doppelmonarchie Österreich-Ungarn. Heute halten hier der Nationalrat und der Bundesrat ihre Sitzungen ab. @ oyn148

Rad & Schnellbahn. In Zügen, die im Fahrplan mit einem Fahrradsymbol gekennzeichnet sind, ist die Mitnahme jederzeit möglich. In der Kernzone Wien (Zone 100) muss dafür ein Halbpreis-Fahrschein, auf allen anderen Strecken eine Fahrrad-Karte gelöst werden. @ gvd268

Rad & U-Bahn, Mo-Fr 9-15 Uhr und ab 18.30 Uhr, Sa, So/Fei ganztägig. Der Transport ist gratis. Einstieg nur an Türen mit Fahrradsymbol. @ mjb753

Spanische Hofreitschule, Michaelerpl. 1, Besucherzentrum, 53390310 Bei verschiedensten Veranstaltungen erhalten Sie Einblick in die bezaubernde Welt der Lipizzaner. Regelmäßig können Sie bei der Morgenarbeit zusehen, an geführten Rundgängen durch die Anlage teilnehmen oder die offiziellen Vorführungen genießen. @ ack331

Spittelberg, im 7. Bezirk. Der Stadtteil zwischen Breite Gasse und Stiftgasse besitzt Modellcharakter für eine Revitalisierung mit Erhaltung der his-

Wien, Karlskirche

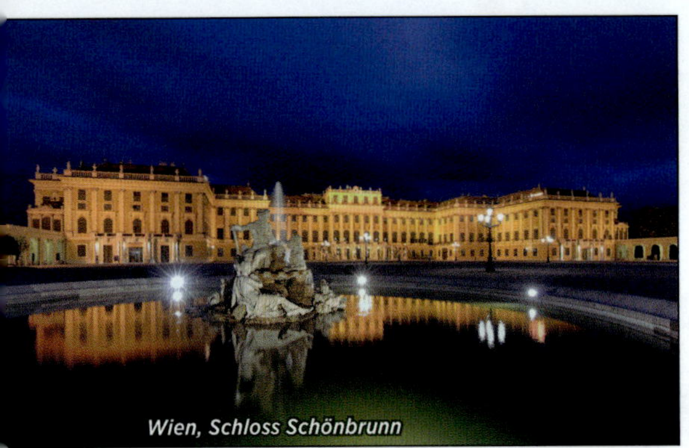
Wien, Schloss Schönbrunn

torischen (in dem Fall biedermeierzeitlichen) Bausubstanz und präsentiert sich heute als ein „Beisl"- und Kunstviertel mit Flair.

- **Vienna City Card**, ☎ 211140. 24, 48 od. 72 Stunden-Ticket für die öffentlichen Verkehrsmittel inkl. Ermäßigungen bei vielen Museen und Sehenswürdigkeiten in Wien. Erhältlich u. a. bei der Tourist-Info, in Hotels und an den Verkaufsstellen der größeren U-Bahnhöfe. @ pyr246
- **Wiener Ringstraße.** Nach Schleifung der früheren Stadtbefestigung 1857-58 entstand an der Stelle des Glacis einer der schönsten Boulevards mit Bauten wie Burgtheater, Kunsthistorisches Museum und Parlament. Ebenso setzte sich hier das liberale Großbürgertum mit ihren Palais ein Denkmal.
- **Tiergarten Schönbrunn**, Maxingstr. 13b, Schlosspark, ☎ 87792940 In barocker Parkumgebung befindet sich einer der ältesten Tiergärten der Welt mit neuen Ideen für die Tierhaltung. @ fqv153
- **Haus des Meeres**, Fritz-Grünbaum-Pl. 1, ☎ 5871417 Im Inneren des Flakturms aus dem 2. Weltkrieg sind heute Haie, Schildkröten, Krokodile und auch Äffchen untergebracht. @ rtt675
- **Lainzer Tiergarten**, Hermesstr., 13. Bezirk (Wien), ☎ 400049200 In dem weitläufigen Wald- und Naturschutzgebiet leben zahlreiche frei laufende Wildtiere wie Hirsche, Mufflons und vor allem Wildschweine. @ fhu454
- **Wüstenhaus Schönbrunn**, außerhalb des Tiergartens Schönbrunn Hier wurde für verschiedenste Tier- und Pflanzenarten ein Wüstenlebensraum geschaffen. @ wmr514
- **Waldseilpark Kahlenberg**, Josefsdorf 47, ☎ 3200476 Mit Hindernissen von Seilbrücke über wacklige Netze bis hin zu Flying Foxes, Wichtelparcours und 150 Übungen bietet der Waldseilpark für jedes Alter und jede Größe die passende Herausforderung. @ nar681

Wien. Wie lässt sich eine Donau-Metropole kurz beschreiben, die über sieben Jahrhunderte Residenzstadt war, einst den Mittelpunkt eines Weltreiches bildete und traditionell zu den kulturellen Zentren Europas gehört, ohne dass bekannte Klischees wiederholt oder Wesentliches ausgelassen werden? Vielleicht, indem über das Verhältnis dieser Stadt zu „ihrem" Strom erzählt wird.

Wien liegt ja bekanntlich an der Donau, die einmal sogar blau gewesen sein soll. Und trotzdem suchen Besucher vergeblich nach historischen Uferzeilen, beschaulichen Flusspromenaden, nach einer „gewachsenen" Stadt am Strom. Lediglich die Kleine Donau, eigentlich ein Kanal, durchfließt die Innenstadt der Donau-Metropole. Wien büßte das Wesen einer Donaustadt im 19. Jahrhundert ein, als mit der ersten Flussregulierung die enge Bindung an den Strom verloren ging. Dabei wurde der bis dahin krause Stromverlauf der Donau durch einen schnurgeraden „Durchstich" in der Manier von Reißbrett-Ästheten zusammengefasst und in den Eröffnungsreden 1875 als Meisterleistung österreichischer Ingenieurkunst gepriesen. Auch der namensgebende kleine Wienfluss sucht seit der Jahrhundertwende seinen Weg vom Wienerwald zu seinem Vorfluter in einer kahlen Steinwanne.

Wien und die Donau, ein unversöhnlicher Gegensatz? Landschaftliche Schönheit gibt es trotz der Eingriffe und am Fluss kehrt wieder Leben ein; das demonstriert in jüngster Vergangenheit ein weiterer Eingriff am Strom. Der lange Überschwemmungsstreifen entlang der begradigten Donau, der bis dahin einem städtischen Niemandsland glich, wurde für ein Entlastungsgerinne ausgehoben und aus dem Material die Donauinsel aufgeschüttet. Seitdem sind beide der Wiener Freizeitglück.

Sie haben nun das Ende Ihrer Radreise erreicht. Wir hoffen, Sie hatten einen erlebnisreichen und interessanten Radurlaub und freuen uns, dass Sie ein ***bikeline***-Radtourenbuch als Begleiter gewählt haben.

Das gesamte ***bikeline***-Team wünscht Ihnen eine gute Heimreise!

Übernachtungs- und Serviceverzeichnis

Übernachtungsadressen

Dieses Verzeichnis beinhaltet folgende Übernachtungskategorien:

Kategorien

- Tourist-Information
- Hotel
- Hotel garni
- Gasthof, Gasthaus
- Pension, Gästehaus
- Privatzimmer
- Hostel
- Motel
- Naturfreundehaus
- Apartmenthotel
- Bed and Breakfast
- Bungalow
- Ferienwohnung (Auswahl)
- Bauernhof
- Heuhotel
- Sonstiges
- Jugendherberge, -gästehaus
- Campingplatz
- Zeltplatz (Naturlagerplatz)

Die Auflistung stellt keine Empfehlung einzelner Betriebe dar und erhebt keinen Anspruch auf Vollständigkeit. Um das Verzeichnis stets aktuell zu halten, sind wir für Mitteilungen bezüglich Änderungen jeder Art dankbar. Der einfache Eintrag erfolgt für die Betriebe natürlich kostenfrei, aus Platzgründen können wir diesen allerdings nicht garantieren. Vor allem in Tourismusgebieten mit großem Übernachtungsangebot muss die Liste aus Platzgründen automatisiert leicht gekürzt werden.

Kennzeichnung

I	Preiskategorie unter € 25,–
II	Preiskategorie € 25,– bis € 35,–
III	Preiskategorie € 35,– bis € 50,–
IV	Preiskategorie € 50,– bis € 70,–
V	Preiskategorie € 70,– bis € 100,–
VI	Preiskategorie über € 100,–
o.F.	kein Frühstück angeboten
HP	mit Halbpension
	nur Zimmer mit Etagenbad
	Bett+Bike Betrieb
2.5	Entfernung vom Weg in Kilometer Luftlinie

Preise

Die Preise gelten als Richtwert pro Person in einem Doppelzimmer mit Dusche oder Bad inkl. Frühstück.

Die angegebenen Preiskategorien entsprechen dem Stand des Erhebungs- bzw. Überarbeitungszeitraumes und können sich von den tatsächlichen Preisen unterscheiden. Besonders während Messezeiten, aufgrund von unterschiedlichen Zimmertypen und nicht zuletzt saisonal bedingt sind preisliche Schwankungen möglich.

Radwerkstätten u. -vermietung

- Fahrradwerkstatt
- Fahrradvermietung
- E-Bike Ladestation
- E-Bike Verleih
- abschließbare Abstellanlagen

Entfernung

Die blaue Zahl (2.5) beim Betrieb gibt die Entfernung zur Route in Kilometern an. Bitte beachten Sie, dass sich diese Zahl auf die Luftlinie bezieht, ohne Berücksichtigung der Höhenmeter und der tatsächlichen zurückzulegenden Strecke.

Updates

Aktuelle Korrekturen zum Übernachtungsverzeichnis erhalten Sie über das LiveUpdate auf www.esterbauer.com.

Alle mit dem Bett+Bike-Logo gekennzeichneten Betriebe erfüllen die vom ADFC vorgeschriebenen Mindestkriterien als „Fahrradfreundliche Gastbetriebe" und bieten darüber hinaus so manche Annehmlichkeit für Radfahrer. Detaillierte Informationen finden Sie unter ***www.bettundbike.de***.

Von Passau nach Linz am Nordufer

Schärding

Vorwahl: 07712

Rad- und Gästeservicecenter Alte Innbrücke, Innbruckstr. 29, 43000 13

Stiegenwirt, Schloßg. 2-6, 30700, III 13

Biedermeier Hof, Passauer Str. 8, 30640, III 13

Stadthotel Schärding, Kircheng. 19, 36130, IV 13

Austria Radreisen, Joseph-Haydn-Str. 8, 55110 14

Passau D

Vorwahl: 0851

Tourist-Information, Rathauspl. 2, 396610 0

Tourist-Information, Bahnhofstr. 28, 396610 0

Cultellus, Kleine Messerg. 12, 49095204, 0160/94641829, IV 0

Goldenes Schiff, Unterer Sand 8, 34407, II-III 0.5

Zeltplatz Ilzstadt, Halser Str. 34, 41457 0.5

Fahrrad-Klinik, Bräug. 10, 33411, 0170/3837651. und Radwerkstätte 0

Altstadt-Hotel, Bräug. 23-29, 3370, IV-V 0.5

Am Paulusbogen, Rindermarkt 2, 931060, IV-V 0

Atrium, Neue Rieser Str. 6, 9886688, IV-V 0.5

Best Western Amedia, Neuburger Str. 128, 988420, III-IV 3

Burgwald, Salzweger Str. 9, 941690, o.F., II-III 2

Dreiflüssehof, Danziger Str. 42/44, 72040, III-IV 2.5

König, Untere Donaulände 1, 3850, IV 0

Morgentau, Bräug. 19, 49095599, IV-V 0

Rotel Inn, Haisseng. 10, Hauptbahnhof/Donauufer, 95160, II 0

Schloß Ort, Im Ort 11, 34072, III-IV 0.5

StadtHotel, Gr. Klingerg. 17, 33069, III 0

mk hotel passau, Bahnhofstr. 24, 08723/978712200, IV 0

Herdegen, Bahnhofstr. 5, 955160, III-IV 0.5

Passauer Wolf, Untere Donaulände 4, 931510, III-V 0

Residenz, Fritz-Schäffer-Promenade 6, 989020, IV-VI 0

Spitzberg, Neuburger Str. 29, 955480, III-V 0.5

Schäfer, Neustift 3, 8516280, 0160/8312414, III 4

Zum Auer, Heininger Str. 26, 988990, 0160/4529687, III 4.5

Zum Streiblwirt, Rittsteiger Str. 87, 81382, II 5

Gabriele, Adalbert-Stifter-Str. 12, 6446, II-III 1.5

Haus Panorama, Angerstr. 59, 85178583, o.F., II-III 0

Krinninger, Englmeierstr. 18, 41857, 0152/02340169, I-II 1.5

Frau Dunschn, Ludwigstr. 18, 98853971, II 0.5

Holzhaus im Grünen, Halser Str. 27a, 9441594, 0160/3540762, II 0

Art Hotel & Hostel, Rindermarkt 9, 85178582, III 0

Jugendherberge Passau, Oberhaus 125, 493780, II-III 0

Bikehaus Bikeambulanz, Bahnhofstr. 29, 9662570, 0151/12834224 0

Fahrradladen-Passau, Wittg. 9, 72226 0

Zweirad Seidel, Spitalhofstr. 83, 57813 2

Zweirad Würdinger, Regensburger Str. 22, 6346 2

Zweirad-Center Zeller, Graneckerstr. 4, 56302 2.5

denk bike + outdoor, Ludwigstr. 22, ✆ 31450 0.5

Fahrradboxen, Obere Donaulände, vor der Einfahrt Parkpl.Schanzlbrücke, ✆ 34784. Den Schlüssel erhalten Sie kostenlos im Fahrradladen-Passau, Wittg. 9 werktags während der Öffnungszeiten. 0

Pedalo Radtours, Westerburgerstr. 6, ✆ 32124 1

Hals (Passau) D

Vorwahl: 0851

Gh Zur Triftsperre, Triftsperrstr. 15, ✆ 51162, III 2.5

Bh Fw Hofbauerngut Sprödhuber, Hofbauerngut 1, ✆ 41263, III-IV 1.5

Lindau (Passau) D

Vorwahl: 0851

Gh Aschenberger, Donaustr. 23, ✆ 42811, III 0

Kellberg (Thyrnau) D

Vorwahl: 08501

Touristinformation, St.-Blasius-Str. 10, ✆ 320 2

H Lindenhof, Kurpromenade 12, ✆ 8080, III-IV 2

Gh Zum Kirchenwirt, St.-Blasius-Str. 1, ✆ 8116, II-III 1.5

H Golf- und Landhotel Anetseder, Raßbach 8, ✆ 91313, IV 3

Gh Kernmühle, Kernmühle 1, ✆ 567, II-III 0

Gh Zum Grüß Gott, Prof.-Dr.-Schedel-Str. 1, ✆ 760, ✆ 915127, V 2.5

P Am König-Max-Stein, Wingersdorf 15, ✆ 486, I-II 1.5

P Lichtenauer-Hof, Zwölfling 3, ✆ 90030, II-III 4

P Zum Toni, Flattendorf 1, ✆ 469, II 2.5

Erlau (Obernzell) D

Vorwahl: 08591

Gh Fw Hotel Zur Post, Hauptstr. 22-24, ✆ 91490, III 0

Gh Zum Edlhof, Edlhofstr. 10, ✆ 466, III 0

Pz Haus Erlautal, Erlautal 8, ✆ 912871, ✆ 0171/1096903, I-II 0.5

Obernzell D

Vorwahl: 08591

Tourist-Info, Marktpl. 42, ✆ 9116119 0

Gh Alte Schiffspost, Marktpl. 1, ✆ 2560, o.F., III 0

Gh Zum Freischütz, Bachstr. 7, ✆ 1863, II 0.5

P Zur Brücke, Bachstr. 13, ✆ 1379, II 0.5

Radsport Müller, Örtl 14, ✆ 2890 0

Jochenstein (Untergriesbach) D

Vorwahl: 08591

Tourist-Information Untergriesbach, Marktpl. 24, Untergriesbach, ✆ 08593/9009-0 3

Gh Kohlbachmühle, Kohlbachmühle 1, ✆ 320, II 0

Gh Kornexl, Am Jochenstein 10, ✆ 1802, III 0

Engelhartszell

Vorwahl: 07717

Marktgemeinde Engelhartszell, Marktpl. 61, ✆ 805516 0.5

P Restaurant-Pension Bernhard`s, Maierhof 17, ✆ 8123, ✆ 0664/5948087, II 0.5

H Zum Goldenen Schiff, Nibelungenstr. 2, ✆ 8009, III-IV 0.5

Pz Aichinger Donaublick, Sauwaldstr. 122, ✆ 8172, ✆ 0664/4443865, II 1

Pz Anita, Sauwaldstr. 15, ✆ 20053, o.F., II 0.5

Pz Beham, Marktstr. 25, ✆ 0664/3921189, I 0.5

Pz Fw Hackner, Brunng. 250, ✆ 7140, ✆ 0699/81215137, II 0.5

Pz Hufschmiede, Nibelungenstr. 11, ✆ 8059, ✆ 0680/2038643, I-II 0.5

Bh Fw Huber, Nibelungenstr. 40, ✆ 8285, ✆ 0680/3013312, I 0.5

Camping mit Schlafhaus, Nibelungenstr. 113, ✆ 805516, ✆ 0664/8708787 0.5

S Donau(T)Raum AHOI, Nibelungen Str. 11, in einer Luxuskabine an Land, ✆ 805516, III 0.5

Tankstelle & Radverleih Straßl, Nibelungenstr. 20, ✆ 8037 0.5

Kramesau (Neustift im Mühlkreis)

Vorwahl: 07285

Gh **Luger, Kramesau 4, Navieingabe: 4143 Neustift, ✆ 507, III-IV** 0

Bh Trautendorfer, Kramesau 5, ✆ 591, II 0

Niederranna (Hofkirchen im Mühlkreis)

Vorwahl: 07285

i Marktgemeindeamt Hofkirchen, Markt 8, Hofkirchen im Mühlkreis, ✆ 7011 2

Gh **Draxler, Niederranna 3, ✆ 511, III** 0

Marsbach (Hofkirchen im Mühlkreis)

Vorwahl: 07285

i Marktgemeindeamt Hofkirchen, Markt 8, Hofkirchen im Mühlkreis, ✆ 7011 2

Bh Fw Eselgut Pühringer, Nr. 4, ✆ 293, o.F., V 0

Freizell (Hofkirchen im Mühlkreis)

i Marktgemeindeamt Hofkirchen, Markt 8, Hofkirchen im Mühlkreis, ✆ 07285/7011 2

Zeltplatz Ratzenböck, Freizell 2, ✆ 07285/226 0

Dorf (Niederkappel)

Vorwahl: 07286

Bh Biohof Ramesedt, Dorf 10, ✆ 8116, II 1

Au/Schlögen (Hofkirchen im Mühlkreis)

Vorwahl: 07286

P Zur Fährfrau, Au 1, (ggb. Schlögen), ✆ 07285/6317, II 0

Niederkappel

Vorwahl: 07286

i Gemeindeamt, Hauptstr. 12, ✆ 85550 2

Obermühl (Kirchberg ob der Donau)

Vorwahl: 07286

i Gemeinde Kirchberg ob der Donau, Ortspl. 5, ✆ 07282/4601 1

Gh **Aumüller, Obermühl 13, ✆ 7216, III** 0

Gh **Gierlinger, Grafenau 17, ✆ 7213, IV** 0

Gh Bruckwirt, Graben 6, (in Kreuzung n. Altenfelden), ✆ 83210, II-III 3

Exlau (Kirchberg ob der Donau)

Vorwahl: 07232

Gh **Gasthof in der Exlau, Exlau 2, Neuhaus, ✆ 2907, III** 0

Untermühl (Sankt Martin im Mühlkreis)

Vorwahl: 07232

P Gasthof-Pension Ernst, Untermühl 4, ✆ 2919, IV 0

Oberlandshaag (Feldkirchen an der Donau)

Vorwahl: 07233

H Faustschlössl, Oberlandshaag 72, ✆ 7402, IV-V 0

P Fischerhof, Oberlandshaag 42, ✆ 7412, ✆ 0664/1610929, II 0

Pz Ehrengruber, Himmelreich 29, ✆ 7506, ✆ 0676/4832942, I 0.5

Pz Jonach, Oberlandshaag 76, ✆ 7480, I 0

Kary, Aschacher Str. 134, ✆ 7407 0

Unterlandshaag (Feldkirchen an der Donau)

Bh Fw **Fingerneissl, Familie Rechberger-König, Unterlandshaag 60, ✆ 0664/3333307, III** 0

Bad Mühllacken (Feldkirchen an der Donau)

Vorwahl: 07233

Pz Allerstorfer, Bad Mühllacken 1, ✆ 0680/2197183, II 1.5

Pz Eder-Schilhuber, Pesenbachtal 12, ✆ 6339, ✆ 0676/3452450, II 2

Pz Rabeder, Bad Mühllacken 18, ✆ 6681, II 1.5

Pz Wolfsteiner-Lackner, Bad Mühllacken 60, ✆ 7281, ✆ 0664/8989929, I 2

Bh Schöppl, Bad Mühllacken 19, ✆ 6688, II 1.5

Oberndorf (Feldkirchen an der Donau)

Vorwahl: 07233

Bh Hengstschläger, Oberndorf 14, ✆ 6671, ✆ 0664/1636482 1.5

Feldkirchen an der Donau

Vorwahl: 07233

i Tourismusverein, Hauptstr. 1, ✆ 7190 0

Fw Allerstorfer, Bergheimerstr. 5, ✆ 7207, ✆ 0699/11312204, IV 0

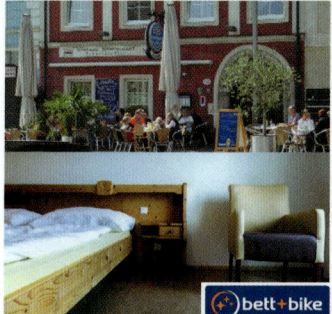

Pesenbach (Feldkirchen an der Donau)

Vorwahl: 07233

Gh Wirt in Pesenbach, Pesenbach 32, ✆ 7273, ✆ 0664/5190291, II 0.5

Freudenstein (Feldkirchen an der Donau)

Bh Reiterhof Pfleger, Wagerleitnerstr. 8, ✆ 07233/6392, ✆ 0664/5041128, II-III 1

Weidet (Feldkirchen an der Donau)

Vorwahl: 07233

Pz Leitner, Weidet 7, ✆ 7516, ✆ 0680/2360524 0.5

Campingplatz Puchner, Golfplatzstr. 21, bei den Badeseen, ✆ 7268, ✆ 0664/4824900 1

Ottensheim

Vorwahl: 07234

i Tourismusinformation, Marktpl. 7, ✆ 8225530, ✆ 0699/10437643 0

Hg **Schwarzer Adler, Marktpl. 19, ✆ 82224, III** 0

Cafe Casagrande, Ledererg. 14, ✆ 82438, ✆ 0664/6509205 0

H Donauhof, Donaulände 9, An der Fähre, ✆ 83818, III-IV 0

Pz Hemmelmayr, Sternstr. 9, ✆ 83031, ✆ 0664/73636240, II 0

Pz Hinterstoißer, Linzerstr. 26, ✆ 0676/878824122, ✆ 0660/2604568, o.F. 0

Pz Schwendtner, Linzer Str. 34, ✆ 83115, I 0

Fw Fam. Fuchshuber, Stifterstr. 21, ✆ 82036, ✆ 0680/2434569, II 0.5

Camping Hofmühle, Höflein 20, (1,5 km westl.), ✆ 82418, ✆ 0699/12042770 1

S dasparkhotel, Rodlpark 0

Intersport, Hostauerstr. 62-68, EKZ Donautreff, ✆ 83641 0.5

Puchenau

Vorwahl: 0732

Bh Kepplinger, Großambergstr. 17, ✆ 221759, ✆ 0699/10800085, II 0.5

Urfahr (Linz)

Vorwahl: 0732

H Bildungshaus Sankt Magdalena, Schatzweg 177, ✆ 253041, IV 3.5

H Sommerhaus, Julius-Raab-Str. 10, ✆ 2457490, III-IV 4

H arte, Fiedlerstr. 6, ✆ 733733, IV-V 0

Hg Goldener Adler, Hauptstr. 56, ✆ 731147, III-IV 0.5

Gh Lüftner, Klausenbachstr. 18, ✆ 750166, III 3

Johannes Kepler Heim, Altenberger Str. 74, ✆ 244031, o.F., II. buchbar Juli/August/September 4.5

Hrinkow, Rudolfstr. 37, ✆ 739047 0.5

Radsport Kiesl, Freistädterstr. 297, ✆ 750450 3.5

bikesupport, Freistädterstr. 240, ✆ 0680/2226333 2.5

Von Passau nach Linz am Südufer

Schärding

Vorwahl: 07712

Rad- und Gästeservicecenter Alte Innbrücke, Innbruckstr. 29, 43000 13

Stiegenwirt, Schloßg. 2-6, 30700, III 13

Biedermeier Hof, Passauer Str. 8, 30640, III 13

Stadthotel Schärding, Kircheng. 19, 36130, IV 13

Austria Radreisen, Joseph-Haydn-Str. 8, 55110 14

Passau (D)

Vorwahl: 0851

Tourist-Information, Rathauspl. 2, 396610 0

Tourist-Information, Bahnhofstr. 28, 396610 0

Cultellus, Kleine Messerg. 12, 49095204, 0160/94641829, IV 0

Goldenes Schiff, Unterer Sand 8, 34407, II-III 0.5

Zeltplatz Ilzstadt, Halser Str. 34, 41457 1

Fahrrad-Klinik, Bräug. 10, 33411, 0170/3837651. und Radwerkstätte 0

Altstadt-Hotel, Bräug. 23-29, 3370, IV-V 0.5

Am Paulusbogen, Rindermarkt 2, 931060, IV-V 0

Atrium, Neue Rieser Str. 6, 9886688, IV-V 0.5

Best Western Amedia, Neuburger Str. 128, 988420, III-IV 3

Burgwald, Salzweger Str. 9, 941690, o.F., II-III 2.5

Dreiflüssehof, Danziger Str. 42/44, 72040, III-IV 2.5

König, Untere Donaulände 1, 3850, IV 0

Morgentau, Bräug. 19, 49095599, IV-V 0

Rotel Inn, Haisseng. 10, Hauptbahnhof/Donauufer, 95160, II 0

Schloß Ort, Im Ort 11, 34072, III-IV 0.5

StadtHotel, Gr. Klingerg. 17, 33069, III 0

mk hotel passau, Bahnhofstr. 24, 08723/978712200, IV 0

Herdegen, Bahnhofstr. 5, 955160, III-IV 0.5

Passauer Wolf, Untere Donaulände 4, 931510, III-V 0

Residenz, Fritz-Schäffer-Promenade 6, 989020, IV-VI 0

Spitzberg, Neuburger Str. 29, 955480, III-V 0.5

Schäfer, Neustift 3, 8516280, 0160/8312414, III 4

Zum Auer, Heininger Str. 26, 988990, 0160/4529687, III 4.5

Zum Streiblwirt, Rittsteiger Str. 87, 81382, II 5

Gabriele, Adalbert-Stifter-Str. 12, 6446, II-III 1.5

Haus Panorama, Angerstr. 59, 85178583, o.F., II-III 0.5

Krinninger, Englmeierstr. 18, 41857, 0152/02340169, I-II 2

Frau Dunschn, Ludwigstr. 18, 98853971, II 0.5

Holzhaus im Grünen, Halser Str. 27a, 9441594, 0160/3540762, II 0.5

Art Hotel & Hostel, Rindermarkt 9, 85178582, III 0

Jugendherberge Passau, Oberhaus 125, 493780, II-III 0.5

Bikehaus Bikeambulanz, Bahnhofstr. 29, 9662570, 0151/12834224 0

Fahrradladen-Passau, Wittg. 9, 72226 0

Zweirad Seidel, Spitalhofstr. 83, 57813 2

Zweirad Würdinger, Regensburger Str. 22, 6346 2

Zweirad-Center Zeller, Graneckerstr. 4, 56302 2.5

denk bike + outdoor, Ludwigstr. 22, 31450 0.5

Fahrradboxen, Obere Donaulände, vor der Einfahrt Parkpl.Schanzlbrücke, 34784. Den Schlüssel erhalten Sie kostenlos im Fahrradladen-Passau, Wittg. 9 werktags während der Öffnungszeiten. 0

Pedalo Radtours, Westerburgerstr. 6, 32124 1

Innstadt (Passau) (D)

Vorwahl: 0851

Vicus, Johann-Bergler-Str. 2, 931050, III 0.5

Vilsmeier, Lindental 28a, 36313, II-III 1

Bayerisch Haibach (Passau) (D)

Vorwahl: 0851

Gambrinus, Bayerisch Haibach 20, 2905, 0160/7991243, III 0

Zur Freiheit, Wiener Str. 86, 4908491, 0151/28882064, III 0

Freinberg

Vorwahl: 07713

Gemeindeamt, Freinberg 4, 8102 1.5

Topfit-Freizeitpark & Sexxeralm, Freinberg 74, 8494, II-III 2

Hinding (Freinberg)

Vorwahl: 07713

Faberhof, Hinding 18, 20975, II 0

Blaas, Hinding 38, 8107, III 1

Esternberg

Vorwahl: 07714

Gemeindeamt Esternberg, Hauptstr. 33, 6655 1.5

Fürchterlich, Weeg 18, 20045, II 4.5

Hubinger, Hauptstr. 81, 6616 2

Brabant, Lederfeldweg 1, 20312, 650/3120131, III 1.5

Dullinger, Hauptstr. 52, 62000, 0664/2425935 2

Pyrawang (Esternberg)

Vorwahl: 07714

Holzapfel, Pyrawang 18, 6178 0

Kasten (Vichtenstein)

Vorwahl: 07714

Gh Klaffenböck, Kasten 15, ✆ 6505, III 0

P Donautal, Kasten 22, ✆ 63100, ✆ 0664/5641678, II-III 0

Campingplatz an der Donau, Kasten Nr. 100, ✆ 0664/8784121 0

Vichtenstein

Vorwahl: 07714

i Gemeindeamt Vichtenstein, Vichtenstein 70, ✆ 80550 1

Engelhartszell

Vorwahl: 07717

i Marktgemeinde Engelhartszell, Marktpl. 61, ✆ 805516 0

P **Restaurant-Pension Bernhard`s, Maierhof 17, ✆ 8123, ✆ 0664/5948087, II** 0

H Zum Goldenen Schiff, Nibelungenstr. 2, ✆ 8009, III-IV 0

Pz Aichinger Donaublick, Sauwaldstr. 122, ✆ 8172, ✆ 0664/4443865, II 0.5

Pz Anita, Sauwaldstr. 15, ✆ 20053, o.F., II 0

Pz Beham, Marktstr. 25, ✆ 0664/3921189, I 0

Pz Fw Hackner, Brunng. 250, ✆ 7140, ✆ 0699/81215137, II 0.5

Pz Hufschmiede, Nibelungenstr. 11, ✆ 8059, ✆ 0680/2038643, I-II 0

Bh Fw Huber, Nibelungenstr. 40, ✆ 8285, ✆ 0680/3013312, I 0

Camping mit Schlafhaus, Nibelungenstr. 113, ✆ 805516, ✆ 0664/8708787 0

S Donau(T)Raum AHOI, Nibelungen Str. 11, in einer Luxuskabine an Land, ✆ 805516, III 0

Tankstelle & Radverleih Straßl, Nibelungenstr. 20, ✆ 8037 0

Wesenufer (Waldkirchen am Wesen)

Vorwahl: 07718

H Seminarhotel Wesenufer, Wesenufer 1, ✆ 20090, V 0

Gh Schütz, Wesenufer 17, ✆ 7208, III-IV 0

Gh Zum Schiffmeister, Wesenufer 19, ✆ 0699/17385109, III 0

Gh Zur blauen Donau, Vornwaldstr. 2, ✆ 7241, ✆ 0664/3432748, II 0

P Feiken, Wesenufer 65, ✆ 7506-23, ✆ 0664/3267470, II 0

Pz Wurmlinger, Wesenufer 100, ✆ 76511 0

Nibelungen Camping, Nr. 73, ✆ 0664/8362358 0

Schlögen (Haibach ob der Donau)

Vorwahl: 07279

H Donauschlinge, Schlögen 2, ✆ 8212, IV-VI 0

P Freizeitanlage Schlögen, Mitterberg 3, ✆ 8241, III-IV 0

Inzell (Haibach ob der Donau)

Vorwahl: 07279

Gh **Reisinger, Inzell 13, ✆ 8715, ✆ 8581, II** 0

P Zum Hl. Nikolaus, Inzell 6, ✆ 8328, ✆ 0664/2347314, II 0

Pz Maria, Inzell 10, ✆ 8297, II 0

Kobling (Haibach ob der Donau)

Vorwahl: 07279

P **Idylle am Donauufer, Kobling 1, ✆ 0664/73493393, II** 0

Haibach ob der Donau

Vorwahl: 07279

i Tourismusinformation, Kirchenpl. 4, ✆ 8235 1

H Hoamat, Hinterberg 9, ✆ 85485, IV-V 1

Gh Mosthof 3erBerg, Berg 3, ✆ 85477, ✆ 0664/2635898, o.F., II 1

P Silvia, Moos 2, ✆ 8522, ✆ 0660/6069676, III 2.5

Bh Fredl Z'linetshub, Linetshub 2, ✆ 8358 1

Bh Wohlfahrtner, Linetshub 3, ✆ 8359 1.5

Radsport Plöckinger, Staufstr. 3, ✆ 8208 1

Kaiserau (Aschach an der Donau)

Vorwahl: 07273

Gh Kaiserhof, Kaiserau 1, ✆ 0664/5313327, III 0

Aschach an der Donau

Vorwahl: 07273

Tourismusverein, Kurzwernhartpl. 5, 6355, 0664/4082200 0

Zur Sonne, Kurzwernhartpl. 5, 6308, III-IV 0

La Mamma, Stiftstr. 1, 0664/3135026, III 0

Hirsch, Reitingerstr. 13, 20585, 0664/88969417, III 0.5

Schloss Aschach, Harrachstr. 1, 7181, 0699/18181004, 0699/18181001, III-IV 0.5

Haberna Maria, Grünauerstr. 14, 0681/10648285, II 0.5

Kaiser Elisabeth, Himmelreich 6, 8753, 0664/3217432, I-II 0.5

Krauze, Bergg. 21, 0650/9724547, II 0

Radshop Fritz, Kurzwernhartpl. 11, 60388 0

Veloman Service, Schopperpl. 2, 20230 0

Hartkirchen

Vorwahl: 07273

Knogler, Schmiedstr. 6, 6454, II 1.5

Simone Heinz, Haizingerstr. 7, 6453, 0664/9260442, II 1.5

Wolkerstorfer, Haizing 23, 7397, 0676/4288660, 0676/6247804, II 2

Gruber, Vornholz 7, 6651, 0664/3244578, I-II 1

Pupping

Vorwahl: 07272

Tourismusverein, Pupping 13, 2331 1.5

Brandstatt (Pupping)

Dieplinger, Brandstatt 4, 07272/2324, III-IV 0

Haus Webinger, Brandstatt 1, 07272/4279, 0676/5609748, II 0

Eferding

Vorwahl: 07272

Stadtmarketing und Tourismus, Stadtpl. 31, 5555160 0

Brummeier, Stadtpl. 35, 2462, IV 0

Kreuzmayr, Schmiedstr. 29, 4142, III 0.5

Aichlseder Ulrike, Linzer Str. 19, 4313, 0676/7393330 0.5

Safetydock, Bahnhofstr. 43, Bahnhof Eferding, 0732/776277. Sicherer Fahrradabstellplatz, Leihfahrräder und Ladestation. 1

Schönering (Wilhering)

Hollaus, Aug. 7, 07226/2226, 0664/534760 1

Fall (Wilhering)

Vorwahl: 07226

Camping Kaltenböck, Fallerstr. 28, 0676/895610120 0

Wilhering

Vorwahl: 07226

Marktgemeindeamt, Linzer Str. 10, 2255 0

Lehner, Höfer Str. 5, 2214 0

Edramsberg (Wilhering)

Wasmayer, Mühlbachstr. 35, 07226/2238, 0664/3862487 2

Dörnbach (Wilhering)

Fischer, Pfarrhofweg 2, 07221/880940, 0664/2038844, IV 3.5

St. Margarethen (Linz)

Vorwahl: 0732

Rothmayr, St. Margarethen 17, 774849, III-IV 0

Linz

Vorwahl: 0732

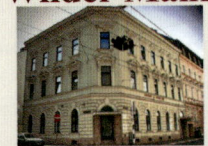

Tourist Information, Hauptpl. 1, Altes Rathaus, 70702009 0

Wilder Mann, Goethestr. 14, (Bahnhofsnähe), 656078, III 1

Amedia, Prinz Eugen Str. 12, 257800, III 2

Austria Classic Hotel Wolfinger, Hauptpl. 19, 7732910, IV-V 0

City-Hotel, Schillerstr. 52, 652622, IV-V 1

Courtyard by Marriott, Europapl. 2, 69590, IV-V 1.5

Dom-Hotel, Baumbachstr. 17, 778441, IV-V 0.5

Göttfried, Hofg. 5, 997023, o.F., III-V 0

Hotel am Domplatz, Domplatz 5, 773000, V 0.5

Kolping, Gesellenhausstr. 5-7, 661690, III 1

Mama Muh, Graben 24, 772477, IV 0.5

Motel One, Hauptpl. 10-11, 2100110, IV 0

Park Inn Linz, Hessenpl. 16-18, 777100, IV-V 1

Prielmayerhof, Weissenwolffstr. 33, Kaplanhofviertel, 7741310, IV-V 1.5

Schillerpark, Rainerstr. 2-4, Eingang: Schillerpl., 6950102, IV 1

Sovea Hotel - City, Kaiserg. 33, 0690/8021582, 0660/7383593, o.F., III 1

TWH Donauwelle, Am Winterhafen 13, 789990, IV-V 2

Turmfalke, Turmstr. 3, 332858, III-IV 4

H Zum Schwarzen Bären, Herrenstr. 9-11, 772477, IV-V 0.5
H ibis Linz City, Kärntner Str. 18-20, Bahnhofsnähe, 69401, IV 1.5
H ibis Styles Linz, Wankmüllerhofstr. 37, Ecke Wolfgang-Paulistr., 347281, IV 3
Hg Lokomotive, Weingartshofstr. 40, (Bahnhofsnähe), 6545540, IV 1.5
Jugendgästehaus Linz, Stanglhofweg 3, 664434, III 1.5
B7 Fahrradzentrum, Peter-Behrens-Pl. 9, in der Tabakfabrik Linz, 681880 1.5
BikeFeeling, Bismarckstr. 14, 775116 1
Constantin-Bike, Kaiserg. 25, 0660/5231350 1
Radsport Brückl, Dametzstr. 5, 777276 0.5
Radstudio Reichör, Wiener Str. 30, 611911 2
Zweirad Etzlstorfer, Huemerstr. 12, 779085 1
Zweirad Gruber, Wegscheider Str. 20, 318800 6
Radhaus-Fahrradverleih, Pfarrpl. 4, 264470. Verleih von 3RAD-Spezialrädern im Café Viele Leute 0.5

Von Linz nach Emmersdorf am Nordufer

Urfahr (Linz)

Vorwahl: 0732

Bildungshaus Sankt Magdalena, Schatzweg 177, 253041, IV 1.5
H Sommerhaus, Julius-Raab-Str. 10, 2457490, III-IV 1
H arte, Fiedlerstr. 6, 733733, IV-V 0
Hg Goldener Adler, Hauptstr. 56, 731147, III-IV 0.5
Gh Lüftner, Klausenbachstr. 18, 750166, III 1.5
Johannes Kepler Heim, Altenberger Str. 74, 244031, o.F., II. buchbar Juli/August/September 1.5
Hrinkow, Rudolfstr. 37, 739047 0.5
Radsport Kiesl, Freistädterstr. 297, 750450 0.5
bikesupport, Freistädterstr. 240, 0680/2226333 0.5

Plesching (Steyregg)

Vorwahl: 0732

Pz DDr. Ömer Gottfried, Seeweg 1, 641819-15, 0676/4303943, o.F., I 1
Pleschinger See, Seeweg 11, 245607, I 0

Steyregg

Vorwahl: 0732

Stadtgemeinde, Weißenwolffstr. 3, 640155 0
H Lachstatthof, Lachstatt 41, 24592820, IV 3.5
P Gästehaus Lachstatthof, Lachstatt 41, 24592820, II-III 3.5
Pz Eder Rudolf, Stadtpl. 11, 0650/5170395, o.F., I 0
Pz Födermayr Hanna, Stadtpl. 1, 640762, 0664/1848785, o.F., II 0
Pz Hinker Annemarie, Am Tiefen Weg 8, 640123, o.F., I 0.5
Pz Mayr-Preslmayr Josef, Plesching 1, 0699/10120273, 0699/12270602, o.F., I 0
Pz Rene Hofer, Linzerstr. 16, 0660/2016371, o.F. 0.5
Pz Weilharter, Obernbergen 3, 640159, 0664/73592784, o.F., I 0.5

Luftenberg an der Donau

Pz Paula Böcksteiner, Luftenbergstr. 132, 07237/3528, 0680/1204723 1.5

Abwinden (Luftenberg an der Donau)

Vorwahl: 07237

P **Stefanie Resanka, Abwinden-Dorf 227, 4530, I-II** 0
Gh Lehenhof, Abwinden-Dorf 7, 27554, II 0

Sankt Georgen an der Gusen

Vorwahl: 07237

Gemeindeamt, Marktpl. 12, 2255 0.5

Langenstein

Vorwahl: 07237

Gemeindeamt, Hauptstr. 71, 2370 0
Gh Langenstein Ost, Hauptstr. 13, 5251, 0699/17555453, III 0
P Pissenberger, Hauptstr. 3, 64370, 0664/2611648, II 0

Mauthausen

Vorwahl: 07238

Mauthausen Tourismus, Marktstr. 2, 2243, 0676/3150151 0
Gh Fw **Gasthof Maly, Machlandstr. 1, 2249, 0699/10098068, III** 0.5
P Bh **Peterseil´s Radl Zimmer, Reiferdorf 11, 2864, 0676/6803063, III** 0
H Fw Zum Donaueck, Heindlkai 11, 0699/10969696, II-IV 0
Gh Weindlhof, Kirchenweg 12, 2641, IV 0.5
Gh Zur Traube, Heindlkai 15, 20230, 0664/5356285, III 0
P Balaton, Hinterbergstr. 42, 0699/3000084, o.F., I 0.5

Pz Fw Froschauer-Erhart, Hinterholz 14, ☎ 4485, ☎ 0676/3166820, o.F., I 1

Bh Fw Kurz, Reiferdorf 1, ☎ 3660, ☎ 0699/17205234, o.F., II 0

Bh Mairhof zu Haidd, Haid 8, ☎ 2416, ☎ 0676/821252023, III-IV 0.5

Sport Trauner, Poschacherstr. 5, ☎ 2235 0

Zweirad Koch, Linzer Str. 77, ☎ 5435 0

Au a. d. Donau (Naarn im Machlande)

Vorwahl: 07262

Campinganlage Au an der Donau, Hafenstr. 1, ☎ 53090, III 0

H Donauhotel Lettnerhof, Flößerweg 1, ☎ 57074, IV-V 0

Gh Hafenwirt Pühringer, Marktstr. 42, ☎ 58513, I 0

Gh Fw Jägerwirt, Oberer Markt 24, ☎ 58514, III 0.5

Naarn im Machlande

Vorwahl: 07262

i Gemeindeamt, Perger Str. 2, ☎ 582550 1.5

Gh Gasthof PIZZERIA Florian, Pergerstr. 4, ☎ 58274, ☎ 0664/73535402, II-III 1.5

Pz Landhaus Hackner, Bäckerfeld 2, ☎ 53806, ☎ 0650/4155247, II-III 2

Staffling (Naarn im Machlande)

Vorwahl: 07262

Gh Gelsenwirt, Staffling 16, ☎ 57872 1

Ruprechtshofen (Naarn im Machlande)

Vorwahl: 07262

Gh Machland Gasthof, Ruprechtshofen 6, ☎ 58288, ☎ 0664/3035288, III 1

Mitterkirchen im Machland

Vorwahl: 07269

i Radinfo, Hütting 30, ☎ 30373, ☎ 0664/7361454 0

i Marktgemeindeamt, Mitterkirchen 50, ☎ 82550, ☎ 0664/3841745 0

Gh Haberl, Mitterkirchen 18, ☎ 8423, III 0.5

Bh Kraglhof, Mitterkirchen 26, ☎ 83130, III 0

Bh Moser, Mitterkirchen 27, ☎ 8311, III 0.5

Gh Häuserer, Mitterkirchen 10, ☎ 8325 0.5

Pz Stemmer, Hörstorf 6, ☎ 8187 1.5

Baumgartenberg

Vorwahl: 07269

i Marktgemeindeamt Baumgartenberg, Baumgartenberg 85, ☎ 2550 0

Pz Lettner, Mühlberg 1, ☎ 7195, ☎ 0664/5158584 1

Pz Zickerhofer, Steindl 101, ☎ 410, ☎ 0699/88804120 1

Kaindl, Baumgartenberg 40, ☎ 221 0

Klam

Vorwahl: 07269

i Marktgemeindeamt, Klam 43, ☎ 7255 0

Gh Kirchenwirt, Klam 1, ☎ 7206, III-IV 0

Herdmann (Grein a. d. Donau)

Vorwahl: 07268

Fw Schacherhof, Herdmann 5, ☎ 6601, ☎ 0660/6552163, II-III 1

Bh Wurzergut, Herdmann 10, ☎ 456, I 1

Grein a. d. Donau

Vorwahl: 07268

i Tourismusbüro, Stadtpl. 5, ☎ 7055 0

H Goldenes Kreuz, Stadtpl. 8, ☎ 3160, IV 0

Gh Zur Traube, Greinburgstr. 6, ☎ 312, III 0

Gh Strandgasthof Anibas, Donaulände 4, ☎ 252, III 0

P Martha, Hauptstr. 12, ☎ 345, III 0

Pz Fw Haus Kamleitner, Wienerweg 47, ✆ 7975, ✆ 0664/5131392, II 0.5

Pz Kloibhofer, Brucknerstr. 1, ✆ 378, ✆ 0664/1687215, II-III 0.5

Pz Prinz, Brucknerstr. 11, ✆ 7918, II 0.5

Bh Mayerhofer, Panholz 2, ✆ 204, ✆ 0664/3327822, I 0.5

Camping Grein, Campingplatz 1, ✆ 21230 0

Grell, Kreuzner Str. 1, ✆ 230 0

Struden (Sankt Nikola an der Donau)

Vorwahl: 07268

Bh Wörthbauer, Struden 26, ✆ 8025, ✆ 0650/3070259 0

Sankt Nikola an der Donau

i Gemeindeamt, St. Nikola 16, ✆ 07268/8155 0

Fw Apartment St. Nikola, An der Donau 34, ✆ 0664/9267570, IV 0

Sarmingstein (Sankt Nikola an der Donau)

Vorwahl: 07268

P Strudengauhof, Sarmingstein 13, ✆ 8302, II 0

Ysperdorf (Hofamt Priel)

Vorwahl: 07414

Gh Donaublick, Ysperdorf 3, ✆ 7228, ✆ 0699/16655441 0

Gh Hinterleithner, Weinserstr. 95, ✆ 7203, III 0

Harland (Hofamt Priel)

Vorwahl: 07412

P Porranzl, Harland 6, ✆ 55484, III 2

Hofamt Priel

i Gemeinde Hofamt Priel, Dorfpl. 1, ✆ 07412/52421-0 0.5

Gh Naglhof, Knogl 7, ✆ 07412/52373, III 0.5

Persenbeug-Gottsdorf

Vorwahl: 07412

i Marktgemeindeamt, Rathauspl. 1, ✆ 52206 0

Gh Böhm, Hauptstr. 16, ✆ 58930, IV 0

P Wieselmayer, Donaustr. 33, ✆ 0664/9171252, II 0

Pz Köck, Donaustr. 34, ✆ 52843, ✆ 0664/8974782, I 0

Pz Fw Leeb, Hagsdorf 19, ✆ 0664/73554849, III 0

Pz Slawitscheck, Nibelungenstr. 62, ✆ 58955, I 1

Metzling (Persenbeug-Gottsdorf)

Vorwahl: 07412

Gh Die Donaurast, Wachaustr. 28, ✆ 52438, IV 0

Gh Zum goldenen Groschen, Wachaustr. 57, ✆ 52443, I 0

Marbach an der Donau

Vorwahl: 07413

i Gemeindeamt, Marktstr. 28, ✆ 7045 0

Gh Gasthof Haselberger, Donaustr. 70, ✆ 355, III-IV 0

Gh Zur Schönen Wienerin, Marktstr. 1, ✆ 7077, III-IV 0

Fw Camping Marbach, Campingweg 2, ✆ 20733, ✆ 0664/73559125 0

H Wachauerhof, Donaustr. 54, ✆ 7035, IV 0

Pz Loidhold, Marktstr. 40, ✆ 343, ✆ 0660/4892492, III 0

Pz Zeilinger, Steinwandweg 29, ✆ 7610, ✆ 0660/4892492, II 0.5

Bikeshop-Steindl, Marktstr. 32, ✆ 0680/2086908 0

Maria Taferl

Vorwahl: 07413

i Marktgemeindeamt, Nr. 35, ✆ 7040 0

H Rose, Hauptstr. 20, ✆ 304, IV-V 0

H Schachner, Nr. 24, ✆ 6355, V-VI 0

Gh Zum Goldenen Löwen, Hauptstr. 6, ✆ 340, III 0

P Cafe Maria-Theresia, Nr. 9, ✆ 7033 0

P Regina, Nr. 42, ✆ 266, ✆ 0664/2133236, III 0

Pz Hinterleitner, Nr. 28, ✆ 7839 0

Pz Rameder-Hackl, Nr. 25, ✆ 7039 0

Artstetten-Pöbring

Vorwahl: 07413

i Marktgemeindeamt, Schlossstr. 1, ✆ 8235 0

H Landhotel Donautalblick, Kircheng. 7, ✆ 8303 0

Gh Hirsch, Pöbring 22, ✆ 8393 2

Gh Schlossgasthof, Schlossstr. 2, ✆ 8303, III 0

Gh Schönauer, Nussendorf 3, ✆ 8311, ✆ 0664/73239138 2

Pz Fw Blumentalhof, Ziegelstadl 3, ✆ 8289, ✆ 0664/73722180, II 0

Pz Fw Koch, Am Jakobsweg 11, ✆ 8902 0

Bh Gabis Bauernhof, Hart 20, ✆ 8485, ✆ 0676/4820940, II 1.5

Leiben

Vorwahl: 02752

i Marktgemeindeamt, Hauptstr. 34, ✆ 70042 0

Gh Hochstöger, Hauptstr. 38, ✆ 712520, ✆ 0664/2533106 0

Bh Fw Mayerhof, Aichau 4, ✆ 71897, ✆ 0650/4616433, II 1.5

Klein-Pöchlarn

Vorwahl: 07413

i Marktgemeindeamt, Artstettner Str. 7, ✆ 8300 0

P Kammerer, Linzer Str. 8, ✆ 8297, II-III 0

P Paradiesgartl, Kremser Str. 6, ✆ 8224, ✆ 0664/2254467, II 0

P Schaumüller/Pieber, Zur Fähre 6, ✆ 8361, ✆ 0664/73684534, II 0

Lehen (Leiben)

Vorwahl: 02752

Gh Dürregger, Ebersdorf 4, ✆ 71415, III 0

Gh Gruber, Donaublick 6, ✆ 71225, III 0

P Gästehaus Wachau, Wachaustr. 1, Ebersdorf, ✆ 0676/7035943, II-III 0

Pz Fw Ertl, Ebersdorf 9, ✆ 71669, III-IV 0

Urfahr (Leiben)

P Fw Cottage Number 9, Urfahr 9, ✆ 02752/72252, ✆ 0664/5371240, III 0

Weitenegg (Leiben)

Vorwahl: 02752

Gh Gruber, Weitenegg 10, ✆ 70031, III-IV 0

St. Georgen (Emmersdorf a. d. Donau)

B&B Wintesperger, St. Georgen 4, ✆ 02752/71726, ✆ 0664/2786452, III-IV 0.5

Luberegg (Emmersdorf a. d. Donau)

Vorwahl: 02752

H Landhotel Wachau, Luberegg 20, ✆ 72572, IV-VI 0

Emmersdorf a. d. Donau

Vorwahl: 02752

i Infostelle, Beim Kreisverkehr, ✆ 70010 0

i Marktgemeindeamt, Nr. 22, ✆ 71469 0

Pz **Haus Sundl, Rote-Kreuz-Str. 18, ✆ 71419, ✆ 0664/3943765, III** 0.5

H Donauhof, An der Donau 40, ✆ 71777, IV-V 0

H Zum Schwarzen Bären, Marktpl. 7, ✆ 71249, IV-V 0

P Egger, Donaustr. 2, ✆ 0664/5451967, III 0

Fw Lindenhofer, Hofamt 22, ✆ 71482, II 0.5

Bh Pemmer, Hofamt 24, ✆ 71291, ✆ 0680/4063271, II 0.5

Donaucamping, Emmersdorf 22, ✆ 71707, ✆ 71469 0

ÖAMTC Fahrrad-Station, ✆ /0810/120120. Fahrrad-Station mit Aufhängevorrichtung, Luftpumpe, Werkzeug usw. 0

nextbike-Station, Beim Kreisverkehr, ✆ 02742/229901 0

Von Linz nach Melk am Südufer

Linz

Vorwahl: 0732

i Tourist Information, Hauptpl. 1, Altes Rathaus, ✆ 70702009 0

Hg **Wilder Mann, Goethestr. 14, (Bahnhofsnähe), ✆ 656078, III** 1

H Amedia, Prinz Eugen Str. 12, ✆ 257800, III 2

H Austria Classic Hotel Wolfinger, Hauptpl. 19, ✆ 7732910, IV-V 0

H City-Hotel, Schillerstr. 52, ✆ 652622, IV-V 1

H Courtyard by Marriott, Europapl. 2, ✆ 69590, IV-V 1.5

H Dom-Hotel, Baumbachstr. 17, ✆ 778441, IV-V 0.5

H Göttfried, Hofg. 5, ✆ 997023, o.F., III-V 0

H Hotel am Domplatz, Domplatz 5, ✆ 773000, V 0.5

H Kolping, Gesellenhausstr. 5-7, ✆ 661690, III 1

H Mama Muh, Graben 24, ✆ 772477, IV 0.5

H Motel One, Hauptpl. 10-11, ✆ 2100110, IV 0

H Park Inn Linz, Hessenpl. 16-18, ✆ 777100, IV-V 1

H Prielmayerhof, Weissenwolffstr. 33, Kaplanhofviertel, ✆ 7741310, IV-V 1.5

H Schillerpark, Rainerstr. 2-4, Eingang: Schillerpl., ✆ 6950102, IV 1

H Sovea Hotel - City, Kaiserg. 33, ✆ 0690/8021582, ✆ 0660/7383593, o.F., III 1

H TWH Donauwelle, Am Winterhafen 13, ✆ 789990, IV-V 0.5

H Turmfalke, Turmstr. 3, ✆ 332858, III-IV 2.5

H Zum Schwarzen Bären, Herrenstr. 9-11, ✆ 772477, IV-V 0.5

H ibis Linz City, Kärntner Str. 18-20, Bahnhofsnähe, ✆ 69401, IV 1.5

H ibis Styles Linz, Wankmüllerhofstr. 37, Ecke Wolfgang-Paulistr., ✆ 347281, IV 3

Hg Lokomotive, Weingartshofstr. 40, (Bahnhofsnähe), ✆ 6545540, IV 1.5

Jugendgästehaus Linz, Stanglhofweg 3, ✆ 664434, III 2

B7 Fahrradzentrum, Peter-Behrens-Pl. 9, in der Tabakfabrik Linz, ✆ 681880 1

BikeFeeling, Bismarckstr. 14, ✆ 775116 1

Constantin-Bike, Kaiserg. 25, ✆ 0660/5231350 1

Radsport Brückl, Dametzstr. 5, ✆ 777276 0.5

Radstudio Reichör, Wiener Str. 30, ✆ 611911 2

Zweirad Etzlstorfer, Huemerstr. 12, ✆ 779085 1

Zweirad Gruber, Wegscheider Str. 20, ✆ 318800 6

Radhaus-Fahrradverleih, Pfarrpl. 4, ✆ 264470. Verleih von 3RAD-Spezialrädern im Café Viele Leute 0.5

Ausee (Luftenberg an der Donau)

Vorwahl: 07223

Ht Krebshaus, Auseestr., ✆ 81802, ✆ 0664/88188684, I-II 0.5

Pichling (Linz)

Vorwahl: 0732

Gh Zum Hauermandl, Oidener Str. 98, ✆ 320213, IV 2.5

Pichlinger See, Wiener Str. 937, ✆ 305314 3

Raffelstetten (Asten)

P Raffelstettnerhof, König-Ludwig-Str. 11, ✆ 07224/68154 1.5

Bruck bei Tödling (St. Florian)

Fw Ebner, Bruck bei Tödling 2, ✆ 07224/0650/6457075, ✆ 0650/3263700, I-II 2.5

Asten

Vorwahl: 07224

Gemeindeamt, Marktpl. 2, ✆ 663810 0.5

Gh Stögmüller, Wienerstr. 13, ✆ 66197, ✆ 0664/4336326, III 0.5

Gh Zur Goldenen Krone, Wienerstr. 6, ✆ 66122, II-III 0

P Zum Löwen, Bahnhofstr. 4, ✆ 0676/3363596, III 1

Pz Fw Dorninger, Wienerstr. 10, ✆ 0664 4195244, ✆ 0664/6503181, o.F., III 0

Pz Herbert Häntschel, Einsiedlstr. 22b, ✆ 0664/2040990 0.5

St. Florian

Vorwahl: 07224

Marktgemeinde, Leopold-Kotzmann-Str. 1, ✆ 42550 0

Gh Erzh. Franz Ferdinand, Marktpl. 12-13, ✆ 42540, ✆ 0664/1223673, IV 0

H Florianerhof, Marktpl. 12-13, ✆ 42540, ✆ 0664/1223673, IV 0

Gh Pfistermüller, Am Bäckerberg 1, ✆ 4276, ✆ 0664/9114290, III 0.5

Gh Wolfsjägerhof, Wolfsjägerstr. 4, ✆ 8161, ✆ 0664/1826082, III-IV 4

Gh Zur Kanne, Marktpl. 7, ✆ 4288, III 0

P Gästehaus Stift, Stiftstr. 1, ✆ 890213, IV 0.5

Pz Pfistermüller, Mickstetten 1, ✆ 5643, ✆ 0699/11499605, I 4.5

Enns

Vorwahl: 07223

Tourismus & Stadtmarketing, Hauptpl. 19, ✆ 82777 0

H Zum Goldenen Schiff, Hauptpl. 23, ✆ 86086, IV 0

H Am Limes, Stadlg. 2b, ✆ 86401, ✆ 699/17079494, II 0

H Turmhotel, Hauptpl. 1, Stadtturm Enns, ✆ 82181888, V 0

Gh Backhendlstation Ennserpfandlstube, Mauthausner Str. 37, ✆ 83875, ✆ 0660/7729441, III 0

P Wall, Mauthausner Str. 11, ✆ 82532, II-III 0

Pz Berndl, Stiegeng. 3, ✆ 82278, ✆ 0664/9787489, o.F., I 0

Pz Leitner, Schulgraben 4, ✆ 82385, ✆ 0664/5359651, o.F., I 0.5

Ferien- und Campingdorf Au-See, Ausee Str., Alter Schmidberg 2, ✆ 81802, ✆ 0664/4035967 1

Ennsdorf

Vorwahl: 07223

Gh Stöckler Zum Grünen Baum, Wienerstr. 5, ✆ 82600, ✆ 0650/4447844, III 0

Pz Schmidthaler, Sperlingg. 9, ✆ 81186, ✆ 0676/5246244, II 2

Pyburg (Ennsdorf)

Pz Passenbrunner, Weidenweg 5, ✆ 0699/10961155, o.F., I 0.5

St. Pantaleon-Erla

Vorwahl: 07435

Gemeindeamt, Ringstr. 13, ✆ 7271 0

Gh Winklehner, Ringstr. 14, ✆ 7584, III 0

Pz Gmeiner, Klein Erla 59, ✆ 7235 2.5

Wallsee-Sindelburg

Vorwahl: 07433

Gemeindeamt, Marktpl. 2, ✆ 22160 0

Gh Sengstbratl, Marktpl. 21, ✆ 2203, ✆ 0664/3891332, III 0

Gh Grünling, Marktpl. 7, ✆ 2231, II 0

Gh Hehenberger, Sindelburgerstr. 1, ✆ 2207, II 0.5

Gh Wallseerhof, Alte Schulstr. 12, ✆ 2223, III 0

Pz Buchmayr, Am Hang 6, ✆ 0660/7364234 0

Pz Feirer, Altarmstr. 11, ✆ 0650/3313011 0.5

Glaninger, St.Severinstr. 6, ✆ 22130 0

Ardagger

Vorwahl: 07479

Gh Zur Donaubrücke, Tiefenbach 1, (Donaubrücke), ✆ 6119, III-IV 0

Gh Zum Schatzkastl, Hafen 1, ✆ 7500, III 0

Ardagger Markt (Ardagger)

Vorwahl: 07479

Marktgemeindeamt Ardagger, Markt 55, ✆ 7312 0

Gh Schiffsmeisterhaus, Ardagger Markt 60, ✆ 6318, ✆ 0664/3357400, III 0

Pz Hölzl, Markt 76, ✆ 6618, ✆ 0681/81829591, I 0

Fw Apartment Ardagger, Markt 62, ✆ 6318, ✆ 0664/3357400, III 0

Ardagger Stift (Ardagger)

Vorwahl: 07479

Gh Landhaus Stift Ardagger, Stift 3, ✆ 65650, V 0

Bh Baumgartenhof, Stift 10, ✆ 7393, ✆ 0664/1741313, II 0

Hößgang (Neustadtl an der Donau)

Vorwahl: 07471

i Marktgemeindeamt, Marktstr. 16, ✆ 22400 4

Freyenstein (Neustadtl an der Donau)

Vorwahl: 07471

Gh Zur Ruine Freyenstein, Freyenstein 8, ✆ 2272, ✆ 0660/3461618, I 0

DONAU LODGE
Mein Zimmer in Ybbs an der Donau
bett+bike adfc
Sensationelle Lage direkt am Donau-Radweg Passau-Wien mit Blick über die Donau
· Modern und funktional · klimatisierte Zimmer
· Frühstückscafé · Barbereich · Terrasse · Fahrradgarage
Wiener Straße 15 · 3370 Ybbs
Tel.: +43 7412 54 334
office@donau-lodge.at
www.donau-lodge.at

Willersbach (Neustadtl an der Donau)

Gh Krenn, Willersbach 40, ✆ 07412/52678, ✆ 0664/4855324, II 0

Ybbs an der Donau

Vorwahl: 07412

i Nibelungengau Info-Center, Stauwerkstr. 86, ✆ 55233 0

H Donau Lodge, Wiener Str. 10, ✆ 54334, V 0

Gh Babenbergerhof, Wiener Str. 10, ✆ 54334, IV 0

H Asia Wok, Stauwerkstr. 71, ✆ 53404

Mo Bäcker-Motel Weinberger, Stauwerkstr. 85, ✆ 5555515, o.F., III 0

BabenbergerHOF
bett+bike adfc
Zimmer mit Dusche, WC, Föhn, Kabel-TV, gratis W-LAN, Fahrradgarage, Sonnenterrasse vor dem Haus;
3370 Ybbs a.d. Donau · Wiener St. 10
Tel.: 07412/54334 Fax: 07412/54334-15
office@donau-lodge.at
www.babenbergerhof.at

Gh Mang, Herreng. 8, ✆ 20077, III 0

Pz Gartenappartement Anker, Hochfeldstr. 3, ✆ 0676/7206504, o.F., III 0.5

B&B Lindenhof, Stauwerkstr. 45, ✆ 0677/6388777, III 0.5

Posh Cycling, Stauwerkstr. 22, ✆ 0664/1516946 0.5

Zweirad Pichlmayr, Wiener Str. 38a, ✆ 52492 0

Sarling (Ybbs an der Donau)

Gh Kaiser, Sarlingstr. 17, ✆ 07412/56220, III 0.5

Krummnußbaum

Vorwahl: 02757

i Gemeindeamt, Rathausstr. 8, ✆ 2403 0.5

Gh Nusserl, Hauptstr. 36, ✆ 2331, ✆ 0676/5430099, II 0.5

Gh Schiffmeister, Hauptstr. 88, ✆ 24117, ✆ 0664/1638795, III 0

Bh Fw Kloimüller, Hauptstr. 9, ✆ 2525, ✆ 0676/5104304, I-II 0.5

Pöchlarn

Vorwahl: 02757

i Stadtamt, Kirchenpl. 1, ✆ 231025 0

H Moser-Reiter, Bahnhofspl. 3, ✆ 2448, III 0.5

H Nibelungenmotel, Mankerstr. 54a, Check in: Gasthaus Gramel (gegenüber), ✆ 21112, III 1

P Haus Barbara, Wiener Str. 4, ✆ 2321, II-III 0

Pz Wagner, Wiener Str. 33, ✆ 0660/4877118, ✆ 0676/6405783, o.F., II 0

Pz Waldbauer, Wienerstr. 60a, ✆ 7395, ✆ 8553, o.F., II 0.5

NF Naturfreundehaus-Lagerquartier, Schiffhausweg 4, ✆ 0650/6835820 0

Union Ruderverein, Regensburgerstr. 16, ✆ 3197, ✆ 0676/7534860, I 0

Fahrrad Pichler, Rechenstr. 1, ✆ 2456 0.5

Melk

Vorwahl: 02752

i Wachau Info Center, Kremser Str. 5, ✆ 51160 0

Junges Hotel Melk, Abt Karl-Str. 42, ✆ 52681, II 0.5

H Café Central, Hauptpl. 10, ✆ 52343, III 0

H Stadt Melk, Hauptpl. 1, ✆ 52475, III-IV 0

H Wachau, Am Wachberg 3, ✆ 52531, III-IV 1.5

H Wachauerhof, Wiener Str. 30, ✆ 52235, IV 0

H Zur Post, Linzer Str. 1, ✆ 52345, IV-V 0

Gh Fährhaus Melk, Kolomaniau 3, ✆ 53291, III 0

Gh Zum Fürsten, Rathauspl. 3, ✆ 52343, III-IV 0

Pz Haus zum Nibelungenlied, Kremser Str. 6, ✆ 53613, ✆ 0676/5047670, II 0

Intersport, Umfahrungsstr. 1, ✆ 5065300 1

Wachau Touristik Bernhardt, Pionierstr. 2, ✆ 0664/2222070 0

Von Emmersdorf nach Wien am Nordufer

Emmersdorf a. d. Donau

Vorwahl: 02752

i Infostelle, Beim Kreisverkehr, ☎ 70010 0
i Marktgemeindeamt, Nr. 22, ☎ 71469 0.5
Pz **Haus Sundl, Rote-Kreuz-Str. 18, ☎ 71419, ☎ 0664/3943765, III 1**
H Donauhof, An der Donau 40, ☎ 71777, IV-V 0.5
H Zum Schwarzen Bären, Marktpl. 7, ☎ 71249, IV-V 0.5
P Egger, Donaustr. 2, ☎ 0664/5451967, III 1.5
Fw Lindenhofer, Hofamt 22, ☎ 71482, II 0.5
Bh Pemmer, Hofamt 24, ☎ 71291, ☎ 0680/4063271, II 0.5
Donaucamping, Emmersdorf 22, ☎ 71707, ☎ 71469 0.5
ÖAMTC Fahrrad-Station, ☎ /0810/120120. Fahrrad-Station mit Aufhängevorrichtung, Luftpumpe, Werkzeug usw. 0
nextbike-Station, Beim Kreisverkehr, ☎ 02742/229901 0

Aggsbach Markt

Vorwahl: 02712

i Marktgemeindeamt, Aggsbach 48, ☎ 214 0
Gh Zum Kranz, Aggsbach-Markt 161, ☎ 210 0
P Fw Anna, Aggsbach-Markt 24, ☎ 253, ☎ 0680/2147724, II 0.5
Pz Landhaus Wachau, Aggsbach Markt 86, ☎ 0660/7343117, II 0.5
Fw Fasching, Aggsbach-Markt 133, ☎ 550, ☎ 0680/2110401, II 0.5
Fw Gerstbauer, Aggsbach-Markt 19, ☎ 384, ☎ 0650/7278900, II 0.5
Fw Imme, Aggsbach-Markt 136, ☎ 548, ☎ 0650/6015533, I 0.5
Fw Michael & Yunling, Nr. 123, ☎ 20289, ☎ 0664/73063659, II-III 0
nextbike-Station, Nr. 170, ☎ 02742/229901 0

Groisbach (Aggsbach Markt)

Vorwahl: 02712

Pz Gästehaus Wilhelm, Groisbach 20, ☎ 557, I 0
Pz Weingut Herlinde, Groisbach 30, ☎ 551 0
Fw Wilhelm, Groisbach 4, ☎ 557 0

Willendorf (Aggsbach Markt)

Vorwahl: 02712

Gh Gasthof zur Venus, Willendorf 36, ☎ 202020, III 0
Pz Schrutz, Willendorf 63, ☎ 556 0

Schwallenbach (Spitz a. d. Donau)

Vorwahl: 02713

Pz Fw Gästehaus Schütz, Schwallenbach 31, ☎ 2174, II 0

Spitz a. d. Donau

Vorwahl: 02713

i Donau Niederösterreich Tourismus GmbH - Regionalbüro Wachau-Nibelungengau-Kremstal, Schlossg. 3, ☎ 30060-60 0.5
i Tourist-Information, Mitterg. 3a, ☎ 2363 0
H Mariandl, Kremserstr. 2, ☎ 2311, ☎ 0664/5403008, IV-V 0
H Weinhotel Wachau, Ottenschlägerstr. 30, ☎ 2254, III-IV 0.5
Hg Weinberghof, Am Hinterweg 17, ☎ 2939, IV-V 0.5
Gh Goldenes Schiff, Mitterg. 5, ☎ 2326, IV 0
Gh Prankl, Hinterhaus 16, ☎ 2323, IV-V 0
P 1000-Eimerberg, Marktstr. 3, ☎ 2334, III-IV 0
P Alte Post, Hauptstr. 24, ☎ 0676/7806920, III 0
P Café Bruckner, Hauptstr. 9, ☎ 2329, III 0
P Donaublick, Schopperpl. 3, ☎ 2552, ☎ 35 0
P Haus Oestreicher, Hauptstr. 26, ☎ 2317, III 0
P Weingut Donabaum, In der Spitz 3, ☎ 2644, IV 0.5
Pz Gästehaus Datzinger, Rote Torg. 13a, ☎ 2493, ☎ 0664/73203767, III 0.5
Pz Gästehaus Martin, Ottenschlägerstr. 34, ☎ 0676/5635982, IV 1
Pz Gästehaus Ruinenblick, Kirchensteig 1, ☎ 0650/5223641, III 0.5
Pz Kausel Anna, Am Hinterweg 10, ☎ 2514, I-II 0.5
Pz Fw Weinbergblick, Rote Torg. 18, ☎ 0699/88484084, III-IV 0.5
Pz Weingut Gebetsberger, Hauptstr. 34, ☎ 2096, ☎ 2660, ☎ 0664/2337608, II 0
Pz Weingut Nothnagl, Radlbach 7, ☎ 2612, II 0.5
Pz Weingut Özelt, Kirchenpl. 3, ☎ 2302, III 0.5
Pz Winzerin Spitz, Am Hinterweg 11, ☎ 2938, III 0.5
Kaufhaus Gurtner, Hauptstr. 26, ☎ 2317. Keine E-Bikes, Schlauchautomat 0

St. Michael (Weißenkirchen in der Wachau)

Vorwahl: 02713

Pz Fw Gästehaus zur Wehrkirche, St. Michael 3, ☎ 72919, ☎ 0650/3724410, III 0
Pz Gästezimmer-Weinbau Huber, St. Michael 10, ☎ 2282, ☎ 0664/73575327 0

Wösendorf

Vorwahl: 02715

P Gästehaus Denk, Winklg. 133, ☎ 0680/3073810, III-IV 0
P Weinbau Wagner, Hauptstr. 90, ☎ 2336, ☎ 0650/2336000, II 0
P Fw Weinbau Weidenauer, Kellerg. 92, ☎ 72864, ☎ 0664/1423948, II 0.5
Pz Machherndl, Hauptstr. 105, ☎ 2402, I 0
Pz Urlaub bei Seppi, Winklg. 50, ☎ 0676/5495993, II 0
Pz Weingut Langmayer, Kircheng. 62, ☎ 0676/5269760, III 0

Pz Weingärtnerei Lengsteiner, Winklg.53, ✆ 2224, III 0

KFZ Machherndl, Bachg. 19, ✆ 2392 0

Joching (Weißenkirchen in der Wachau)

Vorwahl: 02715

H Weingut Holzapfel, Prandtauerpl. 36, ✆ 2310, V 0

Pz Gästehaus Ebner, Weinbergstr. 23, ✆ 0664/4409038, II-III 0.5

Pz Landhaus Smöch, Nr. 55, ✆ 2839, ✆ 0664/3819863, IV-V 0

Pz Fw Weinbau-Gästezimmer Jamek, Joching 33, ✆ 2596, II 0

Weißenkirchen in der Wachau

Vorwahl: 02715

i Tourist-Information, Wachaustr. 242, ✆ 2600 0

i Marktgemeindeamt, Rathauspl. 32, ✆ 2232 0

H Donauwirt, Wachaustr. 47, ✆ 2247, IV-V 0

H Kirchenwirt, Kremser Str. 17, ✆ 2332, V-VI 0

H Raffelsberger Hof, Freisingerpl. 54, ✆ 2201, ✆ 0664/1131048, V-VI 0

Hg Donauhof, Donaug. 298, ✆ 2353, IV-V 0

Hg Ur-Wachau, Obere Bachg. 83, ✆ 0681/10568213, ✆ 0664/5424487, V 0.5

Hg Weinquadrat, Landstr. 238, ✆ 20008, V 0

P Denk, Obere Bachg. 74, ✆ 2365, IV 0

P Fw Gästehaus Heller, Kremser Str. 14, ✆ 2221, III 0

P Fw Manghof, Obere Bachg. 86, ✆ 2339, ✆ 0664/5427610, ✆ 0664/7881016 0.5

P Fw Meyer, Marktpl. 20, ✆ 0676/7136684, III-IV 0

P Thurnhof, Thurnhof 76, ✆ 2503, IV 0

P Fw Turm Wachau Rosenberger, Auf der Burg 140, ✆ 0664/2013850, IV 0

P Wein Ottmann, Lichtgartl 374, ✆ 72842, ✆ 0650/6666629 0.5

Pz Andreas Lehensteiner Weinbau & Gästezimmer, Kremser Str. 7, ✆ 2284, ✆ 0664/5732880, III 0

Fw Salzstadl, Wachaustr. 233, ✆ 2214, ✆ 0676/6210025, III 0

Bh Fw Bernhard, Laimgrubg. 160, ✆ 2564, ✆ 0680/3120536, III 0.5

Bh Freisingerhof, Freisingerpl. 55, ✆ 2320, ✆ 0664/3727298 0

Bh Zottl, Am Weitenberg 105, ✆ 2325, ✆ 0650/4003747, III-IV 0.5

Radservice-Box, Wachaustr. 242, ✆ 2600. In der Infostelle befindet sich eine Radservice-Box mit Werkzeug u. Fahrradschläuchen. 0

nextbike-Station, hinter dem Bahnhof, ✆ 02742/229901 0

Dürnstein

Vorwahl: 02711

i Gemeindeamt, Dürnstein 25, ✆ 219 0

i Gästeinformation Dürnstein/Loiben, Dürnstein 132, ✆ 200 0

H Gartenhotel & Weingut Pfeffel, Zur Himmelsstiege 122, ✆ 206, V-VI 0

H Richard Löwenherz, Dürnstein 8, ✆ 222, VI 0

H Schloss Dürnstein, Dürnstein 2, ✆ 212, VI 0

H Sänger Blondel, Dürnstein 64, ✆ 253, IV-V 0

P Altes Rathaus, Dürnstein 26, ✆ 252, II-III 0

P Stockingerhof, Dürnstein 240, ✆ 384, III-IV 0

Pz Weixelbaum, Dürnstein 52, ✆ 422, ✆ 0699/11378255, II 0

B&B Rolea, Talgraben 115, ✆ 20407, ✆ 0660/3431100, III 0

Bh Fw Weingut Schmidl, Nr. 144, ✆ 0664/2245429, IV 0

Bh Fw Winzerhof Stöger, Dürnstein 57, ✆ 396, III 0

nextbike-Station, ✆ 02742/229901. Verleihstationen: Donaustation 21 - P1, bei der Schiffsanlegestelle unterhalb des Stiftes Dürnstein, beim Parkplatz P2 in der Nähe des Bahnhofes 0

Oberloiben (Dürnstein)

Vorwahl: 02732

P Doppler, Oberloiben 47, ✆ 73711, ✆ 0664/73756485, II 0.5

P Granner, Oberloiben 19, ✆ 71754, II 0

P Leonhartsberger, Oberloiben 3, ✆ 84398, ✆ 0676/6409695, ✆ 0660/1559233, III 0.5

P Schweighofer, Oberloiben 11, ✆ 84337, III 0

Fw Bogner, Oberloiben 6, ✆ 0676/3096120, ✆ 0676/7018775, III 0.5

Fw Weingut Brustbauer, Oberloiben 2, ✆ 87300, IV 0.5

Bh Winzerhof Mörtinger, Oberloiben 20, ✆ 76152, II 0

Unterloiben (Dürnstein)

Vorwahl: 02732

P Stierschneider, Unterloiben 8, ✆ 71422, II 0

Pz Scheibenpflug, Unterloiben 58, ✆ 72411, ✆ 0664/4348406, I 0

Bh Dinstlhof, Unterloiben 6, ✆ 70600, III 0

Stein (Krems a. d. Donau)

Vorwahl: 02732

i Schifffahrts- u. Welterbezentrum Wachau, Welterbepl. 1, ✆ 78282 0

H Living inStyle, Steiner Landstr. 16, ✆ 0900/280020, IV 0

P Einzinger, Steiner Landstr. 82, ✆ 82316, III 0

Pz Gerstner, Steiner Landstr. 56, ✆ 82379, II 0

Pz Lurger, Kollmanng. 3, ✆ 0664/2044043, o.F., II 0

Pz Puchmayr, Steiner Landstr. 79, ✆ 71312, ✆ 0664/73591553, II 0

Pz Stasny, Steiner Landstr. 22, ✆ 82843, ✆ 0676/7700236, II 0

Bh Fw Petz, Förthofstr. 7, ✆ 81466, ✆ 06763315258, IV 0

ÖAMTC Donaupark-Camping, Yachthafenstr. 19, Stein, ✆ 84455 0.5

Rund um's Rad, Steiner Landstr. 103, ✆ 71071 0

nextbike-Stationen, Donaustation 24, ✆ 02742/229901. Standorte: Donaustation 24, Campus Donau-Uni 0

Egelsee (Krems a. d. Donau)

Vorwahl: 02732

Gh Lechner, Sandlstr. 11, ✆ 41201, II 2

Krems a. d. Donau

Vorwahl: 02732

i Kunstmeile Krems Besucherzentrum, Museumspl. 1, ✆ 908010. Die Kunstmeile Krems bietet auf 1,6 Kilometern zahlreiche Museen, Galerien sowie Kunst- und Musikfestivals. Sie erstreckt sich von der Minoritenkirche bis hin zur Dominikanerkirche und umfasst den Minoriten-, den Museums- und den Dominikanerplatz. 0

i Wachau Info-Center, Körnermarkt 14, ✆ 82676 0

Kolping Campus Krems, Alauntalstr. 95 u. 97, ✆ 83541, III 0.5

H Klinglhuber, Wiener Str. 10, (Eingang vis à vis Hohensteinstr. 5), ✆ 86960, III-V 0

H Orange Wings Krems, Hofrat-Erben-Str. 4, ✆ 78010, IV 0.5

H Parkhotel Krems, Edmundhofbauerstr. 19, ✆ 87566, IV 0

H Steigenberger Hotel and Spa, Am Goldberg 2, ✆ 71010, V-VI 0

H Unter den Linden, Schillerstr. 5, ✆ 82115, IV 0

H Zum goldenen Engel, Wiener Str. 41, ✆ 82067, IV 0.5

H arte Hotel Krems, Dr. Karl Dorrek-Str. 23, ✆ 71123, ✆ 80, V 0

P Gästehaus am Steindl, Am Steindl 20, ✆ 84340, ✆ 0664/2056789, IV 0.5

P Krieger, Langenloiser Str. 49, ✆ 90906, ✆ 0664/88656255, II 0.5

P Weingut Hutter, Weinzierlbergstr. 10, ✆ 82006, V 1

Radfahrer-Jugendherberge Krems, Ringstr. 77, ✆ 83452, ✆ 0664/6530615, o.F., II 0

Radstudio Krems, Südtirolerpl. 4, ✆ 81880 0

Zweirad Aichinger, Hohensteinstr. 22a, ✆ 82876 0

Rohrendorf bei Krems

Vorwahl: 02732

P Fischer, Obere Hauptstr. 58, ✆ 77957, ✆ 0676/4022467, III 1.5

P Krappel, Hans Heppenheimerstr. 8, ✆ 72181, ✆ 0676/3304244, IV 2.5

P Fw Trachsler, Weidg. 2, ✆ 81795, ✆ 0664/3605666, III 1.5

P Wein-Genuss, Untere Hauptstr. 53, ✆ 796860, ✆ 0676/6256022, V 1.5

P Fw Weingut & Gästehaus Rosenberger, Leiserg. 29, ✆ 83843, ✆ 0676/9129146, IV 1.5

P Fw Weingut Weber, Untere Hauptstr. 52, ✆ 84452, III 2

Pz Campingplatz Ettenauer, Untere Hauptstr. 35, ✆ 0664/1164808, ✆ 0676/9129993, III 1.5

Bh Schmankerl und Gast, Obere Hauptstr. 38, Navi: Oberer Mitterweg 31, ✆ 0664/2085998, III-IV 1.5

Bh Winzerhof Bogner, Obere Hauptstr. 24, ✆ 84460, III 1.5

Theiß (Gedersdorf)

ÖAMTC Fahrrad-Station Gedersdorf, An der Schütt, direkt am Radweg, ✆ 0810120120. Fahrrad-Station mit Aufhängevorrichtung, Luftpumpe, Werkzeug usw. 0

Altenwörth (Kirchberg am Wagram)

Vorwahl: 02279

i Heimat- und Fremdenverkehrsverein Altenwörth/Gigging, Hauptstr. 4, ✆ 0681/10277829 0

Bh Weinbauernhof Waltner, Sigmarstr. 23, ✆ 2851, ✆ 0676/6775102, II 0

Pz Kainberger, Sigmarstr. 22, ✆ 3695 0

Zwentendorf an der Donau

Vorwahl: 02277

i Marktgemeindeamt, Rathauspl. 4, ✆ 2209 0

P Jeschko, Barbarag. 13, ✆ 0650/8418275, II 0.5

Pz Zelenka, Moosbierbaumer Str. 7, ✆ 2931, ✆ 0650/9848810, III 0.5

Hg Rosenhotel, Ing. August-Kargl-Str. 2, ✆ 70111, ✆ 0676/5612930, III-IV 0.5

Pz Pawelka, Ing. August-Kargl-Str. 1, ✆ 2747, ✆ 0699/12086123, II 0

Pz Zelenka Eva, Mariahilferg. 16, ✆ 2960, ✆ 0660/5689441 0.5

Campingplatz, Pappelalllee 1, ✆ 22090 0.5

Fahrradtechnik KOWI, Hauptpl. 5, ✆ 0664/1993480 0.5

Atzenbrugg

H Diamond Country Club, Am Golfplatz 1, ✆ 02275/20075, IV-V 3.5

Pischelsdorf (Zwentendorf an der Donau)

Vorwahl: 02277

Pz Daniela, Pischeldorf 33, ✆ 2484, II 0.5

Pz Haus Marianne, Pischelsdorf 37, ✆ 2554, ✆ 0664/5323649, II 0.5

Pz Fw Marschall, Pischelsdorf 44, ✆ 0676/4202313, II 0.5

Langenschönbichl

Vorwahl: 02272

Gh Kronauerhof, Asparnstr. 2a, Kronau, ✆ 72110 0

P Theresa, Sonnenstr. 27, ✆ 0676/5322332, III 0.5

Pz Gästehaus Lager, Hauptstr. 41, ✆ 7338, ✆ 0680/2113078 0

Bh Kerschner, Hauptstr. 13, ✆ 7258, ✆ 0664/73589718 0

Tulln an der Donau

Vorwahl: 02272

i Donau Niederösterreich Tourismus GmbH - Regionalbüro Tullner Donauraum-Wagram, Minoritenpl. 2, ✆ 67566-0 0

i Tourismus-Info Tulln, Minoritenpl. 2, ✆ 675660 0

P **Zum Springbrunnen, Hauptpl. 14a, ✆ 63115, ✆ 0664/1813479, III 0.5**

Junges Hotel Tulln, Marc Aurel Park 1, ✆ 651650, II 0

H Diamond City Hotel, Nussallee 18, ✆ 21750, V 0

H Hotel Römerhof, Hafenstr. 3, ✆ 62954, III-VI 0.5

H Nibelungenhof, Donaulände 34, ✆ 62658, III 0

Gh Adlerbräu, Rathauspl. 7, ✆ 62676, III 0.5

P Kirchenblick, Seilerg. 11, ✆ 0664/9688717, III 0.5

Donaupark Camping, Donaulände 76, ✆ 6520013821 0.5

2-Rad Wegl, Jasomirgottg. 4-6, ✆ 62695 0.5

Forstinger, Kaplanstr. 12, ✆ 059101/9020 1.5

Rad-Service-Stationen, Hauptbahnhof. Ausgestattet mit Fahrradpumpe und Werkzeug. Standorte: Hauptbahnhof, Aubad, Die Garten Tulln 1

Radsport Voch, Rudolfstr. 5a, ✆ 62278 0.5

more than bike, Bahnhofstr. 6 0.5

Fahrradboxen, Am Wasserpark 1, Beim Haupteingang der Garten Tulln. 0.5

Stockerau

Vorwahl: 02266

i Stadtgemeindeamt, Rathauspl. 1, ✆ 69518 0

H City-Hotel, Hauptstr. 49, ✆ 62930, V-IV 0.5

H Drei Königshof, Hauptstr. 29-31, ✆ 627880, IV-V 0.5

H Kaiserrast, Donaukraftwerkstr. 1, ✆ 68000, III-IV 1

H Kolpinghaus, Adolf Kolping-Str. 1, ✆ 62600, ✆ 0676/4292581 1

Hg Hotel Lenau, Josef-Wolfik Str. 10, ✆ 628120, ✆ 0699/14444225, III 0

Gh Zum weißen Rössel, Josef Wolfikstr. 36, ✆ 62617 0.5

Pz Waysmayer, Stockerauerstr. 25/1, ✆ 64717, ✆ 0664/1390940, ✆ 0664/1223859, o.F. 4.5

Forstinger, Rudolf-Hirsch-Str. 3, ✆ 059101/9035 2

Pink Stockerau, Hauptstr. 30, ✆ 62434 0.5

Sportmike, Sparkassapl. 2, ✆ 72626, ✆ 0699/11694411 0.5

Zweirad Spazierer, Bahnhofstr. 11, ✆ 62840 0.5

nextbike-Station, Rathauspl., ✆ 02742/229901. Verleihstationen: am Bahnhof, bei der Kaiserrast und beim Rathaus. 0

Korneuburg

Vorwahl: 02262

i Stadtgemeindeamt, Hauptpl. 39, ✆ 770 0.5

H Zur Sonne, Laaer Str. 12, ✆ 0650/4010698, III 0

H Ökotel, Kaiserallee 31, Bisamberg, ✆ 0594/59410, II 1

Pz Ullmann, Klein-Engersdorfer Hauptstr. 25, Bisamberg, ✆ 0664/7879254 3.5

Fw Gutmann, Eisenbahng. 4, ✆ 0664/2004806 0.5

Forstinger, Laaer Str. 81, ✆ 059101/9110 1

PINK Korneuburg, Stockerauer Str. 10, ✆ 62545 0

PINK Radwelt Stetten, Gewerbegebiet 2, ✆ 64590 3

Wien

Vorwahl: 01

Tourist-Information, Albertinapl./Maysederg., 1. Bezirk (Wien), ✆ 24555 0.5

Tourist-Information Hauptbahnhof, Am Hauptbahnhof 1, im Infopoint der ÖBB, ✆ 24555 0.5

1. Bezirk (Wien)

Vorwahl: 01

Tourist-Information, Albertinapl./Maysederg., ✆ 24555 0.5

Tourist-Information, Albertinapl./Maysederg., ✆ 24555 0.5

Pedal Power Vienna, Bösendorferstr. 5, ✆ 7297234

Vienna Explorer, Franz-Josefs-Kai 45, ✆ 8909682 0

H Alma Boutique Hotel, Hafnersteig 7, ✆ 5332961, IV 0

H Austria, Fleischmarkt 20, Wolfeng. 3, ✆ 51523, III-IV 0.5

H De France, Schottenring 3, ✆ 313680, IV-V 0

H Domizil, Schulerstr. 14, ✆ 5133199, IV-V 0.5

H Kärntnerhof, Grashofg. 4, ✆ 5121923, IV-VI 0.5

H Mailberger Hof, Annag. 7, ✆ 5120641, V-VI 0.5

H Marc Aurel, Marc-Aurel-Str. 8, ✆ 53336400, ✆ 5335226, III 0

H Post, Fleischmarkt 24, ✆ 515830, III-IV 0.5

H Royal, Singerstr. 3, ✆ 515680, IV-V 0

H Starlight Suiten Renngasse, Renng. 13, ✆ 5339989, V-VI 0.5

H Zur Wiener Staatsoper, Krugerstr. 11, ✆ 5131274, IV-V 0.5

P Aviano, Marco d'Avianog. 1, ✆ 5128330, IV-V 0.5

P Best Western Arenberg, Stubenring 2, ✆ 51252910, V-VI 0

P Dr. Geissler, Postg. 14, ✆ 5332803, III-VI 0

P Neuer Markt, Seilerg. 9, ✆ 5122316, III 0.5

P Opera Suites, Kärntner Str. 47, ✆ 5129310, IV 0.5

P Residenz, Ebendorferstr. 10, ✆ 40647860, III-IV 0.5

P Riedl, Georg-Coch-Pl. 3/4/10, ✆ 5127919, IV-V 0

P Sacher Apartments, Rotenturmstr. 1-3, 7. Stock, ✆ 5333238, ✆ 0676/4451658, o.F., V 0

Newton-Bikes, Lobkowitzpl. 3, ✆ 0676/3635346 0.5

Radhaus Singer, Reichsratsstr. 13, ✆ 4062143 0.5

Trek Bicycle Vienna, Hegelg. 19, ✆ 5130514 0

2. Bezirk (Wien)

Vorwahl: 01

H Adlon, Hofenederg. 4, ✆ 2166788, ✆ 0800/3334001, o.F., III-IV 0.5

H Austria Classic Hotel Wien, Praterstr. 72, ✆ 211300, III-VI 0

H Capri, Praterstr. 44-46, ✆ 2148404, IV-VI 0

H City Central, Taborstr. 8, ✆ 211050, IV-V 0.5

H Hilton Vienna Danube Waterfront, Handelskai 269, ✆ 72777, IV-VI 2

H Kunsthof, Mühlfeldg. 13, ✆ 2143178, III-IV 0.5

H Mercure Wien City, Hollandstr. 3, ✆ 213130, IV-V 0.5

H Odeon, Weintraubeng. 31, ✆ 2142362, ✆ 0650/4720732, II-IV 0.5

H Praterstern, Mayerg. 6, ✆ 2140123, III 0

H Resonanz Vienna, Taborstr. 47-49, ✆ 9553252, III-IV 1

H Stefanie, Taborstr. 12, ✆ 211500, V-VI 0.5

H Wilhelmshof, Kleine Stadtgutg. 4, ✆ 21455210, V 0.5

Peter Vesecky, Böcklinstr. 64, ✆ 7289311 1.5

Radsport Rih, Praterstr. 48, ✆ 2145180 0

Sator Bike Shop, Böcklinstr. 104, ✆ 7289136 2

Star Bike, Bruno-Marek-Allee 11, ✆ 2198560 1

3. Bezirk (Wien)

Vorwahl: 01

H Garten- & Kunsthotel Gabriel, Landstraßer Hauptstr. 165, ✆ 7123205, III-V 2

H Mercure Grand Hotel Biedermeier Wien, Landstraßer Hauptstr. 28, ✆ 716710, IV-VI 1

H Urania, Obere Weißgerberstr. 7, ✆ 7131711, III 0.5

H Vienna Sporthotel, Baumg. 83, ✆ 79882010, o.F., IV-V 2.5

H ibis budget Wien Sankt Marx, Franzosengraben 15, ✆ 7984555, III 3

P Bosch, Keilg. 13, ✆ 7986179, III 1

P Kibi Rooms, Landstraßer Hauptstr. 33, ✆ 7121068, III 1

Fahrrad1030, Sechskrügelg. 2, ✆ 0699/17000542 1

Galaxy Fahrräder, Hintere Zollamtsstr. 11, ✆ 0699/11398484 0.5

4. Bezirk (Wien)

Vorwahl: 01

H Beim Theresianum, Favoritenstr. 52, ✆ 5051606, III 0.5

H Carlton Opera, Schikanederg. 4, ✆ 5875302, III-VI 0.5

H Congress, Wiedner Gürtel 34, ✆ 5055506, III 0

H Drei Kronen, Schleifmühlg. 25, ✆ 5873289, IV 0.5

H Johann Strauss, Favoritenstr. 12, ✆ 5057624, IV 0.5

H Kaiserhof Wien, Frankenbergg. 10, ✆ 5051701, IV-VI 0.5

H Prinz-Eugen, Wiedner Gürtel 14, ✆ 5051741, III-IV 0

H Sommerhotel Wieden, Schelleing. 36, ✆ 50152100, III-IV. von Juli bis September geöffnet 0.5

P Attaché, Wiedner Hauptstr. 71, ✆ 5032301, III 1

2rad-shop Gerhardt, Wiedner Hauptstr. 55, ✆ 0676/6850715 0.5

ARGUS Shop, Frankenbergg. 11, ✆ 5050907 0.5

5. Bezirk (Wien)

Vorwahl: 01

H Allegro, Matzleinsdorferpl. 1, ✆ 5442743, III-IV 1.5

H Art Hotel Vienna, Brandmayerg. 7-9, ✆ 5445108, IV 1.5

H Austria Trend Hotel Ananas, Rechte Wienzeile 93-95, ✆ 54620901, III-IV 1.5

H Ibis Wien, Schönbrunner Str. 92, ✆ 590070, III 2

H Inn Wien City, Margaretenstr. 53, ✆ 58850, III-IV 1

Fw Residenz Johann-Strauß, Einsiedlerg. 19, ✆ 5441351, ✆ 0676/5378816, II 2

MITICO Bikes Vienna, Margaretenstr. 107, ✆ 9072087 1.5

die radwerkstatt, Margaretengürtel 134, ✆ 5443801 2

6. Bezirk (Wien)

Vorwahl: 01

H Fürst Metternich, Esterházyg. 33, ✆ 58870, IV-V 1.5

H Leonardo, Matroseng. 6-8, ✆ 599010, IV 2

H Secession, Getreidemarkt 5, ✆ 588380, IV 0.5

P Haydn, Mariahilfer Str. 57-59, ✆ 58744140, III-V 1

P Spachta, Gfrornerg. 2, ✆ 5970305, III 2.5

Kolpinghaus Wien Zentral, Gumpendorferstr. 39, ✆ 58756310, II 1

Westend City Hostel, Fügerg. 3, ✆ 5976729, II-III 2

Bicycle Company, Getreidemarkt 1, ✆ 8901028 0.5

Ciclopia, Stiegeng. 20, ✆ 5867633 1

Cooperative Fahrrad, Gumpendorfer Str. 111, ✆ 5965256 2

Fahrrad + Skii, Linke Wienzeile 124/128, ✆ 5978288, ✆ 0664/1004659 1.5

IG Fahrrad, Otto Bauer G. 16, ✆ 0650/3346723 1.5

Radsport Niesner, Schmalzhofg. 10, ✆ 5970477, ✆ 0664/1810921 1.5

7. Bezirk (Wien)

Vorwahl: 01

H Admiral, Karl-Schweigerhofer-G. 7, ✆ 521410, III-V 0.5

H Fürstenhof, Neubaugürtel 4, ✆ 5233267, III-IV 2

H Gilbert, Breite G. 9, ✆ 5231345, IV-VI 0.5

H Intercityhotel Wien, Mariahilfer Str. 122, ✆ 525850, III-IV 2

H K & K Maria Theresia, Kirchbergg. 6, ✆ 52123, III-V 0.5

H Kugel, Siebensterng. 43, ✆ 5233355, V-VI 1

H Max Brown 7th District, Schottenfeldg. 74, ✆ 3761070, V 1.5

P Altstadt Vienna, Kircheng. 41, ✆ 5226666, V-VI 1

P Atrium, Burgg. 118, ✆ 0664/3436212, III-IV 1.5

P Dormium, Kandlg. 35/7, ✆ 5267340, ✆ 0681/10395390, IV 1.5

P Hotel Schani Salon, Mariahilfer Str. 58, ✆ 5240970, V. eröffnet nach Umbau wieder im Herbst 2018 1

P Urban Stay Columbia, Kochg. 9, ✆ 4056757, III-IV 1

P Walzerstadt, Zieglerg. 35, ✆ 5237122, III 1.5

JH, Myrtheng. 7, Neustiftg. 85, ✆ 52363160, I 1

IG Fahrrad, Westbahnstr. 28, ✆ 5235113 1.5

reanimated-bikes, Westbahnstr. 35, ✆ 5224018 1.5

8. Bezirk (Wien)

Vorwahl: 01

P Andreas, Schlösselg. 11, ✆ 4053488, o.F., IV 0.5

P Baronesse, Lange G. 61, ✆ 4051061, IV-V 1

P Excellence, Alser Str. 21, ✆ 4079620, III-IV 1

P Lehrerhaus, Langeg. 20-22, ✆ 4032358, III 0.5

P Zipser, Lange G. 49, ✆ 404540, III-IV 1

9. Bezirk (Wien)

Vorwahl: 01

H Am Schottenpoint, Währinger Str. 22, ✆ 3108787, III-IV 0.5

H Atlanta, Währinger Str. 33, ✆ 4051230, III 1

H Bellevue, Althanstr. 5, ✆ 31623888, III-V 1.5

H Harmonie, Harmonieg. 5-7, ✆ 3176604, o.F., IV-VI 1

H Mozart, Nordbergstr. 4, ✆ 3171537, III-IV 1

H Regina, Rooseveltpl. 15, ✆ 404460, IV 0.5

H Riess City, Türkenstr. 27, ✆ 4022010, ✆ 0660/6241164, o.F., III 0.5

H Strudlhof, Pasteurg. 1, ✆ 3192522, IV-V 1

P Astra, Alserstr. 32, ✆ 40234540, o.F., III 1.5

P Pension Huber Appartement Wien, Sechsschimmelg. 4/17, ✆ 02243/33884, ✆ 0664/1616331, o.F., IV 1.5

P Vera, Alser Str. 18, ✆ 4062595, III 1

Arizona Bike, Nußdorfer Str. 3, ✆ 0680/1161575 1.5

Bikers, Spittelauer Lände 12, ✆ 2764960 2

Enzovelo, Spittelauer Lände 11, ✆ 3100545 1.5

Mountainbiker, Währinger Gürtel 146/150, ✆ 4707186 2

10. Bezirk (Wien)

Vorwahl: 01

Tourist-Information Hauptbahnhof, Am Hauptbahnhof 1, im Infopoint der ÖBB, Wien, ✆ 24555 0.5

H Bosei, Gutheil-Schoderg. 7B, ✆ 661061096, IV 3.5

H Eitljörg, Filmteichstr. 5, ✆ 6881182, V 4.5

H Hilton Garden Inn Vienna South, Hertha-Firnberg-Str. 5, ✆ 60530522, IV-V 3

H Kolbeck Zur Linde, Laxenburger Str. 19, ✆ 6041773, III 0.5

H Zeitgeist Vienna, Sonnwendg. 15, ✆ 902650, IV 0.5

P Puzwidu, Himberger Str. 67-71, ✆ 6882168, ✆ 0664/9821640, III-IV 6

Bike Kitchen Favorita, Laxenburgerstr. 8-10, ✆ 2452440786, ✆ 0676/828940786 0.5

Rad & Service, Oberlaaer Str. 91, ✆ 06766259112 6

15. Bezirk (Wien)

Vorwahl: 01

H Altwienerhof, Herklotzg. 6, ✆ 8926000, III-IV 2.5

H Boutiquehotel Stadthalle, Hackeng. 20, (Westbhf), ✆ 9824272, III-VI 2
H Lucia, Hütteldorfer Str. 79, ✆ 7865272, V 3
H Westbahn, Pelzg. 1, ✆ 9821480, III 2
P Fünfhaus, Sperrg. 12, ✆ 8923545, III 2.5
P Zur Stadthalle, Hackeng. 33, ✆ 9827232, III-IV 2
Ho Ruthensteiner, Robert-Hamerlingg. 24, ✆ 8934202, II 2.5

19. Bezirk (Wien)

Vorwahl: 01

H **Park-Villa, Hasenauerstr. 12, ✆ 3675700, IV-VI** 2.5
H Derag Livinghotel Kaiser Franz Joseph, Sieveringer Str. 4, ✆ 3207355, ✆ 329000, IV 2.5
H Müllner, Grinziger Allee 30, ✆ 3208453, III 2.5
H Schild, Neustift am Walde 97-99, ✆ 44040440, III-IV 5
P Landhaus Fuhrgassl-Huber, Rathstr. 24, Neustift/Walde, ✆ 14403033, V 5
Donau Fritzi, Donaupromenade am Radweg, Donaupromenade am Radweg, ✆ 3704598 0.5
Oskar Troschl, Obkircherg. 31, ✆ 3203314, ✆ 0660/7671167 2.5

20. Bezirk (Wien)

Vorwahl: 01

Jugendgästehaus, Adalbert Stifter Str. 73, ✆ 3328294, I 1
Fahrrad Trappl, Leystr. 75, ✆ 3300696 1

21. Bezirk (Wien)

Vorwahl: 01

H FourSide Hotel & Suites Vienna, Freytagg. 25-27, ✆ 27807800, III-IV 1.5
P Fuchs, Jedlersdorfer Pl. 29, ✆ 2923567, o.F., III-IV 3.5
Aschauers Radverleih Donauinsel, Donauinsel 2, Parkplatz Floridsdorfer Brücke, ✆ 2788698 0
Dorfinger, Galvanig. 19, ✆ 2711447, ✆ 0676/9501222 1.5

Von Melk nach Wien am Südufer

Melk

Vorwahl: 02752

i Wachau Info Center, Kremser Str. 5, ✆ 51160 0
Junges Hotel Melk, Abt Karl-Str. 42, ✆ 52681, II 1
H Café Central, Hauptpl. 10, ✆ 52343, III 0
H Stadt Melk, Hauptpl. 1, ✆ 52475, III-IV 0
H Wachau, Am Wachberg 3, ✆ 52531, III-IV 1.5
H Wachauerhof, Wiener Str. 30, ✆ 52235, IV 0.5
H Zur Post, Linzer Str. 1, ✆ 52345, IV-V 0
Gh Fährhaus Melk, Kolomaniau 3, ✆ 53291, III 0.5
Gh Zum Fürsten, Rathauspl. 3, ✆ 52343, III-IV 0.5
Pz Haus zum Nibelungenlied, Kremser Str. 6, ✆ 53613, ✆ 0676/5047670, II 0
Intersport, Umfahrungsstr. 1, ✆ 5065300 1
Wachau Touristik Bernhardt, Pionerstr. 2, ✆ 0664/2222070 0

Schönbühel (Schönbühel-Aggsbach)

Vorwahl: 02752

i Gemeindeamt, Nr.48, ✆ 8619 0
Gh Stumpfer, Schönbühel 7, ✆ 8510, IV 0
Fw Jausenstation beim Schloss, Schönbühel 42, ✆ 0664/2521424, III 0

Aggsbach-Dorf (Schönbühel-Aggsbach)

Vorwahl: 02753

i Marktgemeindeamt, Nr. 48, ✆ 8269 0
H Residenz Wachau, Aggsbach Dorf 19, ✆ 8221, V-VI 0
Gh Zur Kartause, Aggsbach Dorf 38, ✆ 8243, III-IV 0
P Domingo, Aggsbach Dorf 129, ✆ 8353, II 0
P Haidn, Aggsbach Dorf 100, ✆ 8277, ✆ 0676/6717161, III 0
P Reisinger, Aggsbach Dorf 20, ✆ 8372, ✆ 0664/4314170, II 0

Aggstein (Schönbühel-Aggsbach)

Vorwahl: 02753

Bh Radlerhof Kienesberger, Aggstein 8, ✆ 8455, ✆ 0676/7777060, III 0

Oberarnsdorf (Mitterarnsdorf)

Vorwahl: 02714

i Marktgemeindeamt, Rossatz 29, Rossatz (Mitterarnsdorf), ✆ 6217 0.5

P Zur Roten Wand, Oberarnsdorf 7, ✆ 0664/3880823, III 0.5

Pz Weingut Hick, Oberarnsdorf 58, ✆ 8214, II-III 0.5

Pz Wintner, Oberarnsdorf 66, ✆ 8364, ✆ 0680/3363731 0

Hofarnsdorf (Mitterarnsdorf)

Vorwahl: 02714

Gh Zur Wachau, Mitterarnsdorf 55, ✆ 8217, ✆ 0676/9504064, III-IV 0.5

P Gästehaus Hubmaier, Hofarnsdorf 26, ✆ 0664/5058540, II 0.5

Pz Fuchsbauer, Hofarnsdorf 20, ✆ 8358, ✆ 0664/7884563 0.5

Bacharnsdorf (Mitterarnsdorf)

P Anna's Landhaus, Bacharnsdorf 5, ✆ 0664/5140205, IV 0

P Weinbau & Gästezimmer Pammer, Bacharnsdorf 18, ✆ 02714/6545, ✆ 0664/4205369, II 0

Rührsdorf (Mitterarnsdorf)

Vorwahl: 02714

Pz Fw Sonnleitner, Rührsdorf 11, ✆ 0676/6740040 0

Pz Weingut Polz, Rührsdorf 22, ✆ 6326, ✆ 0664/4320426, ✆ 0664/1806128, II 0

Fw Ivan-Sigl, Rührsdorf 38, ✆ 6301, ✆ 0664/4993552, II 0

Fw Vitamin Oase, Unteres Örtl 3, ✆ 6322, ✆ 0676/9600016, I 0

Rossatz (Mitterarnsdorf)

Vorwahl: 02714

i Marktgemeindeamt, Rossatz 29, ✆ 6217 0.5

H Rossatz 8, Rossatz 8, ✆ 58337, ✆ 0660/5324699, III-VI 0.5

Pz Fw Haus Annemarie, Rossatz 164, ✆ 6261, ✆ 0664/5047874, III 0.5

Pz Fw Haus Steinmetz, Rossatz 53, ✆ 6307 0.5

Pz Subenhof, Rossatz 16, ✆ 6252, ✆ 0664/3519590 0.5

Pz Wendler, Rossatz 66, ✆ 6542 0.5

Rossatzbach (Mitterarnsdorf)

Vorwahl: 02714

Pz Gästehaus Weidenauer, Rossatzbach 46, ✆ 6580, ✆ 0664/4002689, II 0

Wachauamping Rossatz, Rossatzbach 21, ✆ 6217, ✆ 0676/848814800 0

Hundsheim (Mautern a. d. Donau)

Vorwahl: 02732

P Winzerhof Eder, Hundsheim 7, ✆ 74949 0

Fw Schweigl, Hundsheim 20, ✆ 85750, ✆ 0650/4304640, I 0

Mauternbach (Mautern a. d. Donau)

Vorwahl: 02732

P Weinhof am Römerweg, Mauternbach 11, ✆ 72848, ✆ 0676/3511490, II 0.5

Pz Gerlinde, Mauternbach 30, ✆ 86211, ✆ 0664/1116908, ✆ 0676/3515632 0.5

Mautern a. d. Donau

Vorwahl: 02732

i Stadtgemeindeamt, Rathauspl. 1, ✆ 83151 0

H Landhaus Bacher, Südtirolerpl. 2, ✆ 82937, V-VI 0

Gh Wirtshaus Hofer, Südtirolerpl. 3, ✆ 0664/73931100, III 0

P Nikolaihof, Kainzstr. 14, ✆ 0676/4331828, IV 0.5

P Severinhof, Frauenhofg. 12, ✆ 84643, ✆ 0664/5792649, II 0

Pz Brauneis, Grüner Weg 37, ✆ 85188, ✆ 0650/9917591, III 0

Radshop Kalteis, Austr. 7, ✆ 72517 0

nextbike-Station, Parkplatz der Römerhalle, ✆ 02742/229901 0

Palt (Furth bei Göttweig)

Vorwahl: 02732

H MALAT Weingut und Hotel, Hafnerstr. 12, ✆ 82934, V-VI 0

H Weinresidenz Sonnleitner, Zeughausg. 239, ✆ 70446, V 0

Gh Zur weißen Rose, Wienerstr. 41, ✆ 0664/4290280, III 0

P Brandl-Göstl, Rudolf Müllauerstr. 455, ✆ 0699/10529633, III 0.5

Pz Göttweigblick, Schubertstr. 450, ✆ 0650/2728630, II 0.5

Pz Wein- u. Gästehof Edlinger, Lindeng. 22, ✆ 77622, ✆ 0664/3445998, III 0

Furth bei Göttweig

Vorwahl: 02732

i Marktgemeindeamt, Obere Landstr. 65, ✆ 8462215 0

H Zur Goldenen Krone, Untere Landstr. 1, ✆ 84666, ✆ 0650/2772573, IV-V 0

Pz Landhaus furth 8, Untere Landstr. 8, ✆ 0699/19131252, III 0

Pz Schwarzhapl-Ramler, Landwidweg 394, ✆ 73763, II 0.5

Aigen (Furth bei Göttweig)

Vorwahl: 02732

Pz Winzerhof Dürauer, Aignerstr. 11, ✆ 76203, IV 0.5

Stift Göttweig (Furth bei Göttweig)

Vorwahl: 02732

Pz Benediktinerstift Göttweig, Stift Göttweig 1, ✆ 85581332, IV 0

Klein-Wien (Furth bei Göttweig)

Vorwahl: 02736

Gh Landgasthof Schickh-Salzer, Avastr. 2, ✆ 7218, III 0.5

Thallern (Krems a. d. Donau)

Vorwahl: 02739

Pz Beranek, Thallerner Hauptstr. 75, ✆ 2065, ✆ 0664/73640672, I 0

Oberfucha (Furth bei Göttweig)

Vorwahl: 02739

P Parzer, Furthnersteig 55, ✆ 2414-5, II-III 1

Angern (Krems a. d. Donau)

Vorwahl: 02739

Pz Weinhof Maier, Dorfstr. 17, ✆ 0676/3875350, ✆ 0676/4737132, IV 0

Fw Weinhof Aufreiter, Dorfstr. 34, ✆ 2205, III-V 0

Bh Wolfsberghof, Wolfsbergstr. 5, ✆ 2919, ✆ 0676/3171932, II 0.5

Hollenburg (Krems a. d. Donau)

Vorwahl: 02739

Pz Hochleitner, Römerstr. 19, ✆ 2168, ✆ 0664/73456181 0

Wagram o. d. Traisen (Traismauer)

Vorwahl: 02783

Gh Landgasthof Huber, Wachaustr. 43, ✆ 8481, II 2

Pz Der Teichhof, Bäckerg. 6, ✆ 0676/3487108 2

Fw Winzerhaus Schöller, Wagramerstr. 10, ✆ 535, ✆ 0664/4266261, IV 2.5

Zweirad Schwab, Wachaustr.9, ✆ 6320 2

St. Georgen a. d. Traisen (Traismauer)

Vorwahl: 02783

P Weingut Haimel, St. Georgener G. 5, ✆ 0664/8226477, IV 1

Pz Schopper, Kremser Str. 84, ✆ 8885, ✆ 0650/2513150 1

Traismauer

Vorwahl: 02783

i Tourismusinfo, Hauptpl. 1, ✆ 8555 0

Hg Zum Schwan, Wiener Str. 12, ✆ 6236, III 0.5

Gh Nibelungenhof, Wiener Str. 23, ✆ 6349, ✆ 0676/4004645, IV-II 0.5

Pz Schreiblehner, Untere Siebenbrunneng. 15, ✆ 7471, ✆ 0650/4639135 0.5

Stollhofen (Traismauer)

Vorwahl: 02783

Pz Kaiblinger, Kriemhildstr. 6, ✆ 6391, ✆ 0664/4929012 0.5

Pz Maissner, Friedhofstr. 3, ✆ 6814, ✆ 0650/6589830 1

Pz Muck, Schwemmg. 2a, ✆ 0676/9409020 1

Zwentendorf an der Donau

Vorwahl: 02277

i Marktgemeindeamt, Rathauspl. 4, ✆ 2209 0

P **Jeschko, Barbarag. 13, ✆ 0650/8418275, II** 0.5

Pz **Zelenka, Moosbierbaumer Str. 7, ✆ 2931, ✆ 0650/9848810, III** 0.5

Hg Rosenhotel, Ing. August-Kargl-Str. 2, ✆ 70111, ✆ 0676/5612930, III-IV 0.5

Pz Pawelka, Ing. August-Kargl-Str. 1, ✆ 2747, ✆ 0699/12086123, II 0

Pz Zelenka Eva, Mariahilferg. 16, ✆ 2960, ✆ 0660/5689441 0.5

Campingplatz, Pappelalllee 1, ✆ 22090 0.5

Fahrradtechnik KOWI, Hauptpl. 5, ✆ 0664/1993480 0.5

Pischelsdorf (Zwentendorf an der Donau)

Vorwahl: 02277

Pz Daniela, Pischeldorf 33, ✆ 2484, II 0.5

Pz Haus Marianne, Pischelsdorf 37, ✆ 2554, ✆ 0664/5323649, II 0.5

Pz Fw Marschall, Pischelsdorf 44, ✆ 0676/4202313, II 0.5

Langenschönbichl

Vorwahl: 02272

Gh Kronauerhof, Asparnstr. 2a, Kronau, ✆ 72110 0

P Theresa, Sonnenstr. 27, ✆ 0676/5322332, III 0.5

Pz Gästehaus Lager, Hauptstr. 41, ✆ 7338, ✆ 0680/2113078 0

Bh Kerschner, Hauptstr. 13, ✆ 7258, ✆ 0664/73589718 0

Tulln an der Donau

Vorwahl: 02272

i Donau Niederösterreich Tourismus GmbH - Regionalbüro Tullner Donauraum-Wagram, Minoritenpl. 2, ✆ 67566-0 0

i Tourismus-Info Tulln, Minoritenpl. 2, ✆ 675660 0

P **Zum Springbrunnen, Hauptpl. 14a, ✆ 63115, ✆ 0664/1813479, III** 0.5

Junges Hotel Tulln, Marc Aurel Park 1, ✆ 651650, II 0

H Diamond City Hotel, Nussallee 18, ✆ 21750, V 0

H Hotel Römerhof, Hafenstr. 3, ✆ 62954, III-VI 0.5

H Nibelungenhof, Donaulände 34, ✆ 62658, III 0

Gh Adlerbräu, Rathauspl. 7, ✆ 62676, III 0.5

P Kirchenblick, Seilerg. 11, ✆ 0664/9688717, III 0.5

Donaupark Camping, Donaulände 76, ✆ 6520013821 0

2-Rad Wegl, Jasomirgottg. 4-6, ✆ 62695 0.5

Forstinger, Kaplanstr. 12, ✆ 059101/9020 1

Rad-Service-Stationen, Hauptbahnhof. Ausgestattet

mit Fahrradpumpe und Werkzeug. Standorte: Hauptbahnhof, Aubad, Die Garten Tulln 1

Radsport Voch, Rudolfstr. 5a, ✆ 62278 0.5

more than bike, Bahnhofstr. 6 0.5

Fahrradboxen, Am Wasserpark 1, Beim Haupteingang der Garten Tulln. 0.5

Langenlebarn

Vorwahl: 02272

H Buchingers Donauhotel, Wiener Str. 5, ✆ 62527, II 0

Hg Die Frühstückspension, Bahnstr. 25, ✆ 0664/73024530, III 0.5

Pz Berger-Raab, Wiener Str. 43, ✆ 0664/5343176 0

Muckendorf (Muckendorf-Wipfing)

Vorwahl: 02242

i Gemeindeamt Muckendorf-Wipfing, Bahnstr. 3, ✆ 70214 1

Gh Zum Wolf in der Au, Tullner Str. 1, ✆ 70223, ✆ 0664/4026185 0.5

Greifenstein

Vorwahl: 02242

i Marktgemeindeamt St. Andrä-Wördern, Altg. 30, St. Andrä-Wördern, ✆ 31300 2

Pz Fw Alte Post, Hauptstr. 25, ✆ 0699/10981383, II 0

Pz Sappert, Hadersfelderstr. 3, ✆ 32828, o.F., I 0

Pz Fw Villa Neuwirth, Hadersfelderstr. 11, ✆ 33589, ✆ 0676/5143590, II-III 0

Wolf's Bikeklinik, Hauptstr. 27, ✆ 0676/9389667 0

Höflein (Klosterneuburg)

Vorwahl: 02243

Gh Roter Hahn, Hauptstr. 117, ✆ 0660/6666630, III 0.5

Gh Zum Goldenen Anker, Hauptstr. 143, ✆ 80134, II 0.5

Kritzendorf (Klosterneuburg)

Vorwahl: 02243

P Pension Huber, Hauptstr. 90- 92, ✆ 33884, ✆ 0664/1616331, IV 0

Fw Hauerhof 99, Hauptstr. 99, ✆ 0676/4305979, IV 0.5

Fw Sonnhof Ressl, Hirscheng. 4-8, ✆ 0664/99029998, III 0.5

Klosterneuburg

Vorwahl: 02243

i Tourismus Klosterneuburg, In der Au, Freizeitzentrum Happyland, ✆ 32038, ✆ 34396 0

H **Anker, Niedermarkt 5, ✆ 32134, III** 0

H **Hotel Schrannenhof, Niedermarkt 17-19, ✆ 32072, IV** 0

P **Hotel-Pension Alte Mühle, Mühleng. 36, ✆ 37788, III** 0.5

H Hotel-Pension Goldenberg, Kierlinger Str. 94b, ✆ 26090, II-III 1.5

Hg Appartements Andrea, Medekstr. 15, ✆ 06763538035, o.F., III 0.5

Hg Höhenstraße, Kollersteig 6, ✆ 32191, III 1

Gh Windischhütte, Windischhütte 30, ✆ 30444, ✆ 0664/4442148, II 7

P Zum alten Cafe, Hauptstr. 163, Kierling, ✆ 83355, ✆ 0664/1772379, II 3.5

Pz Bürgerhaus Salmeyer, Stadtpl. 17, ✆ 32146, ✆ 0699/10406060, IV-III 0

Pz Café Kranister, Leopoldstr. 4, ✆ 32252, ✆ 0664/2415954, III 0

Pz Fw Das grüne Haus, Stadtpl. 28, ✆ 0676/3154773, o.F., III 0

Pz Haus Wasserzeile, Wasserzeile 33, ✆ 0676/4013317, o.F., III 0

Pz Lechner, Erzherzog-Rainer-G. 3, ✆ 37241, II 0.5

Pz Sonne, Waisenhausg. 12, ✆ 0664/5057669, II 0.5

Pz Wurm, Karl- Domanig-G. 3, ✆ 0664/3557768, o.F. 0.5

Fw A42-Apartments for two, Agnesstr. 42, ✆ 0664/2244644, III 0.5

Fw Alegra, Hofkirchnerg. 7-9/21, ✆ 0680/2326805, III 0

Donaupark Camping, In der Au 1, ✆ 25877 0

Giant Store, In der Au 2-4, ✆ 0664/3904949 0

Weidling

Pz Villa Kreuthhof - Appartements, Reicherg. 1, ✆ 0676/3169818, IV 2.5

Pz Weidlinger Krauthahn, Hauptstr. 42, ✆ 02243/35737, II 2.5

Wien

Vorwahl: 01

i Tourist-Information, Albertinapl./Maysederg., 1. Bezirk (Wien), ✆ 24555 0.5

i Tourist-Information Hauptbahnhof, Am Hauptbahnhof 1, im Infopoint der ÖBB, ✆ 24555 0.5

Ortsindex

Die Seitenzahlen ab S. 175 beziehen sich auf das Übernachtungsverzeichnis.